现代经济数学理论及应用探究

刘兆鹏　何瑞强　著

电子科技大学出版社
University of Electronic Science and Technology of China Press
·成都·

图书在版编目(CIP)数据

现代经济数学理论及应用探究 / 刘兆鹏, 何瑞强著. —
成都 : 电子科技大学出版社, 2020.8
ISBN 978-7-5647-8244-3

Ⅰ. ①现… Ⅱ. ①刘… ②何… Ⅲ. ①经济数学-研
究 Ⅳ. ①F224.0

中国版本图书馆CIP数据核字(2020)第166540号

现代经济数学理论及应用探究
刘兆鹏　何瑞强　著

策划编辑　杜　倩　李述娜
责任编辑　兰　凯

出版发行　电子科技大学出版社
成都市一环路东一段159号电子信息产业大厦九楼　邮编　610051
主　　页　www.uestcp.com.cn
服务电话　028-83203399
邮购电话　028-83201495

印　　刷　定州启航印刷有限公司
成品尺寸　170mm×240mm
印　　张　12
字　　数　230千字
版　　次　2020年8月第1版
印　　次　2020年8月第1次印刷
书　　号　ISBN 978-7-5647-8244-3
定　　价　48.00元

前　言

随着社会的不断发展与科学技术的不断进步，数学在经济中所起到的作用越来越显著，由此诞生出一个新的学科——经济数学。现如今，我们正处于大数据时代，经济学为了更好地对经济工作发挥指导作用，需要运用数学理论分析，用大量的数据分析来补充理论分析，使两种分析相互结合。基于此，作者特撰写《现代经济数学理论及应用探究》一书，以期为读者提供一定的参考。

本书一共七章，共计 23 万字，由宿州学院刘兆鹏和忻州师范学院何瑞强老师共同撰写完成。其中刘兆鹏老师撰写约 11 万字，何瑞强老师撰写约 12 万字。内容包括极限与连续、导数与微分、导数的应用、不定积分、定积分、线性代数、概率论及数理统计。在编写过程中，每一个知识点都把经济学融入数学，用经济热点问题激发读者学习数学知识的兴趣，进而引导读者运用所学的内容，通过分析经济问题来加深对数学原理和方法的理解，以提高读者在经济管理中运用数学的能力。

本书在编写思想、体系安排、内容取舍和处理等方面具有以下特色：

一是从典型的经济问题出发，引出基本概念，然后运用系统化的方法去解决更多的经济问题，最终将一些经济问题用数学模型的方法进行计算和分析。

二是根据经济类专业对数学的要求，精选内容，强调数学知识的应用、理论与实践相结合。运用大量篇幅阐述数学的应用，而不是公式的推导或定理的证明，使读者了解经济实践中数学的应用背景、经济意义，知道应用的方法，学会运用数学知识来解决实际问题。

三是加入与专业知识和实际生活联系紧密的案例进行互动分析，有利于读者提高解决实际问题的能力，做到学以致用。

本书逻辑清晰，层次分明，知识结构完整，在内容设计上力求做到理论的广度与深度，系统地对经济数学的理论与应用进行分析。本书既可以作为各高校教师与学生的参考用书，也可以作为研究经济数学的参考资料。

本书在撰写的过程中，参考和引用了大量的文献，对于参考文献的作者在此表示衷心的感谢。另外，由于作者的水平有限，虽然力求完美，但书中仍不免存在一些疏漏和不足，希望读者阅读本书之后，在得到收获的同时对本书提出更多的批评建议，也希望有更多的研究学者可以继续对经济数学这一学科进行研究，以促进经济数学的发展。

作者

2020 年 5 月 4 日

目　录

第1章 经济数学中的极限与连续

极限是高等数学区别初等数学的一个标志，是初等数学[①]向高等数学[②]飞跃的阶梯．极限概念以及极限的思想方法将贯穿高等数学的始终．微积分学中的其他几个重要概念，如连续、导数、定积分等，都是用极限表述的，并且微积分学中的很多定理也是用极限方法推导出来的，所以准确理解极限的概念、熟练掌握极限的计算方法是学好高等数学的基础．此外，在经济数学中，有很多的重要概念也是借助极限进行定义的，因此，本章在对函数概念进行复习的基础上将阐述数列与函数极限的概念、求极限的方法及函数的连续性，并讨论极限在经济中的应用．

1.1 初等函数的概念

1.1.1 函数的有关概念

1.1.1.1 函数的定义

定义1 设D是一个数集，如果对属于D的每一个数x，按照某种对应关系，都有确定的数值y和它对应，那么y就叫作定义在数集D上的x的函数，记为$y=f(x)$．x叫作自变量，数集D叫作函数的定义域，当x取数值$x_0\in D$时，与x_0对应的y的数值称为函数在点x_0处的函数值，记为$f(x_0)$；当x取遍D中的一切实数值时，与它对应的函数值的集合$M=\{y|\ y=f(x), x\in D\}$叫作函数值的值域．

---

① 初等数学（英语：Elementary mathematics），简称初数，是指通常在小学或中学阶段所教的数学内容．

② 高等数学，指相对于初等数学而言，数学的对象及方法较为繁杂的一部分．广义地说，初等数学之外的数学都是高等数学，也有将中学较深入的代数、几何以及简单的集合论初步、逻辑初步称为中等数学的，将其作为中小学阶段的初等数学与大学阶段的高等数学的过渡．

在函数的定义中，如对于每一个 $x \in D$，都有唯一确定的 y 与它对应，那么这种函数称为单值函数，否则称为多值函数．如果无特别说明，我们后面提到的函数都指单值函数．

1.1.1.2　函数的定义域

研究函数时，必须注意函数的定义域．在实际问题中，应根据问题的实际意义来确定定义域．对于用数学式子表示的函数，它的定义域可由函数表达式本身来确定，即要使运算有意义，一般应考虑以下几点．

（1）在分式中，分母不能为零；

（2）在根式中，负数不能开偶次方根；

（3）在对数式中，真数不能取零和负数，底数大于 0 且不等于 1；

（4）在三角函数式中，$k\pi+\dfrac{\pi}{2}(k \in \mathbf{Z})$ 不能取正切，$k\pi(k \in \mathbf{Z})$ 不能取余切；

（5）在反三角函数式中，要符合反三角函数的定义域；

（6）如函数表达式中含有分式、根式、对数式或反三角函数式，则应取各部分定义域的交集．

例 1　求下列函数的定义域．

（1）$y=\dfrac{1}{4-x^2}+\sqrt{x+2}$．

解：要使函数有意义，必须满足 $\begin{cases}4-x^2 \neq 0, \\ x+2 \geqslant 0,\end{cases}$ 解得 $x>-2$ 且 $x \neq 2$，所以函数的定义域为 $(-2,2)\cup(2,+\infty)$．

（2）$y=\lg\dfrac{x}{x-1}$．

解：要使函数有意义，必须满足 $\dfrac{x}{x-1}>0$，解得 $x>1$ 或 $x<0$，所以函数的定义域为 $(-\infty,0)\cup(1,+\infty)$．

（3）$y=\arcsin\dfrac{x+1}{3}$．

解：要使函数有意义，必须满足 $-1 \leqslant \dfrac{x+1}{3} \leqslant 1$，解得 $-3 \leqslant x+1 \leqslant 3$，即 $-4 \leqslant x \leqslant 2$，所以函数的定义域为 $[-4,2]$．

1.1.1.3　邻域

定义 2　设 $a\in\mathbf{R}$，$\delta>0$，称开区间 $(a-\delta,\ a+\delta)$ 为点 a 的邻域，记为 $U(a,\ \delta)$，即 $U(a,\ \delta)=(a-\delta,\ a+\delta)=\{x\,|\,|x-a|<\delta\}$，称 a 为邻域的中心为邻域的半径；将 a 的 δ 邻域中心 a 去掉后得 a 的 δ 空心邻域，记为 $\mathring{U}(a,\ \delta)$，即 $\mathring{U}(a,\ \delta)=(a-\delta,\ a)\cup(a,\ a+\delta)=\{x\,|\,0<|x-a|<\delta\}$，点 a 的 δ 邻域及点 a 的 δ 空心邻域有时又分别简记为 $U(a)$ 与 $\mathring{U}(a)$.

1.1.1.4　函数的表示法

常用的函数表示法有公式法（解析法）、表格法和图象法三种 . 有时，会遇到一个函数在自变量不同的取值范围内用不同的式子来表示 . 例如，函数（式 1–1）：

$$\begin{cases}\sqrt{x}, & x\geqslant 0,\\ -x, & x<0\end{cases}$$

是定义在区间 $(-\infty,\ +\infty)$ 内的一个函数 .

在定义域的不同范围内用不同的式子来表示的函数称为分段函数 .

1.1.1.5　函数的几种特性

我们将学过的函数的四种特性，即奇偶性、单调性、有界性、周期性，做了归纳，见表 1–1.

表 1–1　函数的四种特性

特性	定义	几何特性
奇偶性	若数 $f(x)$ 的定义域关于原点对称，且对任意的 x，如果 $f(-x)=-f(x)$，那么 $f(x)$ 为奇函数；如果 $f(-x)=f(x)$，那么 $f(x)$ 为偶函数	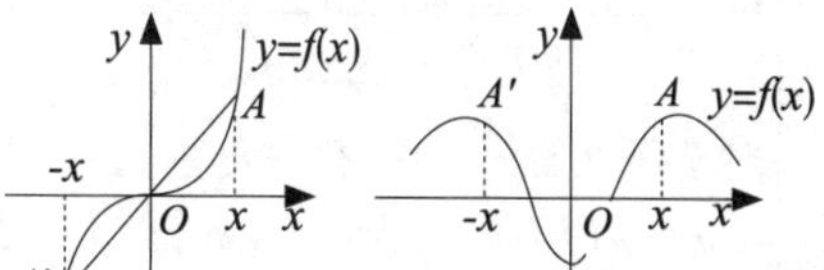 奇函数的图象关于原点对称； 偶函数的图象关于 y 轴对称

续表

特性	定义	几何特性
单调性	对于任意的 x_1，$x_2 \in (a, b)$，且 $x_1 < x_2$，如果 $f(x_1) < f(x_2)$，那么 $f(x)$ 在 (a, b) 内单调增加；如果 $f(x_1) > f(x_2)$，那么 $f(x)$ 在 (a, b) 内单调减少	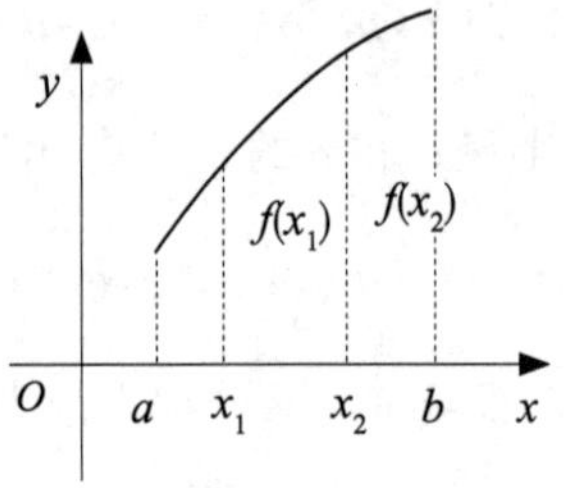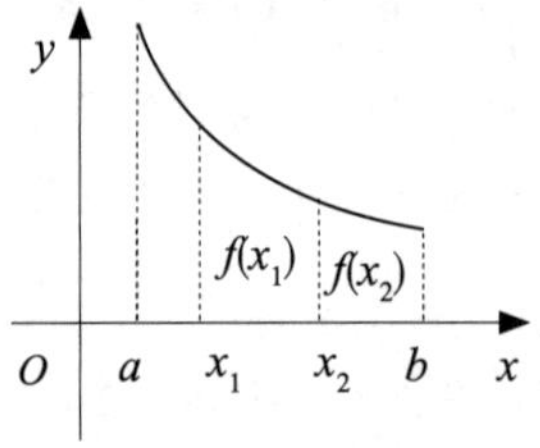单调增函数图象沿 x 轴正向上升； 单调减函数图象沿 x 轴正向下降
有界性	对于任意的 $x \in (a, b)$ 存在 $M>0$，有 $\|f(x)\| \leqslant M$，那么 $f(x)$ 在 (a, b) 内有界；如果这样的数 M 不存在，那么 $f(x)$ 在区间 (a, b) 内无界	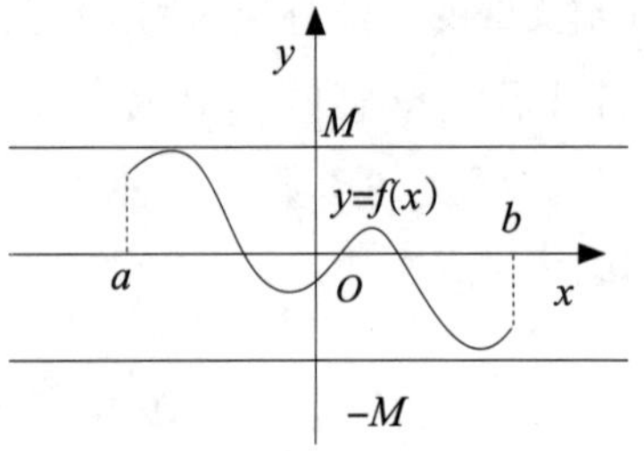区间 (a, b) 内的有界函数的图象全部 夹在直线 $y=M$ 与 $y=-M$ 之间
周期性	对于任意的 $x \in D$，存在正数 l，使 $f(x+l)=f(x)$，那么 $f(x)$ 为 D 上的周期函数，l 叫作这个函数的周期	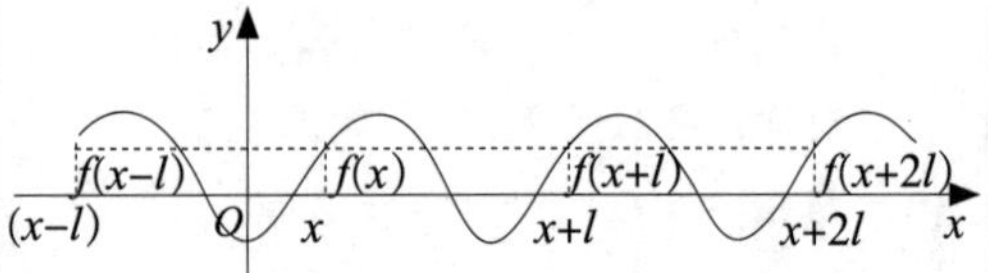一个以 l 为周期的周期函数的图象在定义域内 每隔长度为度为 l 的区间上有相同的形状

1.1.2 反函数

定义 3 设函数 $y=f(x)$，它的定义域是 D，值域为 M，如果对值域 M 中

任意一个值 y，都能由 $y=f(x)$ 确定 D 中唯一的 x 值与之对应，由此得到以 y 为自变量的函数叫作 $y=f(x)$ 的反函数，记为 $x=f^{-1}(y)$，$y\in M$.

在习惯上，自变量用 x 表示，函数用 y 表示，所以又将它改写成 $y=f(x)$，$x\in M$.

由定义可知，函数 $y=f(x)$ 的定义域和值域分别是其反函数 $y=f(x)$ 的值域和定义域，函数 $y=f(x)$ 和 $y=f^{-1}(x)$ 互为反函数 .

例 2　求函数 $y=3x-2$ 的反函数 .

解：由 $y=3x-2$ 解得 $x=\dfrac{y+2}{3}$，将 x 与 y 互换，得 $y=\dfrac{x+2}{3}$，所以 $y=3x-2$ $(x\in\mathbf{R})$ 的反函数是 $y=\dfrac{x+2}{3}$ $(x\in\mathbf{R})$.

另外，函数 $y=f(x)$ 和它的反函数 $y=f^{-1}(x)$ 的图象关于直线 $y=x$ 对称 .

1.1.3　基本初等函数

幂函数（$y=x^{\alpha}$，$\alpha\in\mathbf{R}$）、指数函数（$y=a^{x}$，$a>0$ 且 $a\neq1$）、对数函数（$y=\log_{a}x$，$a>0$ 且 $a\neq1$）、三角函数和反三角函数统称为基本初等函数 .

1.1.3.1　幂函数

幂函数的定义域与值域、图象和特性列表，见表 1–2.

表 1–2　幂函数的定义域与值域、图象和特性

函数	定义域与值域	图象	特性
$y=x$	$x\in(-\infty,+\infty)$ $y\in(-\infty,+\infty)$	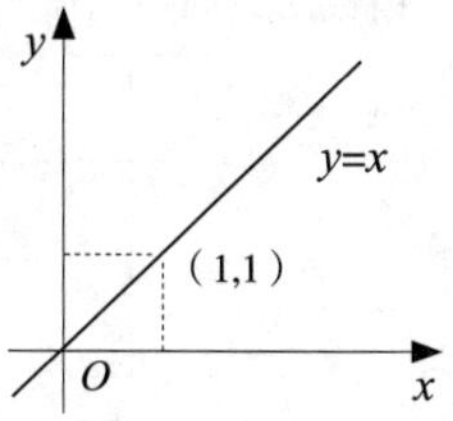	奇函数； 单调增加
$y=x^2$	$x\in(-\infty,+\infty)$ $y\in[0,+\infty)$	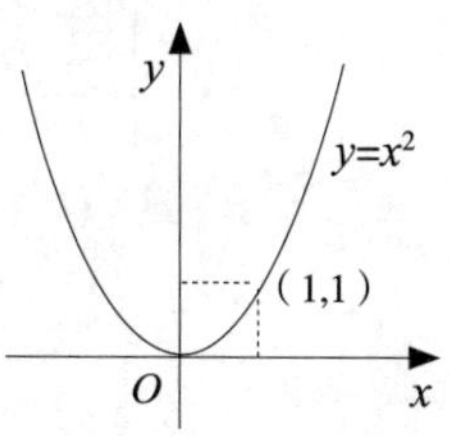	偶函数； 在 $(-\infty,0)$ 内单调减少， $(0,+\infty)$ 内单调增加

续表

函数	定义域与值域	图象	特性
$y=x^3$	$x\in(-\infty,+\infty)$ $y\in(-\infty,+\infty)$	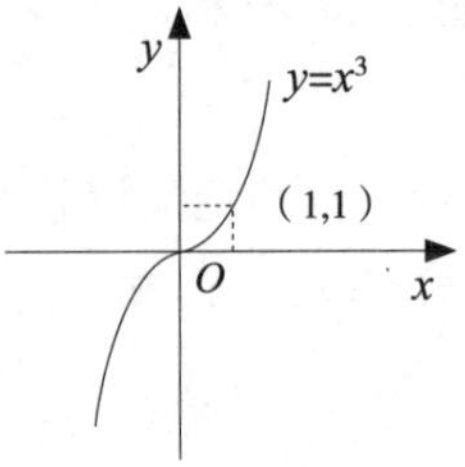	奇函数； 单调增加
$y=x^{-1}$	$x\in(-\infty,0)\cup(0,+\infty)$ $y\in(-\infty,0)\cup(0,+\infty)$	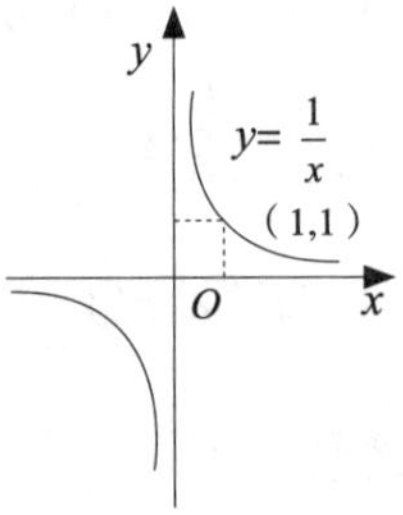	奇函数； 在 $(-\infty,0)$ 内单调减少， $(0,+\infty)$ 内单调减少
$y=x^{\frac{1}{2}}$	$x\in[0,+\infty)$ $y\in[0,+\infty)$	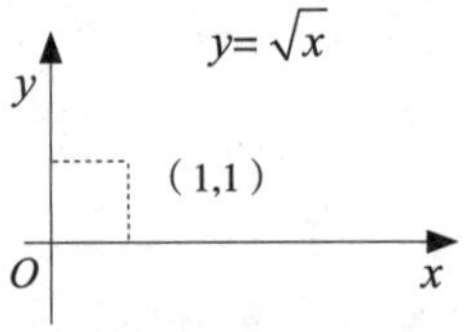	单调增加

1.1.3.2 指数函数

指数函数的定义域与值域、图象和特性列表，见表 1-3.

表 1-3 指数函数的定义域与值域、图象和特性

函数	定义域与值域	图象	特性
$y=a^x(a>1)$	$x\in(-\infty,+\infty)$ $y\in(0,+\infty)$	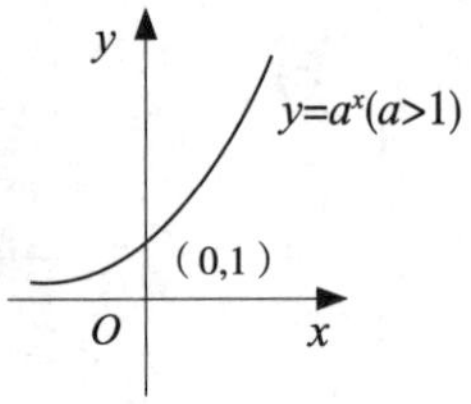	单调增加

续表

函数	定义域与值域	图象	特性
$y=a^x(0<a<1)$	$x\in(-\infty,+\infty)$ $y\in(0,+\infty)$	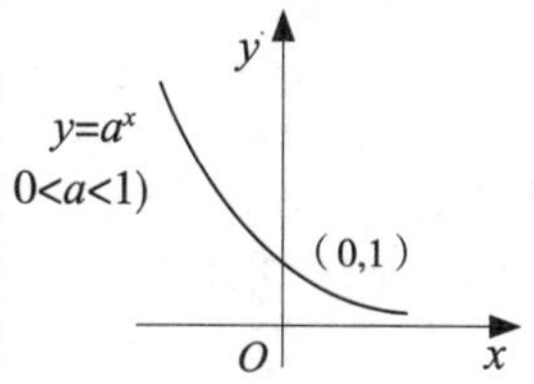	单调减小

1.1.3.3　对数函数

对数函数的定义域与值域、图象和特性列表，见表 1–4.

表 1–4　对数函数的定义域与值域、图象和特性

函数	定义域与值域	图象	特性
$y=\log_a x(a>1)$	$x\in(0,+\infty)$ $y\in(-\infty,+\infty)$	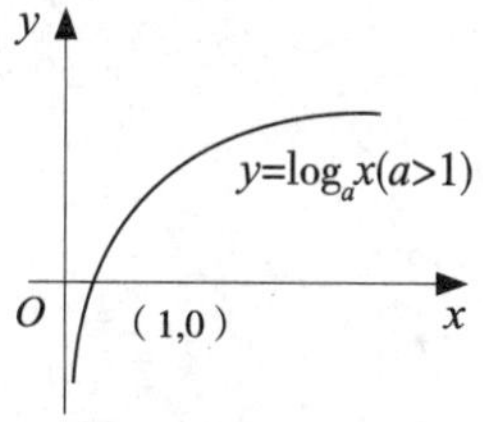	单调增加
$y=\log_a x(0<a<1)$	$x\in(0,+\infty)$ $y\in(-\infty,+\infty)$	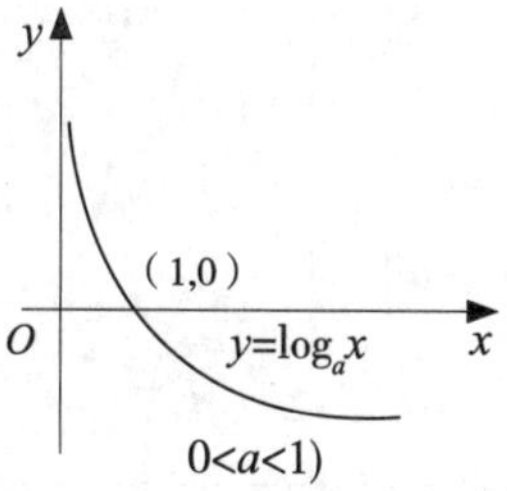	单调减小

1.1.3.4　三角函数

三角函数的定义域与值域、图象和特性列表，见表 1–5.

表 1–5　三角函数的定义域与值域、图象和特性

函数	定义域与值域	图象	特性
$y=\sin x$	$x\in(-\infty,+\infty)$ $y\in[-1,1]$	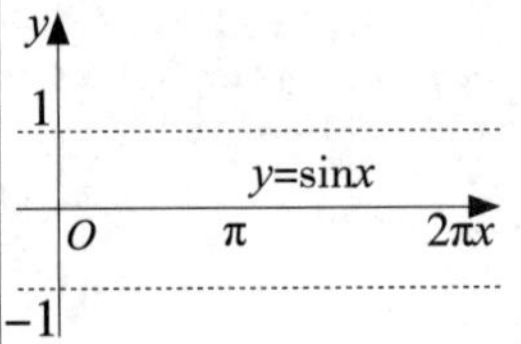	奇函数；周期为 2π；有界，在 $\left(2k\pi-\dfrac{\pi}{2},2k\pi+\dfrac{\pi}{2}\right)$ 内单调增加，在 $\left(2k\pi+\dfrac{\pi}{2},2k\pi+\dfrac{3\pi}{2}\right)$ 内单调减少 $(k\in\mathbf{Z})$
$y=\cos x$	$x\in(-\infty,+\infty)$ $y\in[-1,1]$	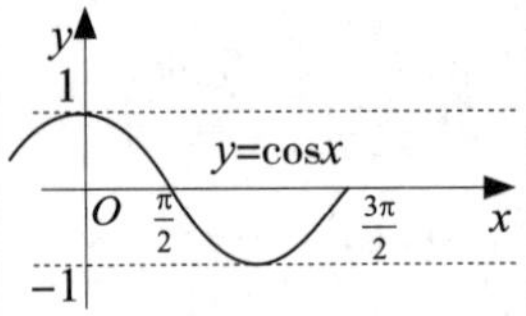	偶函数；周期为 2π；有界；在 $(2k\pi,2k\pi+\pi)$ 内单调减少，在 $(2k\pi+\pi,2k\pi+2\pi)$ 内单调减少 $(k\in\mathbf{Z})$
$y=\tan x$	$x\neq k\pi+\dfrac{\pi}{2}(k\in\mathbf{Z})$ $y\in(-\infty,+\infty)$	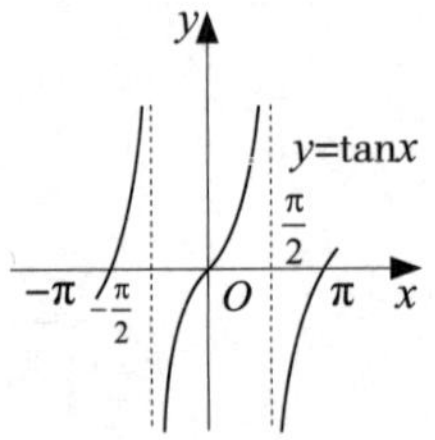	奇函数；周期为 π；有界；在 $\left(k\pi-\dfrac{\pi}{2},k\pi+\dfrac{\pi}{2}\right)$ 内单调增加 $(k\in\mathbf{Z})$
$y=\cot x$	$x\neq k\pi(k\in\mathbf{Z})$ $y\in(-\infty,+\infty)$	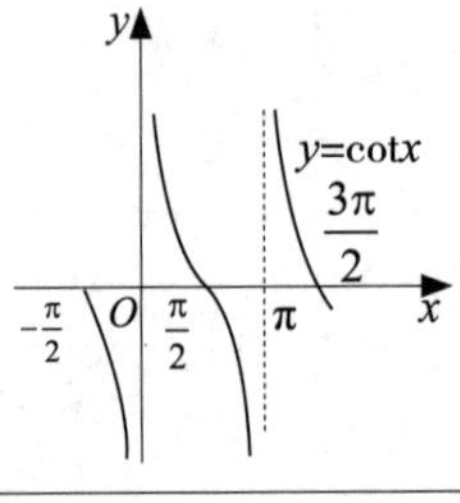	奇函数；周期为 π；有界；在 $(k\pi,k\pi+\pi)$ 内单调减少 $(k\in\mathbf{Z})$

1.1.3.5　反三角函数

反三角函数的定义域与值域、图象和特性列表，见表 1–6.

表 1–6　反三角函数的定义域与值域、图象和特性

函数	定义域与值域	图象	特性
$y=\arcsin x$	$x\in[-1,1]$ $y\in\left[-\dfrac{\pi}{2},\dfrac{\pi}{2}\right]$	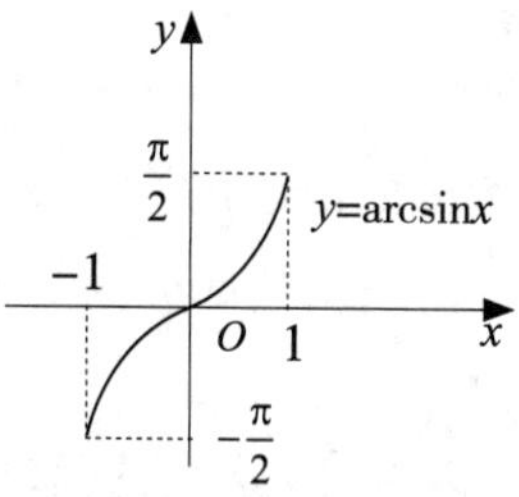	奇函数；单调增加；有界
$y=\arccos x$	$x\in[-1,1]$ $y\in[0,\pi]$	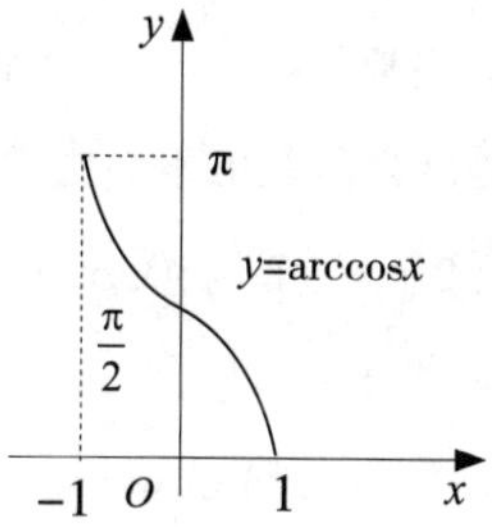	单调减少，有界
$y=\arctan x$	$x\in(-\infty,+\infty)$ $y\in\left[-\dfrac{\pi}{2},\dfrac{\pi}{2}\right]$	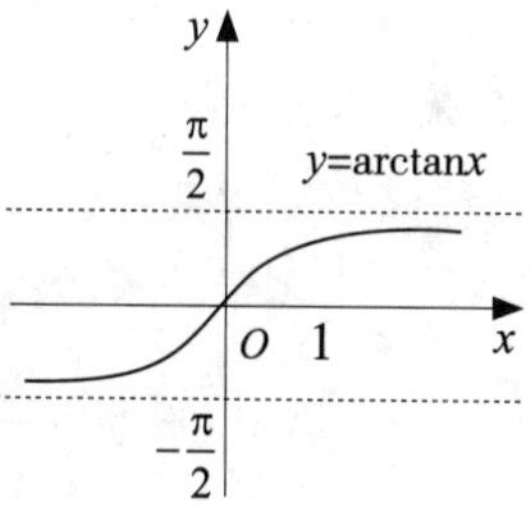	奇函数，单调增加，有界
$y=\operatorname{arccot} x$	$x\in(-\infty,+\infty)$ $y\in[0,\pi]$	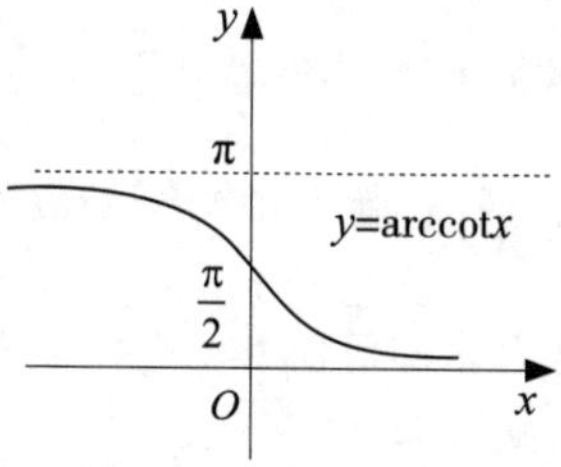	单调减少，有界

1.1.4　复合函数、初等函数

1.1.4.1　复合函数

定义 4　设 y 是 u 的函数 $y=f(u)$，而 u 又是 x 的函数 $u=\varphi(x)$，其定义域为数集 A . 如果在数集 A 或 A 的子集上，对于 x 的每一个值所对应的 u 值，都

能使函数 $y=f(u)$ 有定义，那么 y 就是 x 的函数．这个函数叫作函数 $y=f(u)$ 与 $u=\varphi(x)$ 复合而成的函数，简称为 x 的复合函数，记为 $y=f[\varphi(x)]$，其中 u 叫作中间变量，其定义域为数集 A 或 A 的子集．

例如，$y=\tan^2 x$ 是由 $y=u^2$ 与 $u=\tan x$ 复合而成的函数；$y=\ln(x-1)$ 是由 $y=\ln u$ 与 $u=x-1$ 复合而成的函数，它们都是 x 的复合函数．

注：（1）不是任何两个函数都可以复合成一个函数的．例如，$y=\arcsin u$ 与 $u=2+x^2$ 就不能复合成一个函数．

（2）复合函数也可以由两个以上的函数复合而成．例如，$y=2^u$，$u=\sin v$，由这三个函数可得复合函数 $y=2^{\sin\frac{1}{x}}$，这里 u 和 v 都是中间变量．

例 3 指出下列各复合函数的复合过程．

（1）$y=\sqrt{1+x^2}$；（2）$y=\arcsin(\ln x)$；（3）$y=e^{\sin x^2}$．

解：（1）$y=\sqrt{1+x^2}$ 是由 $y=\sqrt{u}$ 与 $u=1+x^2$ 复合而成．

（2）$y=\arcsin(\ln x)$ 是由 $y=\arcsin u$ 与 $u=\ln x$ 复合而成．

（3）$y=e^{\sin x^2}$ 是由 $y=e^u$，$u=\sin v$，$v=x^2$ 复合而成．

1.1.4.2 初等函数

定义 5 由基本初等函数和常数经过有限次四则运算以及有限次的复合步骤所构成的，并能用一个式子表示的函数称为初等函数．

例如，$y=\ln\cos^2 x$，$y=\sqrt[3]{\tan x}$，$y=\dfrac{2x^3-1}{x^2+1}$，$y=e^{2x}\sin(2x+1)$ 都是初等函数．

在初等函数的定义中，明确指出是用一个式子表示的函数，如果一个函数必须用几个式子表示时，它就不是初等函数．例如，$g(x)=\begin{cases}2\sqrt{x}, & 0\leqslant x\leqslant 1,\\ 1+x, & x>1\end{cases}$ 就不是初等函数，而称为非初等函数．

1.2　数列的极限

1.2.1　数列的极限

定义 6　对于数列 $\{x_n\}$，如果当 n 无限变大时，x 趋于一个定数 a，则称当 n 趋于无穷大时，数列 $\{x_n\}$ 以 a 为极限，记作：

$$\lim_{x\to n}=a \text{ 或 } x_n\to a(n\to\infty),$$

亦称数列 $\{x_n\}$ 收敛于 A．如果数列 $\{x_n\}$ 没有极限，就称 $\{x_n\}$ 是发散的．

利用定义 6 可以验证许多重要的数列极限．例如：

$$\lim_{x\to n}=\left(1+\frac{1}{n}\right)^n=\mathrm{e}\ (\ \mathrm{e}=2.718\,28\cdots\ ),$$

当 $n\to\infty$ 时，数列 $x_n=\left(1+\frac{1}{n}\right)^n$ 之值的变化情况见表 1–7.

表 1–7　数列 $x_n=\left(1+\frac{1}{n}\right)^n$ 的值

n	1	2	3	4	5	6	10	100	1000	10000	…
$\left(1+\frac{1}{n}\right)^n$	2	2.5	2.37	2.441	2.488	2.522	2.594	2.705	2.717	2.718	…

从上表中不难看出，当 $n\to\infty$ 时，数列 $x_n=\left(1+\frac{1}{n}\right)^n$ 的值是无限接近于 e 的．

1.2.2　数列极限的运算

设有数列 x_n 和 y_n，且 $\lim\limits_{n\to\infty}x_n=a$，$\lim\limits_{n\to\infty}y_n=b$，则

（1）$\lim\limits_{n\to\infty}(x_n\pm y_n)=\lim\limits_{n\to\infty}x_n\pm\lim\limits_{n\to\infty}y_n=a\pm b$；

（2）$\lim\limits_{n\to\infty}(x_n\cdot y_n)=\lim\limits_{n\to\infty}x_n\cdot\lim\limits_{n\to\infty}y_n=a\cdot b$；

（3）$\lim\limits_{n\to\infty}\left(\dfrac{x_n}{y_n}\right)=\dfrac{\lim\limits_{n\to\infty}x_n}{\lim\limits_{n\to\infty}y_n}=\dfrac{a}{b}(b\neq 0)$．

这里（1）和（2）可推广到有限个数列的情形．

推论　若 $\lim\limits_{n\to\infty} x_n$ 存在，c 为常数，$k\in \mathbf{N}^+$，则

（1）$\lim\limits_{n\to\infty}(c\cdot x_n)=c\cdot\lim\limits_{n\to\infty} x_n$；

（2）$\lim\limits_{n\to\infty}(x_n)^k=(\lim\limits_{n\to\infty} x_n)^k$．

例 4　已知 $\lim\limits_{n\to\infty} x_n=5$，$\lim\limits_{n\to\infty} y_n=2$，求：

（1）$\lim\limits_{n\to\infty}(3x_n)$；（2）$\lim\limits_{n\to\infty}\left(\dfrac{y_n}{5}\right)$；（3）$\lim\limits_{n\to\infty}\left(3x_n-\dfrac{y_n}{5}\right)$．

解：（1）$\lim\limits_{n\to\infty}(3x_n)=3\lim\limits_{n\to\infty} x_n=3\times 5=15$．

（2）$\lim\limits_{n\to\infty}\left(\dfrac{y_n}{5}\right)=\dfrac{1}{5}\lim\limits_{n\to\infty} y_n=\dfrac{2}{5}$．

（3）$\lim\limits_{n\to\infty}\left(3x_n-\dfrac{y_n}{5}\right)=\lim\limits_{n\to\infty}(3x_n)-\lim\limits_{n\to\infty}\left(\dfrac{y_n}{5}\right)=15-\dfrac{2}{5}=14\dfrac{3}{5}$．

1.2.3　无穷递缩等比数列的求和公式

等比数列 a_1，a_1q，a_1q^2，…，a_1q^{n-1}，…，当 $|q|<1$ 时，称为无穷递缩等比数列．现在来求它的前 n 项的和 S_n 当 $n\to\infty$ 时的极限．

由于

$$S_n=\frac{a_1(1-q)^2}{1-q},$$

所以

$$\lim_{n\to\infty} S_n=\lim_{n\to\infty}\frac{a_1(1-q^n)}{1-q}=\lim_{n\to\infty}\frac{a_1}{1-q}\cdot\lim_{n\to\infty}(1-q^n)=\frac{a_1}{1-q}(\lim_{n\to\infty}1-\lim_{n\to\infty}q^n).$$

当 $|q|<1$ 时，$\lim\limits_{n\to\infty} q^n=1$，所以

$$\lim_{n\to\infty} S_n=\frac{a_1}{1-q}(1-0)=\frac{a_1}{1-q}.$$

我们把无穷递缩等比数列前 n 项的和当 $n\to\infty$ 时的极限叫作这个无穷递缩等比数列的和，并用符号 S 表示，从而有公式

$$S=\frac{a_1}{1-q}.$$

这个公式叫作无穷递缩等比数列的求和公式．

例 5　求数列$\frac{1}{2}$，$\frac{1}{4}$，$\frac{1}{8}$，…，$\frac{1}{2^n}$，…各项的和．

解：因为$|q|<1$，所以它是无穷递缩等比数列，所以有$S=\dfrac{\frac{1}{2}}{1-\frac{1}{2}}=1$．

1.3　函数的极限

本节将讨论一般函数$f(x)$的极限，主要研究以下两种情形：

（1）当自变量x的绝对值$|x|$无限增大，即x趋向无穷大（记为$x\to\infty$）时，函数$f(x)$的极限；

（2）当自变量x任意接近于x_0，即x趋向于定值x_0（记为$x\to x_0$）时，函数$f(x)$ 的极限．

1.3.1　当$x\to\infty$时，函数$f(x)$的极限

先看下面的例子：

考查当$x\to\infty$时，函数$f(x)=\frac{1}{x}$的变化趋势．如图 1-1 所示，可以看出，当x的绝对值无限增大时，$f(x)$的值无限接近于零．即当$x\to\infty$时，$f(x)\to 0$．

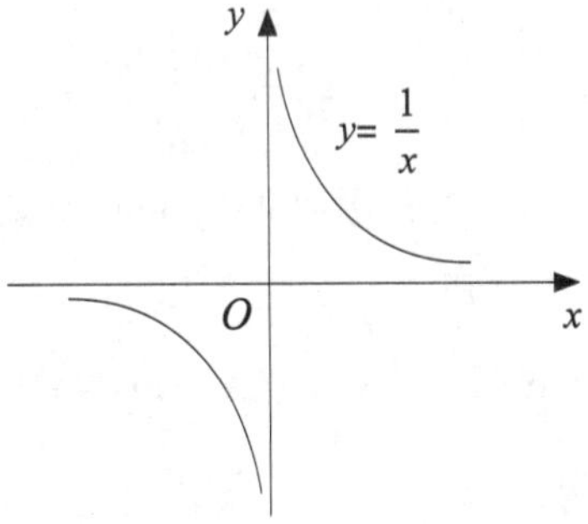

图 1-1

对于这种当$x\to\infty$时，函数$f(x)$的变化趋势，给出下面的定义．

定义 7　如果当x的绝对值无限增大（即$x\to\infty$）时，函数$f(x)$无限接近于一个确定的常数A，那么A就叫作函数$f(x)$当$x\to\infty$时的极限，记为

$$\lim_{x\to\infty} f(x)=A \text{ 或当 } x\to\infty \text{ 时，} f(x)\to A .$$

根据上述定义可知，当 $x\to\infty$ 时，$f(x)=\dfrac{1}{x}$ 的极限是 0，可记为

$$\lim_{x\to\infty} f(x)=\lim_{x\to\infty}\frac{1}{x} .$$

注： 自变量 x 的绝对值无限增大指的是既取正值而无限增大（记为 $x\to+\infty$），同时也取负值而绝对值无限增大（记为 $x\to-\infty$），但有时 x 的变化趋势只能或只需取这两种变化中的一种情形．下面给出当 $x\to+\infty$ 或 $x\to-\infty$ 时函数极限的定义．

定义 8 如果当 $x\to+\infty$（或 $x\to-\infty$）时，函数 $f(x)$ 无限接近于一个确定的常数 A，那么 A 就叫作函数 $f(x)$ 当 $x\to+\infty$（或 $x\to-\infty$）时的极限，记为

$$\lim_{\substack{x\to+\infty\\(x\to-\infty)}} f(x)=A \text{ 或当 } x\to+\infty\ (\ x\to+\infty\ ) \text{ 时，} f(x)\to A .$$

例如，如图 1-2 所示，$\lim\limits_{x\to+\infty}\arctan x=\dfrac{\pi}{2}$ 及 $\lim\limits_{x\to-\infty}\arctan x=-\dfrac{\pi}{2}$.

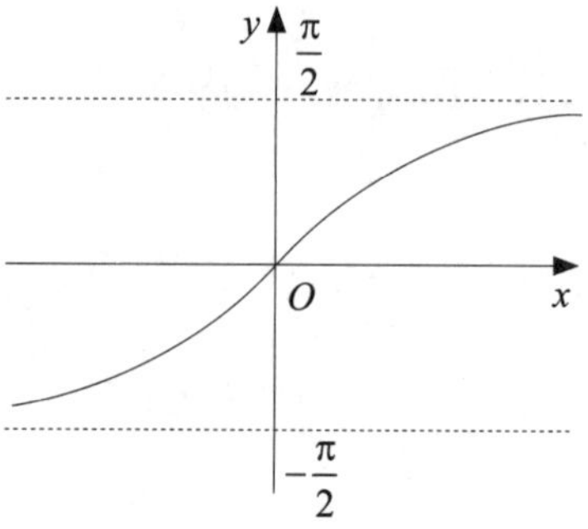

图 1-2

由于当 $x\to+\infty$ 和 $x\to-\infty$ 时，函数 $y=\arctan x$ 不是无限接近于同一个确定的常数，所以 $\lim\limits_{x\to\infty}\arctan x$ 不存在．

一般地，$\lim\limits_{x\to\infty} f(x)=A$ 的充分必要条件是 $\lim\limits_{x\to+\infty} f(x)=\lim\limits_{x\to-\infty} f(x)$.

例 6 求 $\lim\limits_{x\to-\infty} \mathrm{e}^{x}$ 和 $\lim\limits_{x\to+\infty} \mathrm{e}^{-x}$.

解： 如图 1-3 所示，可知 $\lim\limits_{x\to-\infty} \mathrm{e}^{x}=0$，$\lim\limits_{x\to+\infty} \mathrm{e}^{-x}=0$.

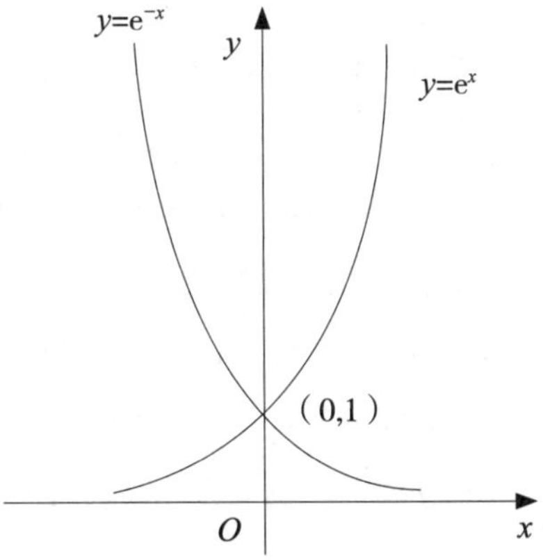

图 1-3

例 7　讨论当 $x \to \infty$ 时，函数 $y=\operatorname{arccot} x$ 的极限．

解： 因为 $\lim\limits_{x\to+\infty} \operatorname{arccot} x=0$，$\lim\limits_{x\to-\infty} \operatorname{arccot} x=\pi$，虽然 $\lim\limits_{x\to+\infty} \operatorname{arccot} x$ 和 $\lim\limits_{x\to-\infty} \operatorname{arccot} x$ 都存在，但不相等，所以 $\lim\limits_{x\to\infty} \operatorname{arccot} x$ 不存在．

1.3.2　当 $x \to x_0$ 时，函数 $f(x)$ 的极限

定义 9　如果当 x 无限接近于定值 x_0，$x \to x_0$（x 可以不等于 x_0）时，函数 $f(x)$ 无限接近于一个确定的常数 A，那么 A 就叫作函数 $f(x)$ 当 $x \to x_0$ 时的极限，记为

$$\lim_{x\to x_0} f(x)=A \text{ 或当 } x \to x_0 \text{ 时，} f(x) \to A \text{ ．}$$

注：（1）在上面的定义中，“$x \to x_0$”表示既从 x_0 的左侧同时也从 x_0 的右侧趋近于 x_0；

（2）定义中考虑的是当 $x \to x_0$ 时，$f(x)$ 的变化趋势，并不考虑 $f(x)$ 在点 x_0 是否有定义．

例 8　考查极限 $\lim\limits_{x\to x_0} c$（c 为常数）和 $\lim\limits_{x\to x_0} x$．

解： 设 $f(x)=c$，$\varphi(x)=x$．

当 $x \to x_0$ 时，$f(x)$ 的值恒等于 c，则 $\lim\limits_{x\to x_0} f(x)=\lim\limits_{x\to x_0} c = c$．

当 $x \to x_0$ 时，$\varphi(x)$ 的值无限接近于 x_0，则 $\lim\limits_{x\to x_0} \varphi(x)=\lim\limits_{x\to x_0} x = x_0$．

1.3.3 当 $x \to x_0$ 时，$f(x)$ 的左极限与右极限

前面讨论的当 $x \to x_0$ 时函数的极限中，x 既从 x_0 的左侧无限接近于 x_0（记为 $x \to x_0 - 0$ 或 x_0^-），也从 x_0 的右侧无限接近于 x（记为 $x \to x_0 + 0$ 或 x_0^+）. 下面再给出当 $x \to x_0^-$ 或 $x \to x_0^+$ 时函数极限的定义 .

定义 10 如果当 $x \to x_0^-$ 时，函数 $f(x)$ 无限接近于一个确定的常数 A，那么 A 就叫作函数 $f(x)$ 当 $x \to x_0$ 时的左极限，记为

$$\lim_{x \to x_0^-} f(x) = A \text{ 或 } f(x_0 - 0) = A .$$

如果当 $x \to x_0^+$ 时，函数 $f(x)$ 无限接近于一个确定的常数 A，那么 A 就叫作函数 $f(x)$ 当 $x \to x_0$ 时的右极限，记为

$$\lim_{x \to x_0^+} f(x) = A \text{ 或 } f(x_0 + 0) = A .$$

一般地，$\lim\limits_{x \to x_0} f(x) = A$ 的充分必要条件是 $\lim\limits_{x \to x_0^-} f(x) = \lim\limits_{x \to x_0^+} f(x) = A$.

例 9 讨论函数 $f(x) = \begin{cases} x-1, & x > 0, \\ 0, & x = 0, \\ x+1, & x < 0 \end{cases}$ 当 $x \to 0$ 时的极限 .

解： 作出这个分段函数的图象，如图 1-4 所示 .

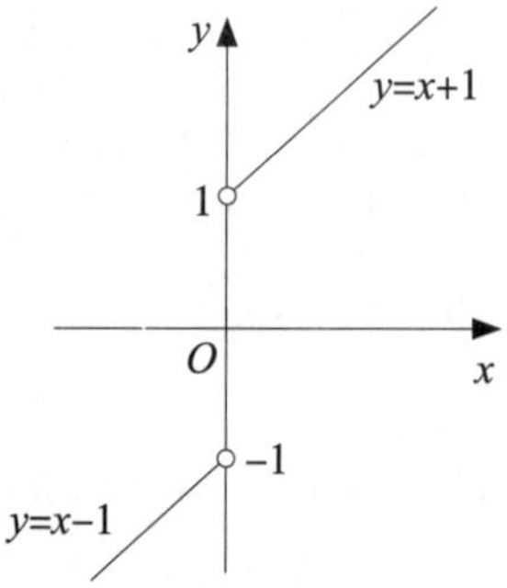

图 1-4

由图可知函数 $f(x)$ 当 $x \to 0$ 时的左极限为：$\lim\limits_{x \to 0^-} f(x) = \lim\limits_{x \to 0^-} (x-1) = -1$；右极限为：$\lim\limits_{x \to 0^+} f(x) = \lim\limits_{x \to 0^+} (x-1) = 1$.

因为当 $x \to 0$ 时，函数 $f(x)$ 的左极限与右极限虽各自存在但不相等，所以极限 $\lim\limits_{x \to 0} f(x)$ 不存在 .

1.4　极限的运算

1.4.1　极限的运算法则

设在同一变化过程中，$\lim\limits_{x\to x_0} f(x)=A$，$\lim\limits_{x\to x_0} g(x)=B$，则得极限运算法则如下：

法则一： $\lim\limits_{x\to x_0}[f(x)\pm g(x)]=\lim\limits_{x\to x_0} f(x)\pm \lim\limits_{x\to x_0} g(x)=A\pm B$.

法则二： $\lim\limits_{x\to x_0}[f(x)\bullet g(x)]=\lim\limits_{x\to x_0} f(x)\bullet\lim\limits_{x\to x_0} g(x)=A\bullet B$.

特别有

$\lim\limits_{x\to x_0}[Cf(x)]=C\bullet\lim\limits_{x\to x_0} f(x)=CA$（ C 为常数）；

$\lim\limits_{x\to x_0}[f(x)]^k=[\lim\limits_{x\to x_0} f(x)]^k=A^k$（ k 为正整数）.

法则三： 若 $B\neq 0$，则 $\lim\limits_{x\to x_0}\left[\dfrac{f(x)}{g(x)}\right]=\dfrac{\lim\limits_{x\to x_0} f(x)}{\lim\limits_{x\to x_0} g(x)}=\dfrac{A}{B}$.

注：法则 1、2 可以推广到有限多个函数的情形 .

例 10　求 $\lim\limits_{x\to 1}(3x^2-5x+1)$.

解：

$$\begin{aligned}\lim_{x\to 1}(3x^2-5x+1) &= \lim_{x\to 1}3x^2-\lim_{x\to 1}5x+\lim_{x\to 1}1\\ &= 3\lim_{x\to 1}x^2-5\lim_{x\to 1}x+1\\ &= 3(\lim_{x\to 1}x)^2-5+1\\ &= 3-5+1=-1.\end{aligned}$$

例 11　求 $\lim\limits_{x\to 2}\left(\dfrac{x^2-3x+1}{2x-1}\right)$.

解：

$$\lim_{x\to 2}\left(\frac{x^2-3x+1}{2x-1}\right)=\frac{\lim\limits_{x\to 2}\left(x^2-3x+1\right)}{\lim\limits_{x\to 2}\left(2x-1\right)}$$

$$=\frac{(\lim\limits_{x\to 2}x)^2-3\lim\limits_{x\to 2}x+\lim\limits_{x\to 2}1}{\lim\limits_{x\to 2}2x-\lim\limits_{x\to 2}1}$$

$$=\frac{4-6+1}{4-1}=\frac{1}{3}.$$

从上面两例可以得到如下结论：

（1）如果函数 $f(x)$ 为多项式，那么

$$\lim_{x\to x_0}f(x)=f(x_0).$$

（2）如果 $P(x)$， $Q(x)$ 是多项式，且 $\lim\limits_{x\to x_0}Q(x)=Q(x_0)\neq 0$，那么

$$\lim_{x\to x_0}\frac{P(x)}{Q(x)}=\frac{\lim\limits_{x\to x_0}P(x)}{\lim\limits_{x\to x_0}Q(x)}=\frac{P(x_0)}{Q(x_0)}.$$

对于有理式 $Q(x)$，如果 $\lim\limits_{x\to x_0}Q(x)=Q(x_0)=0$，则不能应用法则 3 求解，需进行特别处理.

1.4.2 未定式

在同一变化过程中，如果 $f(x)$、$g(x)$ 两个函数都是无穷小或无穷大，则对于极限 $\lim\limits_{x\to x_0}\dfrac{f(x)}{g(x)}$ 显然不能用极限的运算法则来计算，通常称这种极限为未定式，分别记为 $\dfrac{0}{0}$ 型或 $\dfrac{\infty}{\infty}$ 型，未定式除了这两种基本类型外，还有 $0\cdot\infty$，$\infty-\infty$，1^∞，0^0，∞^0 等情形. 注意，$\dfrac{0}{0}$，$\dfrac{\infty}{\infty}$ 等均只是记号，不代表数.

下面将主要介绍 $\dfrac{0}{0}$ 和 $\dfrac{\infty}{\infty}$ 两种未定式的求法：

例 12 求 $\lim\limits_{x\to 4}\dfrac{x^2-5x+4}{x-4}$.

分析：当 $x\to 4$ 时，分子与分母的极限都是 0，是 $\dfrac{0}{0}$ 型，不能应用法则 3，又因为分子、分母有公因子 $x-4$，而当 x 趋向于 4 时，$x-4$ 不等于 0，故可以约去不为 0 的分母，通过化简求解.

解：
$$\lim_{x\to 4}\frac{x^2-5x+4}{x-4}=\lim_{x\to 4}\frac{(x-1)(x-4)}{x-4}=\lim_{x\to 4}(x-1)=3.$$

例 13　求 $\lim\limits_{x\to\infty}\dfrac{3x^2-x+1}{x^2+2x+2}$.

解： 当 $x\to\infty$ 时，此极限是 $\dfrac{\infty}{\infty}$ 型，分子、分母同除以最高次幂 x^2 ，则

$$\lim_{x\to\infty}\frac{3x^2-x+1}{x^2+2x+2}=\lim_{x\to\infty}\frac{3-\frac{1}{x}+\frac{1}{x^2}}{1+\frac{2}{x}+\frac{2}{x^2}}=\frac{3}{1}=3\ .$$

例 14　求 $\lim\limits_{x\to\infty}\dfrac{x^2+2x+2}{3x^3-x+1}$.

解： 当 $x\to\infty$ 时，此极限是 $\dfrac{\infty}{\infty}$ 型，分子、分母同除以最高次幂 x^3 ，则

$$\lim_{x\to\infty}\frac{x^2+2x+2}{3x^3-x+1}=\lim_{x\to\infty}\frac{\frac{1}{x}+\frac{2}{x^2}+\frac{2}{x^3}}{3-\frac{1}{x^2}+\frac{1}{x^3}}=\frac{0}{3}=0\ .$$

例 15　求 $\lim\limits_{x\to\infty}\dfrac{3x^3-x+1}{x^2+2x+2}$.

解： 因为 $\lim\limits_{x\to\infty}\dfrac{3x^3-x+1}{x^2+2x+2}=\lim\limits_{x\to\infty}\dfrac{1}{\dfrac{x^2+2x+2}{3x^3-x+1}}$， 所以由例 14 结果知 $\lim\limits_{x\to\infty}\dfrac{3x^3-x+1}{x^2+2x+2}=0$.

综合例 13、例 14、例 15 的结果，可以得到下面的结论：当 $a\neq 0$ ， $b\neq 0$ ， $m,\ n\in\mathbf{N}^+$ 时，有

$$\lim_{x\to\infty}\frac{a_0x^m+a_0x^{m-1}+\cdots+a_m}{b_0x^m+b_0x^{m-1}+\cdots+b_m}=\begin{cases}\dfrac{a_0}{b_0}, & m=n,\\ 0, & m<n,\\ \infty, & m>n.\end{cases}$$

1.5 两个重要极限

下面给出极限存在的两个准则，并用两个准则讨论两个重要极限 .

1.5.1 极限存在准则

1.5.1.1 夹逼准则

设函数 $f(x)$， $g(x)$， $h(x)$ 在 x_0 的某一去心邻域内（或 $x\to\infty$ 时），有 $g(x)\leqslant f(x)\leqslant h(x)$ 成立，并且

$\lim\limits_{x\to x_0} g(x)=A$， $\lim\limits_{x\to x_0} h(x)=A$，则 $\lim\limits_{x\to x_0} f(x)$ 存在，且等于 A .

此法则对数列同样成立 .

1.5.1.2 单调有界数列必有极限

设数列 $\{x_n\}$， $n\in\mathbf{N}$.

（1）若数列 $\{x_n\}$ 递增且有上界，则 $\lim\limits_{n\to\infty} x_n=\sup\{x_n|n\in\mathbf{N}\}$；

（1）若数列 $\{x_n\}$ 递减且有下界，则 $\lim\limits_{n\to\infty} x_n=\inf\{x_n|n\in\mathbf{N}\}$.

这两个准则证明略 .

1.5.2 两个重要极限

1.5.2.1 $\lim\limits_{x\to 0}\dfrac{\sin x}{x}=1$

证明：作单位圆如图 1-5 所示，取 $\angle AOB=x\left(0<x<\dfrac{\pi}{2}\right)$，

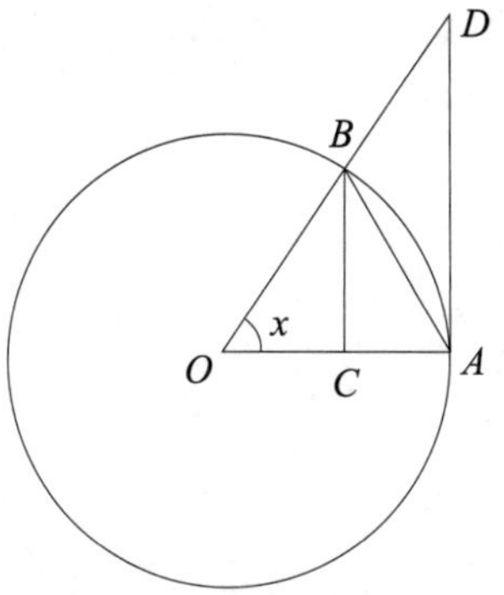

图 1-5

于是有

$$BC = \sin x\ ,\quad \overset{\frown}{AB} = x\ ,\quad AD = \tan x\ .$$

由图 1-5, 得 $S_{\Delta OAB} < S_{扇形OAB} < S_{\Delta OAD}$.

即

$$\frac{1}{2}\sin x < \frac{1}{2}x < \frac{1}{2}\tan x\ .$$

同时除以 $\frac{1}{2}\sin x$，得

$$1 < \frac{x}{\sin x} < \frac{1}{\cos x}\ ,$$

则

$$\cos x < \frac{\sin x}{x} < 1\ .$$

因为当 x 用 $-x$ 代替时，$\cos x$ 与 $\frac{\sin x}{x}$ 都不变号，所以上面的不等式对于 $-\frac{\pi}{2} < x < 0$ 也是成立的 .

由于 $\lim\limits_{x\to 0}\cos x = 1$，$\lim\limits_{x\to 0} 1 = 1$，则由极限的夹逼准则可得

$$\lim_{x\to 0}\frac{\sin x}{x} = 1\ .$$

例 16　求下列函数的极限：

（1）$\lim\limits_{x\to 0}\frac{\sin kx}{x}$；（2）$\lim\limits_{x\to 0}\frac{5x}{3x}$；（3）$\lim\limits_{x\to 0}\frac{1-\cos x}{x^2}$；（4）$\lim\limits_{x\to 0}\frac{\arcsin x}{x}$.

解：

（1）$\lim\limits_{x\to0}\dfrac{\sin kx}{x}=k\lim\limits_{x\to0}\dfrac{\sin kx}{kx}=k$.

（2）$\lim\limits_{x\to0}\dfrac{5x}{3x}=\lim\limits_{x\to0}\dfrac{\dfrac{\sin 5x}{x}}{\dfrac{\sin 3x}{x}}=\dfrac{5}{3}$.

（3）$\lim\limits_{x\to0}\dfrac{1-\cos x}{x^2}=\lim\limits_{x\to0}\dfrac{2\sin^2\dfrac{x}{2}}{x^2}=\lim\limits_{x\to0}\dfrac{2}{4}\left(\dfrac{\sin\dfrac{x}{2}}{\dfrac{x}{2}}\right)^2=\dfrac{1}{2}\left(\lim\limits_{x\to0}\dfrac{\sin\dfrac{x}{2}}{\dfrac{x}{2}}\right)^2=\dfrac{1}{2}$.

（4）令 $t=\arcsin x$ ，$x=\sin t$ ，当 $x\to0$ 时，$t\to0$.

所以 $\lim\limits_{x\to0}\dfrac{\arcsin x}{x}=\lim\limits_{t\to0}\dfrac{t}{\sin t}=\lim\limits_{t\to0}\dfrac{1}{\dfrac{\sin t}{t}}=1$.

由例 16 可以看出，一个趋近于零的变量的正弦与这个变量比值的极限为 1，这就是第一个重要极限的性质 .

1.5.2.2 $\lim\limits_{x\to\infty}\left(1+\dfrac{1}{x}\right)^n=\mathrm{e}$

无理数 e 在数学理论或实际应用中都有重要作用，其值为 2.718 281 8⋯

我们先将数列 $\{x_n\}=\left(1+\dfrac{1}{n}\right)^n$ 的值列出，见表 1–8.

表 1–8　x_n 的值

n	1	2	5	10	100	10 000	10^6	⋯
x_n	2	2.25	2.488	2.593 7	2.704 9	2.718 1	2.718 280	⋯

从表 1–8 可以看出，数列 $\{x_n\}=\left(1+\dfrac{1}{n}\right)^n$ 单调递增而且有界，于是数列极限存在且可证明为 e，即

$$\lim_{x\to\infty}\left(1+\frac{1}{n}\right)^n=\mathrm{e}\ .$$

又可以证明，对于连续变量 x 也有

$$\lim_{x\to\infty}\left(1+\frac{1}{x}\right)^{x}=\mathrm{e}\ .$$

在上式中令 $t=\frac{1}{x}$，则 $x\to\infty$ 时 $t\to 0$，于是变量代换，得

$$\lim_{t\to 0}\left(1+\frac{1}{x}\right)^{\frac{1}{t}}=\mathrm{e}\text{或者}\lim_{x\to 0}\left(1+\frac{1}{x}\right)^{\frac{1}{x}}=\mathrm{e}\ .$$

例 17　求下列极限：

（1）$\lim\limits_{x\to\infty}\left(1-\frac{2}{x}\right)^{3x}$；（2）$\lim\limits_{x\to\infty}\left(\frac{x+3}{x-1}\right)^{x}$.

解：

（1）$\lim\limits_{x\to\infty}\left(1-\frac{2}{x}\right)^{3x}=\lim\limits_{x\to\infty}\left(1-\frac{2}{x}\right)^{-6\left(-\frac{x}{2}\right)}=\left[\lim\limits_{x\to\infty}\left(1-\frac{2}{x}\right)^{\left(-\frac{x}{2}\right)}\right]^{-6}=\mathrm{e}^{-6}$.

（2）解法 1：

$$\lim_{x\to\infty}\left(\frac{x+3}{x-1}\right)^{x}=\lim_{x\to\infty}\left(1+\frac{4}{x-1}\right)^{\frac{x-1}{4}\times 4+1}=\left[\lim_{x\to\infty}\left(1+\frac{4}{x-1}\right)^{\frac{x-1}{4}}\right]^{4}\lim_{x\to\infty}\left(1+\frac{4}{x-1}\right)=\mathrm{e}^{4}\ .$$

解法 2：

$$\lim_{x\to\infty}\left(\frac{x+3}{x-1}\right)^{x}=\lim_{x\to\infty}\left(\frac{\frac{x+3}{x}}{\frac{x-1}{x}}\right)^{x}=\frac{\left[\lim\limits_{x\to\infty}\left(1+\frac{3}{x}\right)^{\frac{x}{3}}\right]^{3}}{\left[\lim\limits_{x\to\infty}\left(1-\frac{1}{x}\right)^{-x}\right]^{-1}}=\mathrm{e}^{4}\ .$$

由例 17 可以看出：第二个重要极限的实质为 $\lim\limits_{u(x)\to\infty}[1+u(x)]^{\frac{1}{u(x)}}=\mathrm{e}$.

1.6 函数的连续性

1.6.1 函数连续性的概念

1.6.1.1 函数的增量

设变量 x 从它的一个初值 x_0 变到终值 x_1，则终值与初值的差 $x_1 - x_0$ 就称为变量 x 的增量或改变量，记为 Δx，即 $\Delta x = x_1 - x_0$.

为了叙述方便，有时也说，自变量 x 在 x_0 处有增量 Δx . 这里 Δx 可以是正的，也可以是负的 . 当 $\Delta x>0$ 时，变量 x 从 x_0 变到 $x_1=x_0+\Delta x$ 时是增大的；当 $\Delta x<0$ 时，变量 x 从 x_0 变到 $x_1=x_0+\Delta x$ 时是减少的 .

注：记号 Δx 并不表示 Δ 与 x 的乘积，而是一个不可分割的整体符号 .

设函数 $y=f(x)$ 在点 x_0 及近旁有定义 . 当自变量 x 从 x_0 变到 $x+\Delta x$，即 x 在点 x_0 有增量 Δx 时，函数 $y=f(x)$ 相应地从 $y=f(x_0)$ 变到 $f(x_0+\Delta x)$，那么将 $\Delta y=f(x+\Delta x)-f(x)$ 称为函数 $y=f(x)$ 在 x_0 处的增量 .

例 18 设 $y=f(x)=3x^2-1$，求适合下列条件的自变量的增量 Δx 和函数的增量 Δy：

（1）当 x 由 1 变到 1.5；（2）当 x 由 1 变到 0.5；（3）当 x 由 1 变到 $1+\Delta x$.

解：

（1）$\Delta x=1.5-1=0.5$，$\Delta y=f(1.5)-f(1)=5.75-2=3.75$.

（2）$\Delta x=0.5-1=-0.5$，$\Delta y=f(0.5)-f(1)=-0.25-2=-2.25$.

（3）$\Delta x=(1+\Delta x)-1=\Delta x$，

$\Delta y=f(1+\Delta x)-f(1)=[3(1+\Delta x)^2-1]-2=6\Delta x+3(\Delta x)^2$.

1.6.1.2 函数 $y=f(x)$ 在点 x_0 处的连续性

由图 1–6（1）可以看出，如果函数 $y=f(x)$ 的图象在点 x_0 及其近旁没有断开，那么当 x_0 保持不变；而让 Δx 趋近于零时，曲线上的点 N 就沿着曲线趋近于点 M，这时 Δy 也趋近于零；而在图 1–6（2）中，如果函数 $y=f(x)$ 的图象在点 x_0 断开了，那么当 x_0 保持不变，而让 Δx 趋近于零时，曲线上的点 N 就沿着曲线趋近于点 M，并不趋近于点 M，显然，这时 Δy 不能趋近于零 .

下面给出函数在点 x_0 处连续的定义：

定义 11　设函数 $y=f(x)$ 在点 x_0 及其近旁有定义，如果当自变量 x 在点 x_0 处的增量 Δx 趋近于零时，函数 $y=f(x)$ 相应的增量 $\Delta y=f(x_0+\Delta x)-f(x_0)$ 也趋近于零，那么就叫作函数 $y=f(x)$ 在点 x_0 处连续，x_0 称为函数 $f(x)$ 的连续点，用极限来表示，就是

$$\lim_{x\to\infty}\Delta y=0 \text{ 或 } \lim_{x\to\infty}[f(x_0+\Delta x)-f(x_0)]=0 .$$

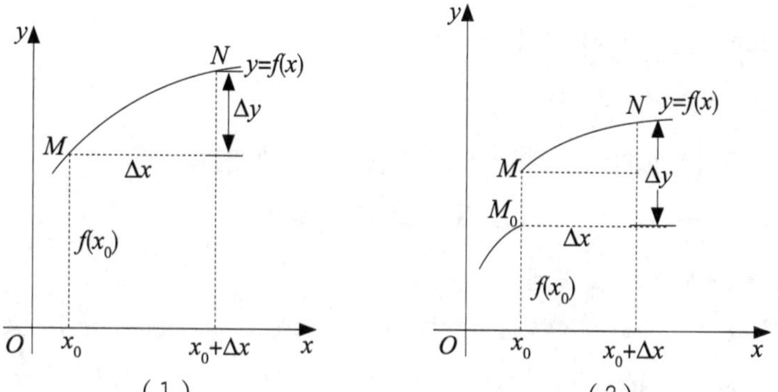

（1）　　（2）

图 1-6

例 19　证明函数 $y=3x^2-1$ 在点 $x=1$ 处连续．

证明：因为函数 $y=3x^2-1$ 的定义域为 $(-\infty,\ +\infty)$，所以函数在 $x=1$ 及其近旁有定义．

设自变量在点 $x=1$ 处有增量 Δx，则函数相应的增量为 $\Delta y=6\Delta x+3(\Delta x)^2$．

因为 $\lim\limits_{\Delta x\to 0}\Delta y=\lim\limits_{\Delta x\to 0}[6\Delta x+3(\Delta x)^2]=0$，所以根据定义 11 可知函数 $y=3x^2-1$ 在点 $x=1$ 处连续．

在定义 11 中，设 $x=x_0+\Delta x$，则 $\Delta x\to 0$ 就是 $x\to x_0$，$\Delta y\to 0$ 就是 $f(x)\to f(x_0)$，$\lim\limits_{\Delta x\to 0}\Delta y=0$ 就是 $\lim\limits_{x\to x_0}f(x)=f(x_0)$．

因此，函数 $y=f(x)$ 在点 x 处连续的定义又可叙述如下．

定义 12　设函数 $y=f(x)$ 在点 x 及其近旁有定义，如果函数 $y=f(x)$ 当 $x\to x_0$ 时的极限存在，且等于它在点 x_0 处的函数值 $y=f(x_0)$，即若 $\lim\limits_{x\to x_0}f(x)=f(x_0)$，就叫作函数 $f(x)$ 在点 x_0 处连续，x_0 称为函数 $f(x)$ 的连续点．

这个定义指出了函数 $f(x)$ 在点 x_0 处连续要满足三个条件：

（1）函数 $f(x)$ 在点 x_0 及其近旁有定义；

（2）$\lim\limits_{x \to x_0} f(x)$存在；

（3）函数 $f(x)$ 在 $x \to x_0$ 时的极限值等于在点 $x=x_0$ 的函数值，即$\lim\limits_{x \to x_0} f(x)=f(x_0)$.

例 20 根据定义 12 证明函数$f(x)=3x^2-1$在点$x=1$处连续 .

证明：（1）函数$f(x)=3x^2-1$的定义域为$(-\infty, +\infty)$，故函数在点$x=1$及其近旁有定义，且$f(1)=2$；

（2）$\lim\limits_{x \to 1} f(x)=\lim\limits_{x \to 1}(3x^2-1)=2$；

（3）$\lim\limits_{x \to 1} f(x)=2=f(1)$.

根据定义 12 可知函数$f(x)=3x^2-1$在点$x=1$处连续 .

1.6.1.3 函数 $y=f(x)$ 在区间上的连续性

1. 函数的左连续、右连续

设函数 $y=f(x)$ 在点 x_0 处及其左（或右）近旁有定义，如果$\lim\limits_{x \to x_0^-} f(x)=f(x_0)$或$\lim\limits_{x \to x_0^+} f(x)=f(x_0)$，称函数$f(x)$在点$x_0$处左连续（或右连续）.

2. 函数在区间上的连续性

如果函数$f(x)$在开区间(a, b)内每一点都连续，称函数$f(x)$在区间(a, b)内连续，或称函数$f(x)$为区间(a, b)内的连续函数，区间(a, b)称为函数$f(x)$的连续区间 .

如果函数$f(x)$在闭区间$[a, b]$上有定义，在开区间(a, b)内连续，且在右端点b处左连续，在左端点a处右连续，即$\lim\limits_{x \to b^-} f(x)=f(b)$，$\lim\limits_{x \to a^+} f(x)=f(a)$，则称函数$f(x)$在闭区间$[a, b]$上连续 .

1.6.2 函数的间断点

如果函数$y=f(x)$在点x_0处不连续，那么称函数$f(x)$在点x_0处是间断的，并将点x_0称为函数$f(x)$的间断点或不连续点 .

由函数$y=f(x)$在点x_0处连续的定义 12 可知，当函数$f(x)$有下列三种情形之一：

（1）在$x=x_0$近旁有定义，但在点x_0处没有定义；

（2）虽在点x_0处有定义，但$\lim\limits_{x \to x_0} f(x)$不存在；

（3）虽在点 x_0 处有定义，且 $\lim\limits_{x \to x_0} f(x)$ 存在，但 $\lim\limits_{x \to x_0} f(x) \neq f(x_0)$，那么函数 $f(x)$ 在点 x_0 处是间断的 .

例 21　函数 $f(x)=\dfrac{x^2-1}{x-1}$，由于在 $x=1$ 处没有定义，故 $f(x)$ 在 $x=1$ 处不连续，如图 1–7 所示 .

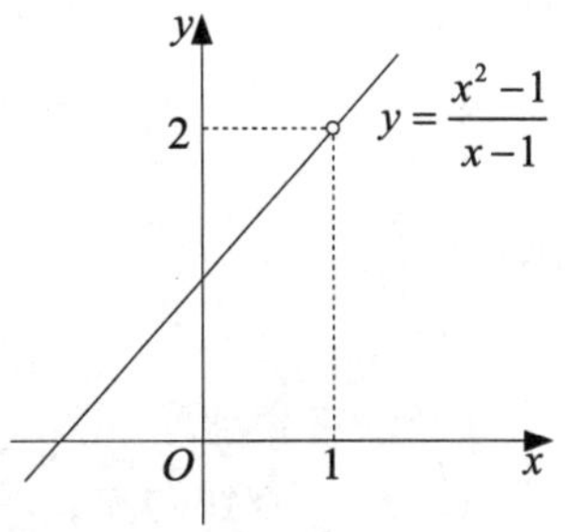

图 1–7

例 22　函数 $f(x)=\begin{cases} x+1, & x>1, \\ 0, & x=1, \\ x-1, & x<1, \end{cases}$ 虽在 $x=1$ 处有定义，但由于 $\lim\limits_{x \to 1} f(x)$ 不存在，故 $f(x)$ 在 $x=1$ 处不连续，如图 1–8 所示 .

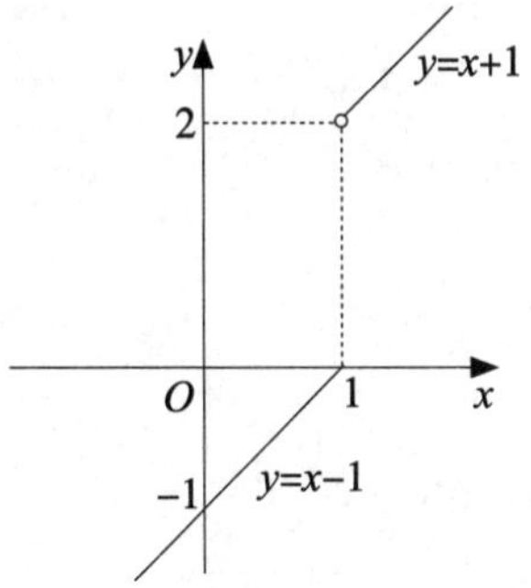

图 1–8

例 23　函数 $f(x)=\begin{cases} x+1, & x \neq 1 \\ 0, & x=1 \end{cases}$，虽在 $x=1$ 处有定义，且 $\lim\limits_{x \to 1} f(x)=f(2)$ 存在，但 $\lim\limits_{x \to 1} f(x) \neq f(1)$，故 $f(x)$ 在 $x=1$ 处不连续 .

函数的间断点按其单侧极限是否存在，分为第一类间断点与第二类间断点．

定义 13 若 x_0 为函数 $y=f(x)$ 的间断点，且 $\lim\limits_{x\to x_0^-} f(x)$ 和 $\lim\limits_{x\to x_0^+} f(x)$ 都存在，则称点 x_0 为 $f(x)$ 的第一类间断点；如果 $\lim\limits_{x\to x_0^-} f(x)$ 和 $\lim\limits_{x\to x_0^+} f(x)$ 至少有一个不存在，则称点 x_0 为 $f(x)$ 的第二类间断点．

例 24 证明 $x=0$ 为函数 $f(x)=\dfrac{-x}{|x|}$ 的第一类间断点．

证明： $f(x)$ 在 $x=0$ 无定义，

又因为 $\lim\limits_{x\to 0^-}=\dfrac{-x}{|x|}=\lim\limits_{x\to 0^-}=\dfrac{-x}{-x}=1$，$\lim\limits_{x\to 0^+}=\dfrac{-x}{|x|}=\lim\limits_{x\to 0^+}=\dfrac{-x}{x}=-1$，

所以 $x=0$ 为函数的第一类间断点，在 $x=0$ 处的左、右极限不相等，使函数图象在 $x=0$ 处产生跳跃现象，所以这类间断点又称为跳跃间断点．

例 25 证明 $f(x)=\begin{cases}\dfrac{\sin x}{x}, & x\neq 0,\\ 0, & x=0,\end{cases}$ 在 $x=0$ 处是第一类间断点．

证明： $\lim\limits_{x\to 0}\dfrac{\sin x}{x}=1$，即函数在 $x=0$ 处的左、右极限存在，但是由于 $\lim\limits_{x\to 0} f(x)\neq f(0)$，所以 $x=0$ 为函数的第一类间断点，这类间断点又称为可去间断点．

例 26 $y=\tan x$ 在 $x=\dfrac{\pi}{2}$ 处无定义，且 $\lim\limits_{x\to\frac{\pi}{2}}\tan x=\infty$，知左、右极限都不存在，所以 $x=\dfrac{\pi}{2}$ 是函数的第二类间断点．

1.6.3 初等函数的连续性

1.6.3.1 基本初等函数的连续性

在几何上，连续函数的图象是一条连续不间断的曲线，因为基本初等函数的图象在其定义域内是连续不间断的曲线，所以有如下结论．

定义 14 初等函数在其定义域内是连续的．

1.6.3.2 连续函数的和、差、积、商的连续性

定义 15 函数 $f(x)$ 和 $g(x)$ 都在点 x_0 处连续，那么它们的和、差、积、商（分母不等于零）也都在点 x_0 处连续，即

$$\lim_{x \to x_0}[f(x) \pm g(x)] = f(x_0) \pm g(x_0),$$

$$\lim_{x \to x_0}[f(x) \cdot g(x)] = f(x_0) \cdot g(x_0),$$

$$\lim_{x \to x_0}\left[\frac{f(x)}{g(x)}\right] = \frac{f(x_0)}{g(x_0)} \ (g(x_0) \neq 0).$$

例如，函数 $y = \sin x$ 和 $y = \cos x$ 在点 $x = \frac{\pi}{4}$ 处是连续的，显然它们的和、差、积、商 $\sin x \pm \cos x$，$\sin x \cdot \cos x$，$\frac{\sin x}{\cos x}$ 在 $x = \frac{\pi}{4}$ 处也是连续的 .

1.6.3.3 复合函数的连续性

如果函数 $u = \varphi(x)$ 在点 x_0 处连续，且 $\varphi(x_0) = u_0$，函数 $y = f(u)$ 在点 u_0 处连续，那么复合函数 $y = f[\varphi(x)]$ 在点 x_0 处也是连续的 .

例如，函数 $u = 2x$ 在点 $x = \frac{\pi}{4}$ 处连续，当 $x = \frac{\pi}{4}$ 时，$u = \frac{\pi}{2}$，函数 $y = \sin u$ 在点 $u = \frac{\pi}{2}$ 处连续；显然，复合函数 $y = \sin 2x$ 在点 $\frac{\pi}{4}$ 处也是连续的 .

1.6.3.4 初等函数的连续性

由基本初等函数的连续性，连续函数和、差、积、商的连续性以及复合函数的连续性可知：

定义 16 函数在其定义区间内都是连续的 .

根据函数 $f(x)$ 在点 x_0 处连续的定义，如果 $f(x)$ 是初等函数，且 x_0 是 $f(x)$ 定义区间内的点，那么求 $f(x)$ 当 $x \to x_0$ 时的极限，只要求 $f(x)$ 在点 x_0 的函数值就可以了，即

$$\lim_{x \to x_0} f(x) = f(x_0).$$

例 27 求 $\lim_{x \to 0}\sqrt{1 - x^2}$.

解： 设 $f(x) = \sqrt{1 - x^2}$，这是一个初等函数，它的定义域是 $[-1,1]$，而 $x = 0$ 在该区间内，所以 $\lim_{x \to 0}\sqrt{1 - x^2} = f(0) = 1$.

1.6.4 闭区间上连续函数的性质

1.6.4.1 函数最大值和最小值的概念

定义 17 设 $f(x)$ 在区间上有定义，如果至少存在一点 $x_0 \in I$，使得每一个

$x \in I$都有$f(x) \leqslant f(x_0)$（或$f(x) \geqslant f(x_0)$），则称$f(x_0)$是函数$f(x)$在区间I上的最大值（或最小值）.

例如，函数$f(x)=\sin x+1$在区间$[0,2\pi]$上有最大值2及最小值0.

1.6.4.2 最大值与最小值定理

定义 18 如果函数$f(x)$在闭区间$[a, b]$上连续，那么函数$f(x)$在$[a, b]$上一定有最大值与最小值.

如图1–9所示，设函数$f(x)$在闭区间$[a,b]$上连续，那么$y=f(x)$在$[a,b]$上至少有一点ξ_1（$a \leqslant \xi_1 \leqslant b$），使得函数值$f(\xi_1)$为最大，即$f(\xi_1) \geqslant f(x)$（$a \leqslant x \leqslant b$）；又至少有一点$\xi_2$（$a \leqslant \xi_2 \leqslant b$），使得函数值$f(\xi_2)$为最小，即$f(\xi_2) \geqslant f(x)(a \leqslant x \leqslant b)$. 这样的函数值$f(\xi_1)$和$f(\xi_2)$分别叫作函数$f(x)$在区间$[a,b]$上的最大值和最小值.

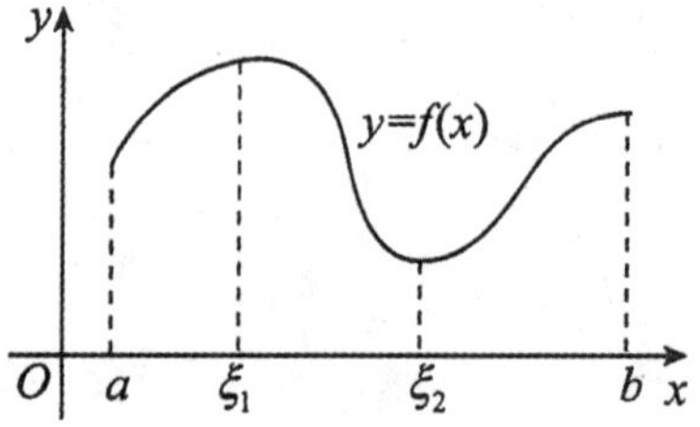

图 1–9

例如，函数$y=\sin x$在闭区间$[0,2\pi]$上是连续的，在$\xi_1=\frac{\pi}{2}$处，它的函数值$\sin\frac{\pi}{2}=1$为最大值；在$\xi_2=\frac{3\pi}{2}$处，它的函数值$\sin\frac{3\pi}{2}=-1$为最小值.

注：如果函数在开区间(a, b)内连续，或函数在闭区间上有间断点，那么函数在该区间上就不一定有最大值或最小值.

例如，函数$y=x$在开区间(a, b)内是连续的，而这个函数在开区间(a, b)既无最大值又无最小值，如图1–10所示.

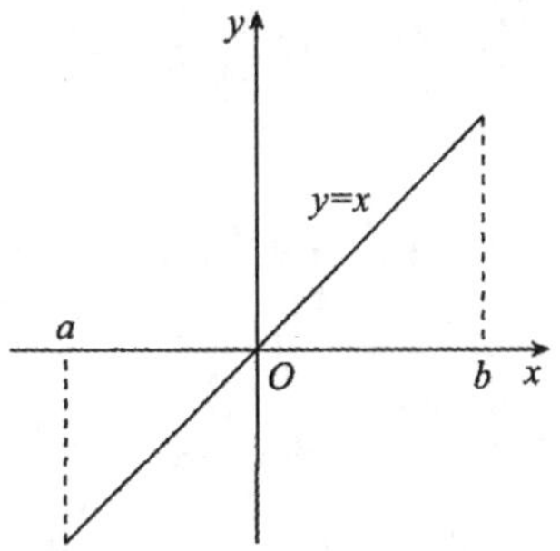

图 1-10

又如，函数 $f(x)=\begin{cases}-1+x, & 0\leqslant x<1,\\ 1, & x=1,\\ -x-3, & 1<x\leqslant 2\end{cases}$ 在闭区间 [0,2] 上有间断点 $x=1$，这时函数在闭区间 [0,2] 上既无最大值又无最小值，如图 1–11 所示 .

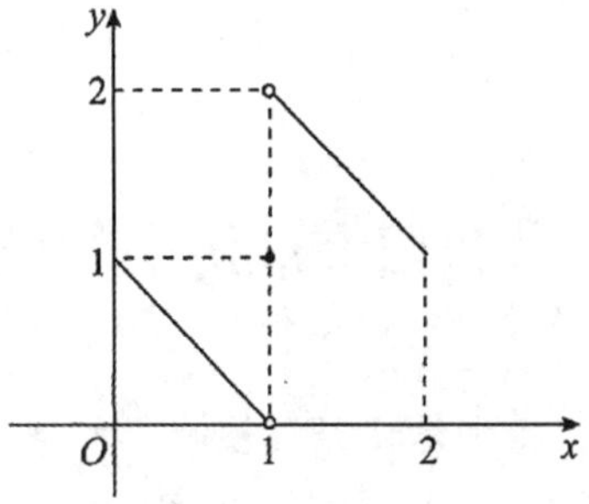

图 1-11

1.6.4.3　根的存在性质

设函数 $f(x)$ 在闭区间 $[a,\ b]$ 上连续，且 $f(a)$ 和 $f(b)$ 异号，那么在开区间 $(a,\ b)$ 内至少有一点 ξ，使得 $f(\xi)=0(a<\xi<b)$. 如图 1–12 所示，可以看出，如果 $f(a)$ 与 $f(b)$ 异号，那么在 $[a,\ b]$ 上连续的曲线 $y=f(x)$ 与 x 轴至少有一个交点，交点的坐标为 $(\xi,0)$.

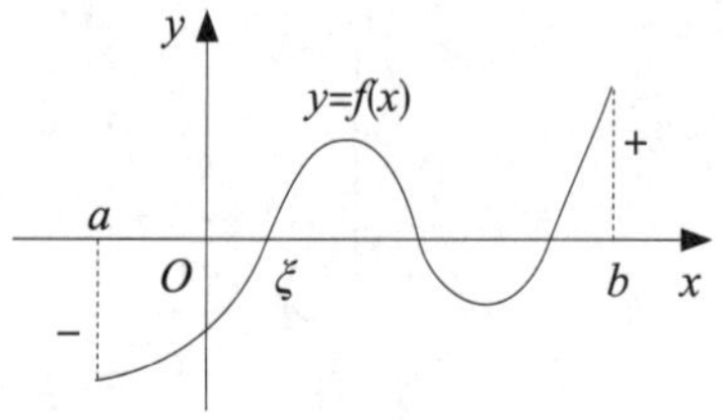

图 1-12

由上述定理可知，$x=\varphi$ 是方程 $f(x)=0$ 的一个根，且位于开区间 (a, b) 内，所以，利用这个定理可判断方程 $f(x)=0$ 在某个开区间内的实根的存在 .

例 28 证明方程 $x^3+3x^2-1=0$ 在区间 $(0,1)$ 内至少有一个根 .

证设 $f(x)=x^3+3x^2-1$，它在闭区间 $[0,1]$ 上是连续的，并且在区间端点的函数值为 $f(0)=-1<0$ 与 $f(1)=3>0$.

由根的存在性质可知，在 $(0,1)$ 内至少有一点 $(0<\xi<1)$，使得 $f(\xi)=0$，即 $\xi^3+3\xi^2-1=0(0<\xi<1)$.

这个等式说明方程 $x^3+3x^2-1=0$ 在 $(0,1)$ 内至少有一个根 ξ .

1.7 极限在经济中的应用

在日常生活工作中，特别是在经济领域，企业或个人在进行经济管理决策或经营决策时，经常需要对贷款或投资的可行性进行分析 .

1.7.1 复利问题

复利是计算利息的一种方法 . 复利是指不仅对本金计算利息，而且还要计算利息的利息 . 也就是说，本期的本金加上利息作为下期计算利息的基数，俗称“利滚利”.

设 A_0 是本金，r 是计息期的利率，A 是本利和，则：

第一个计息期末本利和为 $A=A_0(1+r)$；

第二个计息期末本利和为 $A=A_0(1+r)+[A_0(1+r)]r=A_0(1+r)^2$；

如此下去，第 t 个计息期末本利和为 $A=A_0(1+r)^t$.

因此，本金为 A_0，计息期利率为 r，计息期数为 t 的本利和为

$$A=A_0(1+r)^t\ .$$

若每期结算 m 次，则此时每期的利率可认为是 $\frac{r}{m}$，容易推得 t 期末本利和为

$$A=A_0\left(1+\frac{r}{m}\right)^{mt}\ .$$

若每期结算次数 $m\to\infty$（即每时每刻结算）时，t 期末本利和为

$$A=\lim_{m\to\infty}A_0\left(1+\frac{r}{m}\right)^{mt}=A_0\lim_{m\to\infty}\left[\left(1+\frac{r}{m}\right)^{mt}\right]=A_0\mathrm{e}^{rt}\ .$$

即

$$A=A_0\mathrm{e}^{rt}\ .$$

$A=A_0(1+r)^t$ 和 $A=A_0\left(1+\frac{r}{m}\right)^{mt}$ 称为离散复利公式，式 $A=A_0\mathrm{e}^{rt}$ 称为连续复利公式，其中 A_0 称为现值（或初值），A 称为终值（或未来值）. 显然利用式 $A=A_0\mathrm{e}^{rt}$ 计算的结果比用 $A=A_0(1+r)^t$ 和 $A=A_0\left(1+\frac{r}{m}\right)^{mt}$ 计算的结果要大些 .

同理，若用 r 表示人口的年平均增长率，A 表示原有人口数，则 $A_0\mathrm{e}^{rt}$ 表示 t 年末的人口数 .

例 29　现将 100 元现金投入银行，年利率为 1.98%，分别用离散性和连续性的复利公式计算 10 年末的本利和（不扣利息税）.

解：若一年结算一次，10 年末的本利和为

$$A=100(1+0.0198)^{10}\approx 121.66(\text{元})\ .$$

由连续复利公式计算，10 年末的本利和为

$$A=100\mathrm{e}^{0.0198\times 10}\approx 121.90(\text{元})\ .$$

例 30　设年投资收益率为 9%，按连续复利计算，现投资多少元，10 年末可达 200 万元？

解：由 $A_0=A\mathrm{e}^{-rt}$，$A=200$万元，$r=0.9$，$t=10$，由此

$$A_0=200\mathrm{e}^{-0.9}\approx 81.314(\text{万元})\ .$$

1.7.2　抵押贷款问题

设两室一厅商品房价值 100 000 元，王某自筹了 40 000 元，要购房还需贷款 60 000 元，贷款月利率为 1%，条件是每月还一些，25 年内还清，假如还不起，房子归债权人 . 王某具有什么能力才能贷款购房？

分析：起始贷款 60 000 元，贷款月利率 r=0.01，贷款期 n（月）=25（年）×12（月 / 年）=300（月），每月还 x 元，y_n 表示第 n 个月仍欠前债主的钱．

建立模型：

$$y_0 = 60\,000,$$

$$y_1 = y_0(1+r) - x,$$

$$y_2 = y_1(1+r) - x = y_0(1+r)^2 - x[(1+r)+1],$$

$$y_3 = y_2(1+r) - x = y_0(1+r)^3 - x[(1+r)^2+(1+r)+1]$$

$$\vdots$$

$$y_n = y_0(1+r)^n - x[(1+r)^{n-1} + (1+r)^{n-2} + \cdots + (1+r)+1] = y_0(1+r)^n - \frac{x[(1+r)^n - 1]}{r}.$$

当贷款还清时，$y_n=0$，可得 $x = \dfrac{y_0 r(1+r)^n}{(1+r)^n - 1}$．

把 n=300，r=0.01，y_0=60 000 代入，得 $x \approx 631.93$(元)，即王某如不具备每月还贷 632 元的能力，就不能贷款购房．

1.7.3 融资问题

某企业获投资 50 万元，该企业将投资作为抵押品[①]向银行贷款，得到相当于抵押品价值的 0.75 倍的贷款，该企业将此贷款再进行投资，并将再投资作为抵押品又向银行贷款，仍得到相当于抵押品的 0.75 倍的贷款，企业又将此贷款再进行投资，这样贷款→投资→再贷款→再投资，如此反复进行扩大再生产．该企业共可获得投资多少万元？

分析：设企业获得投资本金为 A，贷款额占抵押品价值的百分比为 $r(0<r<1)$，第 n 次投资或再投资（贷款）额为 a_n，n 次投资与再投资的资金总和为 S_n，投资与再投资的资金总和为 S．$a_1=A$，$a_2=Ar$，$a_3=Ar^2$，…，$a_n=A^{r-1}$，则

$$S_n = a_1 + a_2 + a_3 + \cdots + a_n = A + Ar + Ar^2 + \cdots + Ar^{n-1} = \frac{A(1-r^n)}{1-r},$$

$$S = \lim_{n\to\infty} S_n = \lim_{n\to\infty} \frac{A(1-r^n)}{1-r} = \frac{A}{1-r} (\lim_{n\to\infty} r^n = 0).$$

在本题中 A=50万元，r=0.75，代入上式，得 $S = \dfrac{50}{1-0.75} = 200$(万元)．

---

① 指银行发放贷款时作为抵押的实物，主要有土地、房屋、有价证券和商品等．

第 2 章　经济数学中的导数与微分

微分学是微积分[①]的中心内容之一，它是由导数、微分及其理论、计算方法与应用构成的 .

2.1　导数的概念

马克思（Karl Heinrich Marx）[②]指出："全部微分学本产生于求任意一条曲线上任意一点的切线问题 ." 本节先介绍微分学的经典问题——切线问题，然后再引入导数的概念 .

2.1.1　切线问题

从运动学理论知，质点在每一点的运动方向（即速度矢量）是沿着其曲线的切线方向的 .

下面我们用极限方法给出切线的严格定义 .

定义 1　曲线 $y=f(x)$ 在点 P 的切线 PL 定义为割线 PQ . 当 Q 无限趋于 P 时的极限位置，如图 2-1 所示 .

① 微积分（Calculus），数学概念，是高等数学中研究函数的微分(Differentiation)、积分(Integration)以及有关概念和应用的数学分支 . 它是数学的一个基础学科，内容主要包括极限、微分学、积分学及其应用 . 微分学包括求导数的运算，是一套关于变化率的理论 . 它使得函数、速度、加速度和曲线的斜率等均可用一套通用的符号进行讨论 . 积分学，包括求积分的运算，为定义和计算面积、体积等提供一套通用的方法 .

② 马克思是德国的思想家、政治学家、哲学家、经济学家、革命理论家、历史学家和社会学家 . 主要著作有《资本论》《共产党宣言》等 .

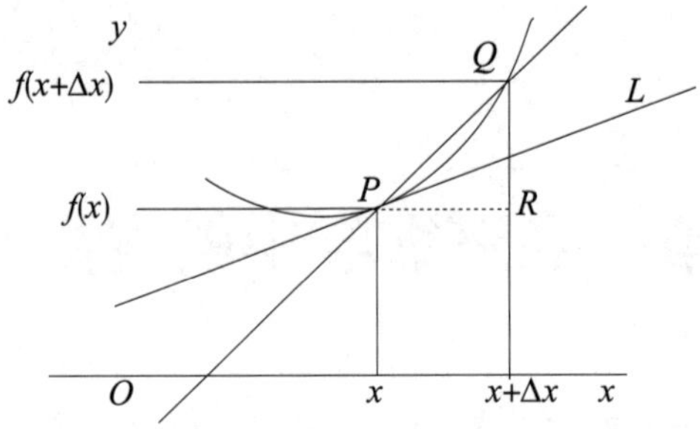

图 2-1

由于割线 PQ 的斜率

$$k_{PQ}=\frac{QR}{PR}=\frac{f(x+\Delta x)-f(x)}{\Delta x},$$

故当 Q 无线趋于 P（即 $\Delta x\to 0$ 时），k_{PQ} 的极限便是切线 PL 的斜率，即

$$k=\lim_{\Delta x\to 0}\frac{f(x+\Delta x)-f(x)}{\Delta x}.$$

下面使用极限方法来处理几个切线问题 .

例 1 求曲线 $y=x$ 的切线斜率 .

解：由定义 1，得

$$\begin{aligned}k&=\lim_{\Delta x\to 0}\frac{(x+\Delta x)^n-(x)^n}{\Delta x}\\&=\left[nx^{n-1}+\frac{n(n-1)}{2}(\Delta x)x^{n-2}+\frac{n(n-1)(n-2)}{6}(\Delta x)x^{n-3}+\cdots+(\Delta x)^{n-1}\right]\\&=nx^{n-1}.\end{aligned}$$

例 2 求曲线 $y=\sin x$ 在点 $x=0$ 处的切线方程 .

解：$k=\lim\limits_{\Delta x\to 0}\dfrac{\sin\Delta x-\sin 0}{\Delta x}=\lim\limits_{\Delta x\to 0}\dfrac{\sin\Delta x}{\Delta x}=1\left(\lim\limits_{x\to 0}\dfrac{\sin x}{x}=1\right)$.

因为切点为（0,0），故所求切线方程为

$$y=x.$$

例 3 求曲线 $y=\ln x$ 在 $x=1$ 处的切线方程 .

解：

$$\begin{aligned}k&=\lim_{\Delta x\to 0}\frac{\ln(1+\Delta x)-\ln 1}{\Delta x}=\lim_{\Delta x\to 0}\ln(1+\Delta x)^{\frac{1}{\Delta x}}\\&=\ln e=1.\end{aligned}$$

（重要极限 $\lim_{x\to 0}\ln(1+x)^{\frac{1}{x}}=\mathrm{e}$ ）

故所求切线方程为

$$y=x-1 .$$

2.1.2　瞬间速度

在物理学中，我们学过物体运动的速度及加速度；在经济理论中，我们会接触到边际成本、边际利润、经济增长率等概念；在人口学[①]中则会遇到出生率、自然增长率[②]等类似概念 . 这些概念的共同点是什么？如何从数学上理解或计算这些量？

以下我们先介绍平均速度，然后引出瞬时速度的定义，后者涉及无穷小量之比的极限问题 .

设质点沿直线运动的路程函数为 $s=s(t)$，则它在时间区间 $[t,t+\Delta t]$ $(\Delta t>0)$ 上的平均速度定义为

$$\bar{v}=\frac{s(t+\Delta t)-s(t)}{\Delta t} .$$

现在我们想要知道，质点 t 在时刻的运动速度 $v(t)$ 是多少？

直观上很容易理解，$\bar{v}$ 是对质点在时段 $[t,t+\Delta t]$ 上的速度的不同值的一种平均，当时间长度 Δt 很小时，质点的速度变化也会很小，所以平均速度可近似地看作这一时段的真实速度，从而也就可以当作瞬时速度的近似值 . 于是物理学据此所给出的定义如下：

定义 2　设 $s=s(t)$ 是质点沿直线运动的路程函数，则它在时刻 t 的瞬时速度定义为关于 Δt 的极限

---

① 人口学既需要人口问题是什么的“事实判断”，也需要人口发展归何处的“价值判断”；不能见数不见人，而要见数又见人；要摒弃研究中的 GDP 主义，提倡研究者的人文关怀 . 现代人口科学已经发展成包括了诸多分支学科的学科群，人口统计学是其本体，但人口统计分析只是人口学的一部分，更广阔的领域是人口研究，主要研究的是人口变量与经济社会发展、资源环境条件及其变迁的相互关系和作用机制 .

② 自然增长率是在种群层面上研究的问题，对人类是指一年内单位时间内人口自然增长数与年平均总人数之比，通常用千分率表示，对其他生物是指单位时间内种群自然增长数与平均种群总数的比值 . 它是用于说明种群自然增长的水平和速度的综合性指标 . 计算方法：出生率 =（出生个体数 / 种群总数）×100%. 死亡率 =（死亡个体数 / 种群总数）×100%. 自然增长率 = 出生率—死亡率 .

$$v(t)=\lim_{\Delta t\to 0}\bar{v}=\lim_{\Delta t\to 0}\frac{s(t+\Delta t)-s(t)}{\Delta t}.$$

循此思路，如果知道质点的速度函数 $v=v(t)$，则进一步可以定义质点在 t 时刻的加速度 a 为

$$a(t)=\lim_{\Delta t\to 0}\frac{v(t+\Delta t)-v(t)}{\Delta t}.$$

注意到，当时间长度 Δt 趋于零时，路程的改变量 $s(t+\Delta t)-s(t)$ 也会趋于零，因而瞬时速度 $v(t)$ 是两个趋于零的无穷小量之比 .

例 4 计算自由落体运动 $s=\frac{1}{2}gt^2$ 的速度（即瞬时速度）.

$$\begin{aligned}v(t)&=\lim_{\Delta t\to 0}\frac{s(t+\Delta t)-s(t)}{\Delta t}=\lim_{\Delta t\to 0}\frac{1}{2}g\bullet\frac{t^2+2t\Delta t+\Delta t^2-t^2}{\Delta t}\\&=\lim_{\Delta t\to 0}\frac{1}{2}g(2t+\Delta t)=gt.\end{aligned}$$

2.1.3 产品总成本的变化率

设某产品的总成本 C 是产量 q 的函数，即 $C=f(q)$. 当产量由 q_0 变到 $q_0+\Delta q$ 时，总成本相应的改变量为

$$\Delta C=f(q_0+\Delta q)-f(q_0),$$

则

$$\frac{\Delta C}{\Delta q}=\frac{f(q_0+\Delta q)-f(q_0)}{\Delta q}$$

表示产量由 q_0 变到 $q_0+\Delta q$ 时，总成本的平均变化率 .

当 $\Delta q\to 0$ 时，如果极限

$$\lim_{\Delta q\to 0}\frac{\Delta C}{\Delta q}=\lim_{\Delta q\to 0}\frac{f(q_0+\Delta q)-F(q_0)}{\Delta q}$$

存在，则称此极限是产量为 q_0 时的总成本的变化率，又称为边际成本 .

2.1.4 导数的定义

从切线斜率 k 的计算式中得到的极限 k_{PQ}，以及从瞬时速度计算公式中得到的极限 $r(t)$，边际成本的计算公式中得到的极限 $\lim\limits_{\Delta q\to 0}\frac{\Delta C}{\Delta q}$，在不同的领域均有

着重要的应用，于是数学家给它单独起了一个名称，叫作函数 $y=f(x)$ 在点 x 的导数 . 以下的定义不过是去掉了几何、物理意义和经济意义的抽象说法 .

定义 3　设函数 $y=f(x)$ 在点 x_0 的某个邻域有定义，Δx 是一个非零的变量，若极限

$$\lim_{\Delta x\to 0}\frac{f(x_0+\Delta x)-f(x_0)}{\Delta x}$$

存在，则称此极限值为函数 $f(x)$ 在点 x_0 的导数，记作

$$f'(x_0) \text{ 或者 } \left.\frac{\mathrm{d}y}{\mathrm{d}x}\right|_{x=x_0} .$$

于是曲线在一点 (x_0,y_0) 的切线斜率 $k=f'(x_0)$，而切线方程为

$$y-y_0=f'(x_0)(x-x_0) .$$

同理，运动着的物体 $s=s(t)$ 的瞬时速度即为路程 s 关于时间 t 的导数；产品总成本的变化率（边际成本）即为总成本 C 对产量 q 的导数 .

2.1.5　可导与连续

在极限方法没有出现之前，人们对于导数的存在（简称可导）问题并不太在意，普遍认为连续的曲线一定是有切线的，所以是可导的 . 对于这一认识，我们看一个例子 .

讨论连续曲线 $y=f(x)=|x|$ 在点 $x=0$ 处的切线是否存在 .

依据切线定义，所求切线斜率由下列式子表示：

$$k=\lim_{\Delta x\to 0}\frac{f(0+\Delta x)-f(0)}{\Delta x}=\lim_{\Delta x\to 0}\frac{|\Delta x|}{\Delta x} .$$

由于函数 $\frac{|\Delta x|}{\Delta x}$ 在 $x=0$ 的左右极限不相等，故其极限不存在，从而曲线 $y=|x|$ 在点 $x=0$ 处没有切线，导数也不存在，如图 2–2 所示 .

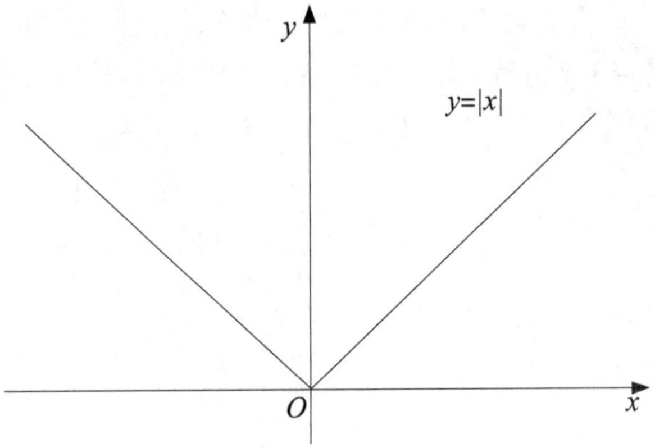

图 2-2

可见，连续函数不一定可导，但是可导函数一定是连续函数，即有以下定理.

定理 1　若函数 $y=f(x)$ 在点 x_0 处可导，则它在点 x_0 处连续.

鉴于函数 $y=|x|$ 在 $x=0$ 处的切线不存在是由左、右极限不一致造成的，人们便将导数概念进一步细化，给出左、右导数的概念.

定义 4　分别称 $\Delta x \to 0^-$ 及 $\Delta x \to 0^+$ 所对应的极限为函数 $y=f(x)$ 在点 x_0 处的左导数和右导数，记作以下形式.

$$f'_-(x_0)=\lim_{\Delta x\to 0^-}\frac{f(x_0+\Delta x)-f(x_0)}{\Delta x}.$$

$$f'_+(x_0)=\lim_{\Delta x\to 0^+}\frac{f(x_0+\Delta x)-f(x_0)}{\Delta x}.$$

函数 $f(x)$ 在点 x_0 可导的充分必要条件是 $f'_-(x_0)$ 和 $f'_+(x_0)$ 都存在且相等.

类比于函数在区间上连续的定义，当 $f(x)$ 在开区间 (a,b) 内每个点都可导时，则称它们在开区间 (a,b) 内可导；而当 $f(x)$ 还在 a 点右导数存在，在 b 点左导数存在时，则称函数在 $[a,b]$ 上可导.

2.2　导数的计算

对切线斜率、瞬时速度，以及边际成本问题，如果按照极限的定义式进行计算，无疑是费时和困难的. 下面我们便详细介绍导数运算的基本法则与计算公式.

首先，研究基本初等函数的导数公式；其次，然后学习导数的四则运算、复合函数及反函数的关系法则；最后，综合运用它们来计算各种初等函数的导数 .

2.2.1　基本初等函数的导数

依据导数的定义式 $\lim\limits_{\Delta x \to 0}\dfrac{f(x_0+\Delta x)-f(x_0)}{\Delta x}$ 可以求得以下基本初等函数的求导公式，见表 2–1 ：

表 2–1　基本初等函数的求导公式

（1）$(C)'=0$（C为常数）	（5）$(\sin x)'=\cos x$
（2）$(x^n)'=nx^{n-1}$	（6）$(\cos x)'=\sin x$
（3）$(a^x)'=a^x\ln a(a>0,a\neq 1)$ 特别地，$(\mathrm{e}^x)'=\mathrm{e}^x$	（7）$(\arcsin x)'=\dfrac{1}{\sqrt{1-x^2}}$
（4）$(\log_a x)'=\dfrac{1}{x\ln a}$ 特别地，$(\ln x)'=\dfrac{1}{x}$	（8）$(\arctan x)'=\dfrac{1}{\sqrt{1+x^2}}$

这些公式的证明并不复杂（因为我们有极限工具），仅以公式 $(\sin x)'=\cos x$ 为例说明推导过程：

$$(\sin x)'=\lim_{\Delta x\to 0}\frac{\sin(x+\Delta x)-\sin x}{\Delta x}=\lim_{\Delta x\to 0}\frac{2\cos\left(x+\dfrac{\Delta x}{2}\right)\cdot\sin\dfrac{\Delta x}{2}}{\Delta x}$$

$$=\lim_{\Delta x\to 0}\cos\left(x+\frac{\Delta x}{2}\right)\lim_{\Delta x\to 0}\frac{\sin\dfrac{\Delta x}{2}}{\dfrac{\Delta x}{2}}=\cos x.$$

$\left(\text{用到}\lim\limits_{a\to 0}\dfrac{\sin a}{a}=1\text{以及}\cos x\text{的连续性}\right)$

从这些公式看出，函数 $f(x)$ 在任意点 x 的导数 $f'(x)$ 仍然是 x 的函数，通常称之为导函数 . 在不致引起混淆的情况下，也简称为导数 .

2.2.2　四则运算法则

定理 2　设 $f(x)$，$g(x)$ 均在点 x 可导，则有以下运算法则：

（1）$(f(x)\pm g(x))'=f'(x)\pm g'(x)$；

（2）$(f(x)g(x))' = f'(x)g(x) + f(x)g'(x)$；

（3）$(f(x)/g(x))' = (f'(x)g(x) - f(x)g'(x))/g^2(x), g(x) \neq 0$.

证明： 仅以（2）为例说明 .

$$(f(x)g(x))' = \lim_{\Delta x \to 0} \frac{f(x+\Delta x)g(x+\Delta x) - f(x)g(x)}{\Delta x}$$
$$= \lim_{\Delta x \to 0} \frac{f(x+\Delta x)g(x+\Delta x) - f(x)g(x+\Delta x) + f(x)g(x+\Delta x) - f(x)g(x)}{\Delta x}$$
$$= \lim_{\Delta x \to 0} \frac{f(x+\Delta x) - f(x)}{\Delta x} g(x+\Delta x) + \lim_{\Delta x \to 0} \frac{g(x+\Delta x) - g(x)}{\Delta x} f(x)$$
$$= f'(x)g(x) + f(x)g'(x).$$

（其中 $g(x+\Delta x) \to g(x)$ ）

由于常量 C 的导数等于零，即 $C' = 0$，
故由（2）得出

$$(Cf(x))' = Cf'(x) .$$

结合（1）便知，在求导时，常数相乘和加减法运算可以与求导运算交换运算的先后次序 .

例 5 设函数 $y=3x^2\ln x$，求导数 y' .

解：

$$y' = (3x^2 \ln x)' = 3[(x^2)' \ln x + x^2 (\ln x)']$$
$$= 3(2x \ln x + x^2 \cdot \frac{1}{x^2}) = 3x(2 \ln x + 1) .$$

例 6 设函数 $y=\frac{x}{x+2}$，求导数 y' .

解：

$$y = \frac{x'(x+2) - x(x+2)'}{(x+2)^2} = \frac{1 \cdot (x+2) - x \cdot 1}{(x+2)^2} = \frac{2}{(x+1)^2} .$$

2.2.3 复合函数的导数

如图 2-3 所示，齿轮组中的三个齿轮半径比是 2 ∶ 1 ∶ 3，用 x, u, y 依次表示它们在时刻 t 的转动角度，设在时间 $[t, t+\mathrm{d}t]$ 内，三个齿轮所转过的角度依次为 $\mathrm{d}x, \mathrm{d}u, \mathrm{d}y$，则从齿轮组关系得出以下结果：

$$\frac{\mathrm{d}y}{\mathrm{d}u} = \frac{1}{3}, \frac{\mathrm{d}u}{\mathrm{d}x} = \frac{2}{1}, \frac{\mathrm{d}y}{\mathrm{d}x} = \frac{2}{3} .$$

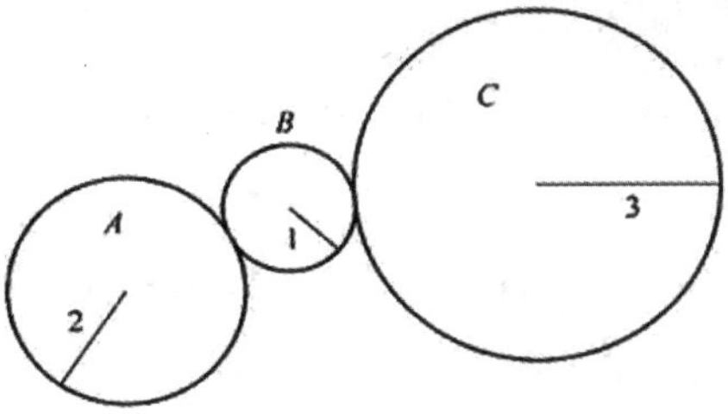

图 2-3

从中我们发现一个很有意思的公式：

$$\frac{\mathrm{d}y}{\mathrm{d}x}=\frac{\mathrm{d}y}{\mathrm{d}u}\bullet\frac{\mathrm{d}u}{\mathrm{d}x}\ .$$

这正是复合函数 $y=f(\varphi(x))$，与 $y=f(u)$， $u=\varphi(x)$ 的导数的乘积 .

定理 3　设函数 $y=f(u)$， $u=\varphi(x)$ 均可导，则 y 关于 x 的导数恰为导数 $f(u)$ 以及 $\varphi(x)$ 的乘积，即

$$\frac{\mathrm{d}y}{\mathrm{d}x}=\frac{\mathrm{d}f(\varphi(x))}{\mathrm{d}x}=f'(u)\varphi'(x)\ .$$

若将此公式记作 $y'_x=y'_u\bullet u'_x$，则可解释为：y 关于 x 的导数等于 y 关于 u 的导数和 u 关于 x 的导数的乘积 .

例 7　求 y=sin3x 的导数 .

解：该函数为 y=sin$u$ 及 u=3x 的复合，则

$$y'_x=(\sin u)_u{}'\bullet(3x)_x{}'=\cos u\bullet 3=3\cos 3x\ .$$

例 8　求 y=ln（1+tan$x$）的导数 .

解：该函数为 y=ln$u$， u=1+tan$x$ 的复合，则

$$y'_x=(\ln u)_u{}'\bullet(1+\tan x)_x{}'=\frac{1}{u}\bullet\sec^2=1+\frac{\sec^2}{\tan x}u\bullet 3\ .$$

例 9　求 $y=\sqrt{1+\sqrt{x+1}}$ 的导数 .

解：该函数为 $y=\sqrt{v}$， $v=1+u$， $u=\sqrt{s}$， $s=1+x$ 的复合，由于每一个基本函数的导数易得，故得出

$$y'_x=(\sqrt{v})'_v(1+u)'_u(\sqrt{s})_s{}'(1+x)'_x=\frac{1}{2\sqrt{v}}\bullet 1\bullet\frac{1}{2\sqrt{s}}\bullet 1=\frac{1}{4}\frac{1}{\sqrt{1+\sqrt{1+x}}}\bullet\frac{1}{\sqrt{1+x}}\ .$$

一旦大家熟悉了上述要领，则中间变量也可不写出来 .

例 10　求 $y=(x^2+1)^8+2^{x^2+1}$ 的导数 .

解：首先将y看作是两个函数的和

$$y=f(x)+g(x),\ f(x)=(x^2+1)^8,\ g(x)=2^{x^2+1},$$

所以

$$\begin{aligned}y'&=f'(x)+g'(x)=8(x^2+1)^7(x^2+1)'+2^{x^2+1}(x^2+1)'\ln 2\\&=16x(x^2+1)^7+2x\cdot 2^{x^2+1}\ln 2.\end{aligned}$$

例 11 求$y=\mathrm{e}^{3x}\ln(1+x^3)$的导数．

解：首先将y看作是两个函数的乘积

$$y=f(x)g(x),\ f(x)=\mathrm{e}^{3x},\ g(x)=\ln(1+x^3),$$

所以

$$\begin{aligned}y'&=f(x)g'(x)+f(x)'g(x)=\mathrm{e}^{3x}\cdot\frac{1}{1+x^3}(x^3)'+\ln(1+x^3)\cdot\mathrm{e}^{3x}\cdot(3x)'\\&=\frac{3x^2}{1+x^3}\mathrm{e}^{3x}+3\mathrm{e}^{3x}(\ln 1+x^3)=3\mathrm{e}^{3x}\left[(\ln 1+x^3)+\frac{x^2}{1+x^3}\right].\end{aligned}$$

对于连乘形式或乘幂形式的函数$f(x)$来说，采用以下对数求导法便可以减少计算的复杂性，其原因在于，此时$\ln f(x)$较$f(x)$简单，可得

$$f(x)'=f(x)(\ln f(x))'\left(\text{由}(\ln f(x))'=\frac{1}{f(x)}\cdot f(x)\text{而得}\right).$$

例 12 求$y=\sqrt{\dfrac{\mathrm{e}^x(1+x)}{1+x^2}}$的导数．

解：由$f(x)'=f(x)(\ln f(x))'$，得

$$\begin{aligned}y'&=y(\ln y)'=y\left\{\frac{1}{2}[x+\ln(1+x)-\ln(1+x^2)]\right\}'\\&=\frac{1}{2}\left(1+\frac{1}{1+x}-\frac{2x}{1+x^2}\right)=\frac{1}{2}\sqrt{\frac{\mathrm{e}^x(1+x)}{1+x^2}}\left(\frac{2+x}{1+x}-\frac{2x}{1+x^2}\right).\end{aligned}$$

例 13 求$y=x^{\ln x}$的导数．

解：由$f(x)'=f(x)(\ln f(x))'$，得

$$y'=y(\ln y)'=y(\ln x\ln x)'=y(\ln^2 x)'=2y\ln x\cdot\frac{1}{x}=\frac{2\ln x}{x}(x)^{\ln x}\quad.$$

2.2.4 隐函数、反函数和参变量函数的导数

在解析几何中我们知道，表示一条平面曲线的方程并不限于像

$$y=x^2,\ y=\sin x,\ y=\ln x,\ y=\mathrm{e}^x$$

这种以因变量 y 能明显解出的形式．还可以用 x 与 y 都无法解出的所谓隐函数形式表示，例如

$$e^{x+y}+x+y=0\ .$$

当曲线以隐函数形式表示时，如何求其导数（从而得到切线斜率）便是我们要解决的任务．

例 14　设方程 $xy^2+y^2\ln x-4=0$ 确定了函数 $y=y(x)$，求其导数．

解：在方程中视 y 为 x 的函数，等式两边对 x 求导，得

$$y^2+2xyy'+2yy'\ln x+y^2\cdot\frac{1}{x}=0\ ,$$

从中解出

$$y'=-\frac{1}{2}\cdot\frac{yx+y}{x^2+x\ln x}=0\ .$$

2.2.5　高阶导数

对于一个在区间 (a,b) 内处处可导的函数 $y=f(x)$，其导数 $f'(x)$ 依然是区间 (a,b) 上的一个函数．若此导函数 $f'(x)$ 还是可导的，则可继续求导，并称所得的导数为 $f(x)$ 的二阶导数，记作 $f''(x)$，y'' 或者 $\frac{\mathrm{d}^2y}{\mathrm{d}x^2}$，即

$$y''=(y')'\text{，或}f''(x)=(f'(x))'\text{，或}\frac{\mathrm{d}^2y}{\mathrm{d}x^2}=\frac{\mathrm{d}}{\mathrm{d}x}\left(\frac{\mathrm{d}y}{\mathrm{d}x}\right)\ .$$

类似地，可以定义三阶及更高阶的导数．

例 15　求以下函数的二阶导数：

（1）$y=\sin x$ ．

解：$y'=\cos x$，$y''=-\sin x$ ．

（2）$y=\ln(1+x^2)$ ．

解：$y'=\frac{1}{1+x^2}\cdot 2x$；$y''=\frac{1}{1+x^2}+2x\frac{-2x}{(1+x^2)^2}\cdot\frac{2(1-x^2)}{(1+x^2)^2}$ ．

（3）$y=1+2x$ ．

解：$y'=2$，$y''=0$ ．

2.3 微分的概念

2.3.1 微分的概念

我们知道导数表示函数在点 x 处的变化率，它描述函数在点 x 处变化的快慢程度．但有时我们还需要了解函数在某一点处当自变量有一个微小的改变量时，函数取得相应改变量的大小，而用公式 $\Delta y=f(x+\Delta x)-f(x)$ 计算往往比较麻烦，于是我们想到要寻求一种当 Δx 很小时，能近似代替 Δy 的量．

若给定函数 $y=f(x)$ 在点 x 处可导，根据导数定义有

$$\lim_{\Delta x\to 0}\frac{\Delta y}{\Delta x}=f'(x)\ .$$

由于变量 u 趋于常数 A 等价于 $u-A$ 趋于零，即等价于 $u-A$ 是无穷小量，所以 $\frac{\Delta y}{\Delta x}=f'(x)+\alpha$，其中 α 是当时 $\Delta x\to 0$ 的无穷小量，上式可写作

$$\Delta y=f'(x)\Delta x+\alpha\bullet\Delta x\ .$$

上式表明，函数的增量可以表示为两项之和．第一项 $f'(x)\Delta x$ 是 Δx 的线性函数，第二项 $\alpha\Delta x$，当 $\Delta x\to 0$ 时是比 Δx 高阶的无穷小量．因此，当 Δx 很小时，我们称第一项 $f'(x)\Delta x$ 为 Δy 的线性主部，并叫作函数的微分．

定义 5 设函数 $y=f(x)$ 在点 x_0 有导数 $f'(x_0)$，则称 $f'(x_0)\Delta x$ 为函数 $y=f(x)$ 在点 x_0 处的微分，记作 $\mathrm{d}y$，即

$$\mathrm{d}y=f'(x_0)\Delta x\ .$$

此时，称函数 $y=f(x)$ 在点 x_0 处是可微的．

例如，函数 $y=x^3$ 在点 $x=2$ 处的微分为

$$\mathrm{d}y=(x^3)'\big|_{x=2}\bullet\Delta x=3x^2\big|_{x=2}\bullet\Delta x=12\Delta x\ .$$

函数 $y=f(x)$ 在任意点 x 的微分，叫作函数的微分，记作

$$\mathrm{d}y=f'(x_0)\Delta x\ .$$

如果将自变量 x 当作自己的函数 $y=x$，则有

$$\mathrm{d}x=\mathrm{d}y=(x)'\Delta x=\Delta x\ .$$

说明自变量的微分就等于它的改变量，于是函数的微分可以写成

$$\mathrm{d}y = f'(x)\text{ ，即}f'(x) = \frac{\mathrm{d}y}{\mathrm{d}x}\text{ ，}$$

也就是说，函数的微分 $\mathrm{d}y$ 与自变量 $\mathrm{d}x$ 的微分之商等于该函数的导数，因此，导数又叫作微商 .

2.3.2　微分的计算

根据微分的定义，求函数的微分实际上就是先求出函数的导数，然后再乘 $\mathrm{d}x$. 求导数的一切基本公式和运算法则完全适用于微分，因此我们不再罗列微分的公式和法则，仅在下面举几个例子 .

例 16　求下列函数的微分：

（1）$y = x^3 \mathrm{e}^{2x}$ ；（2）$y = \arctan\frac{1}{x}$.

解：

（1）因为 $y' = 3x^2\mathrm{e}^{2x} + 2x^3\mathrm{e}^{2x} = x^2\mathrm{e}^{2x}(3+2x)$ ，所以

$$\mathrm{d}y = y'\mathrm{d}x = x^2\mathrm{e}^{2x}(3+2x)\mathrm{d}x\ .$$

（2）因为 $y' = \dfrac{-\dfrac{1}{x^2}}{1+\dfrac{1}{x^2}} = -\dfrac{1}{1+x^2}$ ，所以 $\mathrm{d}y = -\dfrac{\mathrm{d}x}{1+x^2}$.

2.3.3　微分形式的不变性

我们知道，如果函数 $y = f(u)$ 是 u 的函数，那么函数的微分为

$$\mathrm{d}y = f'(u)\mathrm{d}u\ .$$

若 u 不是自变量，而是 x 的可导函数，即 $u = \varphi(x)$ ，则 u 对 x 的微分

$$\mathrm{d}u = \varphi'(x)\mathrm{d}x\ .$$

所以，以 u 为中间变量的复合函数 $y = f\left[\varphi(x)\right]$ 的微分

$$\mathrm{d}y = y'\mathrm{d}x = f'(u)\varphi'(x)\mathrm{d}x = f'(u)\left[\varphi'(x)\mathrm{d}x\right] = f'(u)\mathrm{d}u\ .$$

也就是说，无论 u 是自变量还是中间变量， $y = f(u)$ 的微分 $\mathrm{d}y$ 总可以用 $f'(u)$ 与 $\mathrm{d}u$ 的乘积来表示 . 函数微分的这个性质叫作微分形式的不变性 .

2.3.4 微分的应用

利用微分可以进行近似计算，由微分的定义可知，当$[\Delta x]$很小时，有近似公式

$$\Delta y \approx \mathrm{d}y = f'(x)\Delta x \ .$$

这个公式可以直接用来计算增量的近似值.

又因为$\Delta y = f(x+\Delta x) - f(x)$，所以近似公式又可以写作：

$$f(x+\Delta x) - f(x) \approx f'(x)\Delta x\text{，即} f(x+\Delta x) \approx f(x) + f'(x)\Delta x\ ,$$

这个公式可以用来计算函数在某一点附近的函数值的近似值.

例 17 设某国的国民经济消费模型为

$$y = 10 + 0.4x = 0.01\sqrt{x}\ ,$$

其中，y为总消费（单位：十亿元），x为可支配收入（单位：十亿元）. 当x等于 100.05 时，问总消费是多少？

解： 令$x_0 = 100$，$\Delta x = 0.05$，因为Δx相对于x_0较小，可以用上面的近似公式来求值.

$$\begin{aligned} f(x_0+\Delta x) &\approx f(x_0) + f'(x_0)\Delta x \\ &= (10 + 0.4\times 100 + 0.01\times\sqrt{100}) + (10 + 0.4x + 0.01\sqrt{x})\big|_{x=100}\cdot\Delta x \\ &= 50.1 + \left(0.4 + \frac{0.01}{2\sqrt{x}}\right)\Bigg|_{x=100}\times 0.05 = 50.120\,025. \end{aligned}$$

第 3 章　经济数学中导数的应用

本章将在阐述微分学几个中值定理的基础上，给出计算未定式极限的一种有效方法——洛必达法则，然后以导数为工具，研究函数及其曲线的某些性态，以及导数在经济分析中的应用.

3.1　微分中值定理及洛必达法则

3.1.1　微分中值定理

3.1.1.1　罗尔中值定理

若函数 $f(x)$ 满足：

（1）在闭区间 $[a, b]$ 上连续；

（2）在开区间 (a, b) 内可导；

（3）$f(a)=f(b)$，

则在区间 (a, b) 内至少存在一点 ξ，使得

$$f'(\xi)=0 .$$

如图 3–1 所示，罗尔中值定理的几何意义：在两端高度相同的一段连续曲线弧 $\overset{\frown}{AB}$ 上，若除端点外，它在每一点都可作不垂直于 x 轴的切线，则在其中至少有一条切线平行于 x 轴，切点为 $C(\xi, f(\xi))$.

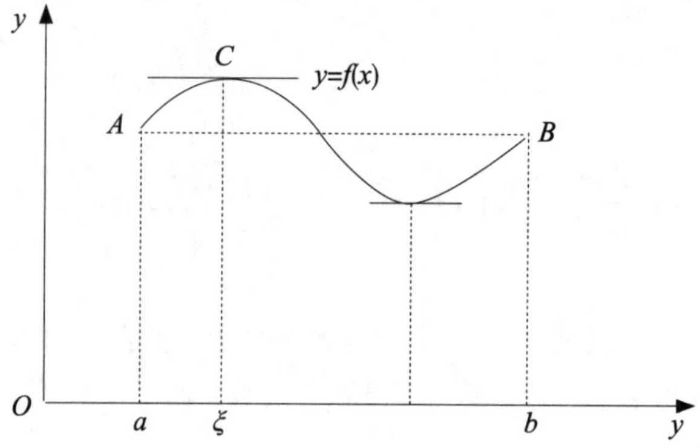

图 3-1

注：定理中的条件是充分的，但非必要的 . 这意味着，定理中的三个条件缺少其中任何一个，定理的结论将可能不成立；但定理中的条件不全具备，定理的结论也可能成立 .

例 1 验证函数 $f(x)=x^3-3x+1$ 在闭区间 $\left[-\sqrt{3},\sqrt{3}\right]$ 上满足罗尔中值定理的三个条件，并求出 ξ 的值 .

解：

（1）函数 $f(x)=x^3-3x+1$ 是初等函数在有定义的区间 $\left[-\sqrt{3},\sqrt{3}\right]$ 上连续；

（2）$f'(x)=3x^2-3=3(x^2-1)$ 在 $\left[-\sqrt{3},\sqrt{3}\right]$ 内可导；

（3）$f(-\sqrt{3})=f(\sqrt{3})=1$.

$f(x)$ 满足定理的三个条件 .

令 $f'(x)=3(x^2-1)=0$，得 $x=\pm1$，且 $\pm1\in(-\sqrt{3},\sqrt{3})$，所以存在 $\xi=\pm1$，使得 $f'(\xi)=0$.

如果取消罗尔中值定理中的第三个条件并改变相应的结论，就得到更一般的拉格朗日中值定理 .

3.1.1.2 拉格朗日中值定理

若函数 $f(x)$ 满足：

（1）在闭区间 $[a,b]$ 上连续；

（2）在开区间 $[a,b]$ 内可导，

则在 (a,b) 内至少存在一点，使得

$$f'(\xi)=\frac{f(b)-f(a)}{b-a}.$$

观察罗尔中值定理和拉格朗日中值定理的条件和结论，易知罗尔中值定理正是拉格朗日中值定理的特例．

如图 3–2 所示，$\frac{f(b)-f(a)}{b-a}$ 正是过曲线 $y=f(x)$ 的两个端点 $A(a, f(a))$、$B(b, f(b))$ 的弦的斜率，于是可得出拉格朗日中值定理的几何意义．

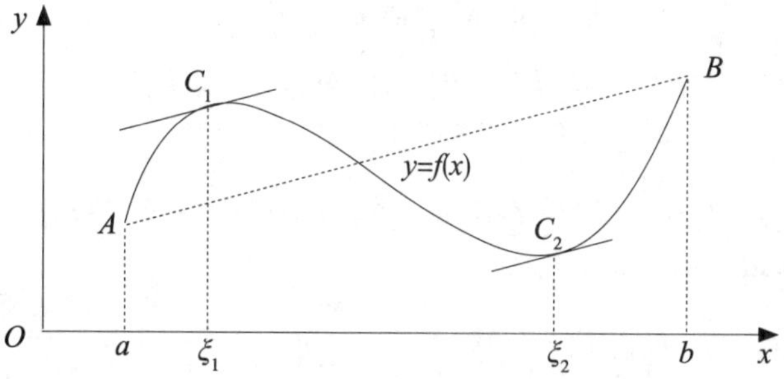

图 3–2

拉格朗日中值定理几何意义：若曲线 $y=f(x)$ 在 $[a, b]$ 上连续，在开区间 (a, b) 内每一点都有不垂直于 x 轴的切线，则在曲线上至少存在一点 $C_1(\xi_1, f(\xi_1))$，过点 C_1 的切线平行于过曲线两个端点 A 和 B 的弦，如图 3–2 所示．

证明：定理结论的表达式可写为

$$f'(\xi)=\frac{f(b)-f(a)}{b-a},$$

由此，作辅助函数

$$F(x)=f(x)-\frac{f(b)-f(a)}{b-a},$$

易看出函数 $F(x)$ 在 $[a, b]$ 上连续，在开区间 (a, b) 内可导；且

$$F(a)=f(a)-\frac{f(b)-f(a)}{b-a}a=\frac{f(a)b-f(b)a}{b-a},$$

$$F(b)=f(b)-\frac{f(b)-f(a)}{b-a}b=\frac{f(a)b-f(b)a}{b-a},$$

即

$$F(a)=F(b).$$

由于函数 $F(x)$ 在区间 $[a, b]$ 上满足罗尔中值定理的条件，所以在 (a, b) 内至少存在一点 ξ，使得

$$F'(\xi)=f'(\xi)-\frac{f(b)-f(a)}{b-a}=0.$$

拉格朗日中值定理有两个推论：

推论 1 若函数 $f(x)$ 在区间 I 内满足 $f'(x)\equiv 0$，则函数 $f(x)$ 在区间内恒等于一个常数 .

推论 2 若函数 $f(x)$ 和 $g(x)$ 在区间内的导数处处相等，即 $f'(x)=g'(x)$，则 $f(x)$ 与 $g(x)$ 在区间 I 内仅相差一个常数，即存在常数 C，使

$$f(x)-g(x)=C \text{ 或 } f(x)=g(x)+C .$$

例 2 验证函数 $f(x)=\sqrt{x}$ 在闭区间 [1,4] 上满足拉格朗日中值定理的条件，并求出 ξ 的值 .

解： 因为函数 $f(x)=\sqrt{x}$ 在区间 $[0,+\infty)$ 内连续，故在闭区间 [1,4] 上连续；其导数为

$$f'(x)=\frac{1}{2\sqrt{x}},$$

故 $f(x)$ 在区间（1,4）内存在 . 于是，由 $f'(\xi)=\frac{f(4)-f(1)}{4-1}=0$，令

$$\frac{1}{2\sqrt{\xi}}=\frac{\sqrt{4}-\sqrt{1}}{4-1}=0,$$

可解得 $\xi=\frac{9}{4}$，且 $\in(1,4)$.

例 3 在不求 $f(x)=x(x+1)(x-1)(x-2)$ 的导数的情况下，说明 $f'(x)=0$ 有几个实根，并指出各根所在的区间 .

解： 易知 $f(x)$ 在 $(-\infty,+\infty)$ 上连续且可导，$f(-1)=f(0)=f(1)=f(2)=0$，由罗尔中值定理可知，在（-1,0）、（0,1）、（1,2）三区间内各至少存在一点 ξ_1、ξ_2、ξ_3，使得 $f'(\xi_1)=f'(\xi_2)=f'(\xi_3)=0$. 又 $f'(x)$ 为三次式，最多有三个不同的实根，故 $f'(x)=0$ 的三个实根分别在（-1,0）、（0,1）、（1,2）内 .

例 4 试证对任意实数 a，b，有

$$|\sin b-\sin a|\leqslant|b-a| .$$

证明： 令 $f(x)=\sin x$，则 $f(x)$ 在 $[a,b]$ 上满足拉格朗日中值定理的条件，故在（a,b）内至少存在一点 ξ，使 $\sin b-\sin a=f'(\xi)(b-a)$. 又因 $|f'(\xi)|=|\cos\xi|\leqslant 1$，所以 $|\sin b-\sin a|\leqslant|b-a|$.

3.1.1.3 柯西中值定理

若函数 $f(x)$ 及 $g(x)=x$ 满足

（1）在闭区间 $[a,b]$ 上连续；

（2）在开区间（a,b）内可导，

则在（a,b）内至少存在一点 ξ，使得

$$\frac{f'(\xi)}{g'(\xi)}=\frac{f(b)-f(a)}{g(b)-g(a)}=0\ .$$

在上式中，如果 $g(x)=x$，就变成拉格朗日中值定理，所以拉格朗日中值定理是柯西中值定理的特例 .

3.1.2　洛必达法则

洛必达法则主要适合于分式 $\dfrac{u(x)}{v(x)}$ 的求极限，其中 $u(x)$ 和 $v(x)$ 同时趋近于零或者同时发散到无穷大 . 洛必达法则可以解决较多的函数极限问题，使我们处理变量的能力大大增强 .

设当 $x\to a$ 时，$f(x)$ 和 $g(x)$ 同时趋近于零或者同时发散到无穷大，则它们的比的极限$\left(\text{分别称作}\dfrac{0}{0}\text{型和}\dfrac{\infty}{\infty}\text{型}\right)$可以用它们的导函数的比的极限来计算，即

$$\lim_{x\to a}\frac{f(x)}{g(x)}=\lim_{x\to a}\frac{f'(x)}{g'(x)}\ .$$

若将 $x\to a$ 换作 $x\to\infty$ 等极限过程，法则依然成立 . 法则的证明在此省略 . 为了说明洛必达法则的快捷性和有效性，先将两个重要极限用此法则再推导一下

$$\lim_{x\to 0}\frac{\sin x}{x}=\lim_{x\to 0}\frac{(\sin x)'}{(x)'}=\lim_{x\to 0}\frac{\cos x}{1}=1\ ,$$

$$\lim_{x\to 0}(1+x)^{\frac{1}{x}}=\mathrm{e}^{\lim\limits_{x\to 0}\frac{\ln(1+x)}{x}}=\mathrm{e}^{\lim\limits_{x\to 0}\frac{1/(1+x)}{x}}=\mathrm{e}^1=\mathrm{e}\ .$$

例 5　计算以下函数极限 .

（1）$\lim\limits_{x\to\infty}\dfrac{x^2+x-1}{2x^2-x}$ 连续使用两次洛必达法则 .

解： $\lim\limits_{x\to\infty}\dfrac{x^2+x-1}{2x^2-x}=\lim\limits_{x\to\infty}\dfrac{(x^2+x-1)'}{(2x^2-x)'}=\lim\limits_{x\to\infty}\dfrac{2x-1}{4x-1}=\lim\limits_{x\to\infty}\dfrac{(2x-1)'}{(4x-1)'}=\dfrac{1}{2}$.

（2）$\lim\limits_{x\to 0}\dfrac{\mathrm{e}^x-1}{\sin x}$.

解：$\lim\limits_{x\to0}\dfrac{e^x-1}{\sin x}=\lim\limits_{x\to0}\dfrac{(e^x-1)'}{(\sin x)'}=\lim\limits_{x\to0}\dfrac{e^x}{\cos x}=1$（最后一步带入函数在 $x=0$ 的值）.

（3）$\lim\limits_{x\to0}\dfrac{\ln\cos3x}{\ln\cos2x}$.

解：原式

$$=\lim_{x\to0}\frac{(\ln\cos3x)'}{(\ln\cos2x)'}=\lim_{x\to0}\frac{-3\sin3x}{\cos3x}\bullet\frac{\cos2x}{-2\sin2x}=\lim_{x\to0}\frac{3\cos2x}{2\cos3x}\bullet\lim_{x\to0}\frac{\sin3x}{\sin2x}=\frac{9}{4}.$$

$$\left(\text{其中}\lim_{x\to0}\frac{\sin3x}{\sin2x}=\lim_{x\to0}\frac{\sin3x}{3x}\frac{2x}{\sin2x}\frac{3}{2}=\frac{3}{2}\right)$$

（4）$\lim\limits_{x\to1}\dfrac{\ln x}{x-1}$.

解：$\lim\limits_{x\to1}\dfrac{\ln x}{x-1}=\lim\limits_{x\to1}\dfrac{(\ln x)'}{(x-1)'}=\lim\limits_{x\to1}\dfrac{1}{x}=1$.

3.2　函数的单调性与曲线的凹向和拐点

3.2.1　函数的单调性

根据函数单调性的定义来判别函数的单调性有时是不太容易的，下面利用函数的导数来判定函数的单调性 .

如图 3-3 所示，曲线 $y=f(x)$ 在 $(a,\ b)$ 内每一点都存在切线，且这些切线与 x 轴的正方向的夹角 α 都是锐角，即 $\tan\alpha=f'(x)>0$ ，则此时函数 $y=f(x)$ 在 $(a,\ b)$ 内是单调增加的 . 如图 3-4 所示，如果这些切线与 x 轴的正方向的夹角 α 都是钝角，即 $\tan\alpha=f'(x)<0$ ，则此时函数 $y=f(x)$ 在 $(a,\ b)$ 内是单调减少的 . 因此，利用导数的符号可方便地判断函数的单调性 .

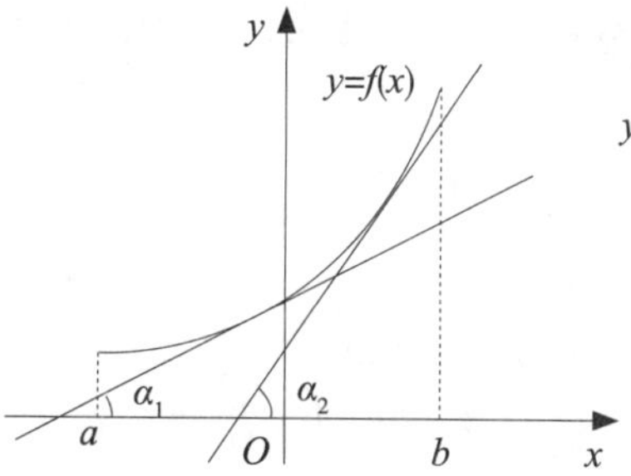

图 3-3

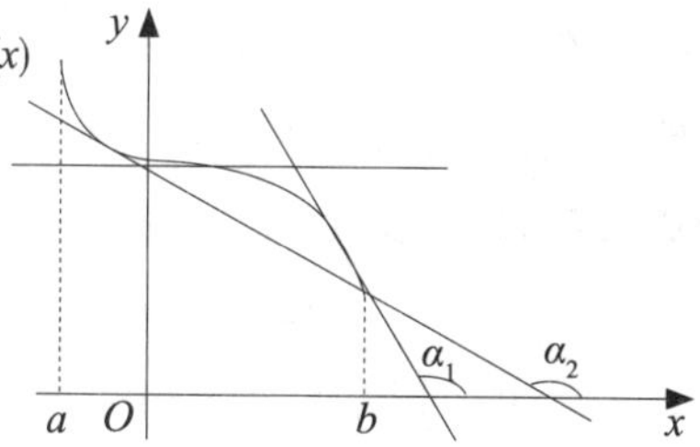

图 3-4

定理 1（函数单调性的判定定理）　设函数 $f(x)$ 在区间 $(a,\ b)$ 内可导，

（1）如果在 $(a,\ b)$ 内 $f'(x)>0$，则函数 $f(x)$ 在 $(a,\ b)$ 内单调增加；

（2）如果在 $(a,\ b)$ 内 $f'(x)<0$，则函数 $f(x)$ 在 $(a,\ b)$ 内单调减少 .

说明：这个判定定理只是函数在区间内单调增加（或减少）的充分条件 .

定义 1　使 $f'(x)=0$ 的点 x 称为 $f(x)$ 的驻点 .

例 6　求函数 $f(x)=x^2-2x$ 的单调区间 .

解：函数的定义域为 $(-\infty,\ +\infty)$，则

$$f'(x)=2(x-1)\ .$$

当 $x\in(-\infty,1)$ 时，$f'(x)<0$，函数 $f(x)$ 在 $(-\infty,1)$ 内单调减少；当 $x\in(1,\ +\infty)$ 时，$f'(x)>0$，函数 $f(x)$ 在 $(1,\ +\infty)$ 内单调增加 .

例 7　讨论函数 $f(x)=\sqrt[3]{x^2}$ 的单调性 .

解：函数的定义域为 $(-\infty,\ +\infty)$.

当 $x\neq 0$ 时，$f'(x)=\dfrac{2}{3\sqrt[3]{x}}$；当 $x=0$ 时，$f'(x)$ 不存在 .

当 $x\in(-\infty,0)$ 时，$f'(x)<0$，函数 $f(x)=\sqrt[3]{x^2}$ 在 $(-\infty,0)$ 内单调减少；

当 $x\in(0,\ +\infty)$ 时，$f'(x)>0$，函数 $f(x)=\sqrt[3]{x^2}$ 在 $(0,\ +\infty)$ 内单调增加 .

由以上两个例题看出，$f(x)$ 单调增减区间的分界点可能是驻点或导数不存在的点 .

这样就归纳出求 $f(x)$ 单调增减区间的步骤：

（1）确定 $f(x)$ 的定义域；

（2）对 $f(x)$ 求导数后，找出 $f(x)$ 的驻点和导数不存在的点 x_i；

（3）用这些点 x_i，将 $f(x)$ 的定义域分成若干个子区间，判断每个子区间上 $f(x)$ 的符号，列表得出结果 .

例 8 求函数 $f(x)=2x^3-9x^2+12x-3$ 的单调区间 .

解： 函数的定义域为（$-\infty$，$+\infty$），则

$$f'(x)=6x^2-18x+12=6(x-1)(x-2) .$$

令 $f'(x)=0$，得驻点：$x_1=1$，$x_2=2$，x_1，x_2 将函数的定义域 $(-\infty，+\infty)$ 分成三个部分区间：$(-\infty,1)$，$(1,2)$，$(2，+\infty)$.

讨论见表 3-1.

表 3-1

x	$(-\infty,1)$	1	$(1,2)$	2	$(2，+\infty)$
$f'(x)$	+	0	−	0	+
$f(x)$	↗	2	↘	1	↗

综上所述，$[-\infty,1]$ 与 $[2,+\infty]$ 为函数 $f(x)$ 的单调增区间，$[1,2]$ 为函数 $f(x)$ 的单调减区间 .

说明：表 3-1 中记号“↗”和“↘”分别表示曲线在相应的区间内单调增加和单调减少 .

3.2.2 曲线的凹向和拐点

一条曲线不仅有上升和下降的问题，还有弯曲方向的问题，讨论曲线的凹向就是讨论曲线的弯曲方向问题，如图 3-5 所示，可得定义 2.

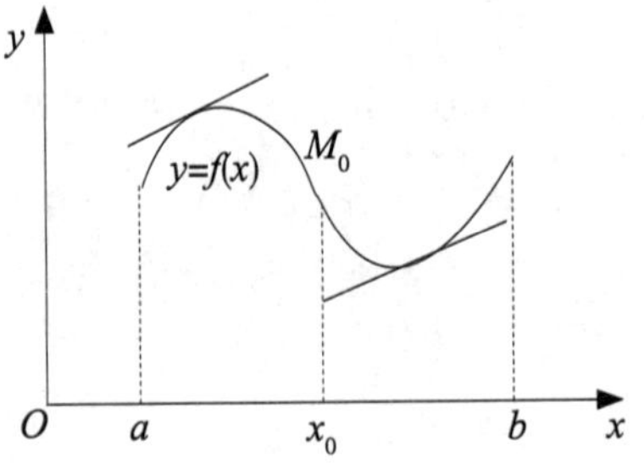

图 3-5

定义 2　在某区间内，若曲线弧位于其上任意一点切线的上方，则称曲线在该区间内是上凹的，若曲线弧位于其上任意一点切线的下方，则称曲线在该区间内是下凹的 .

如图 3–6 所示的两条曲线，不难发现，对于图 3–6（a）中的上凹曲线上各点处的切线斜率随着 x 的增大而增大，即 $f'(x)$ 单调增加；而图 3–6（b）中的下凹曲线上各点处的切线斜率随着 x 的增大而减少，即 $f'(x)$ 单调减少 . $f'(x)$ 的单调性可由它的导数，即 $f''(x)$ 的符号来判定，这就启发我们通过二阶导数的符号来判定曲线的凹向 .

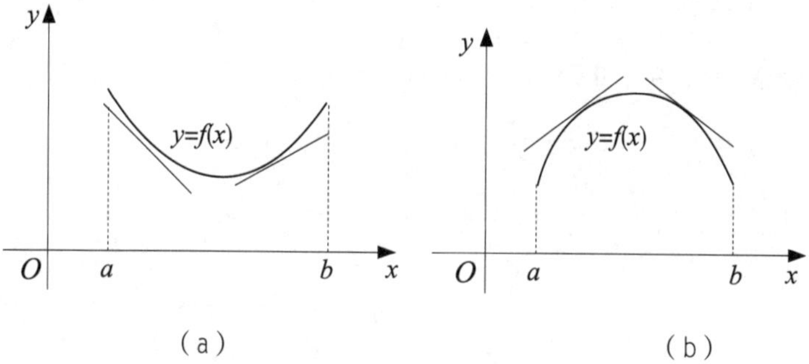

图 3–6

定理 2（曲线凹向的判定定理）　设函数 $y=f(x)$ 在区间（a，b）内有二阶导数，

（1）如果在（a,b）内，$f''(x)>0$，则曲线 $y=f(x)$ 在（a,b）内是上凹的；

（2）如果在（a,b）内，$f''(x)<0$，则曲线 $y=f(x)$ 在（a,b）内是下凹的 .

例 9　讨论曲线 $y=x^3$ 的凹向 .

解：由于 $y'=3x^2$，$y''=6x$，当 $x<0$ 时，$y<0$，曲线下凹；当 $x>0$ 时，$y>0$，曲线上凹，

所以，点（0，0）是曲线 $y=x^3$ 上凹与下凹的分界点 .

定义 3　曲线上凹与下凹的分界点 (x, y) 称为曲线的拐点 .

拐点既然是上凹与下凹的分界点，那么在拐点的左、右邻近 $f''(x)$ 必然异号，所以在拐点处有 $f''(x)=0$ 或 $f''(x)$ 不存在 .

与驻点的情形类似，使 $f''(x)=0$ 或 $f''(x)$ 不存在的点只是拐点的可疑点，究竟是否为拐点，还要根据 $f''(x)$ 在该点的左右邻近是否异号来确定 .

于是，可归纳出求曲线 $y=f(x)$ 的凹向区间和拐点的步骤：

（1）确定函数 $y=f(x)$ 的定义域；

（2）求出 $f''(x)$，找出使 $f''(x)=0$ 的点和 $f''(x)$ 不存在的点 x_i；

（3）用这些点 x_i 将 $f(x)$ 的定义域分成若干个子区间，判断每个子区间上 $f''(x)$ 的符号；在点 x_i 的左右两侧如果 $f''(x)$ 的符号相反，则点 $(x_i, f(x_i))$ 是曲线 $y=f(x)$ 的拐点；如果 $f''(x)$ 的符号相同，则点 $(x_i, f(x_i))$ 不是曲线 $y=f(x)$ 的拐点，可列表得出结果．

例 10　求曲线 $y=(x-1)^{\frac{5}{3}}$ 的凹向区间与拐点．

解：函数 $y=(x-1)^{\frac{5}{3}}$ 的定义域为 $(-\infty, +\infty)$，则

$$y'=\frac{5}{3}(x-1)^{\frac{2}{3}},\quad y''=\frac{10}{9}(x-1)^{-\frac{1}{2}}.$$

当 $x=1$ 时，$y'=0$，而 y'' 不存在，讨论见表 3–2：

表 3–2

x	$(-\infty,1)$	1	$(1, +\infty)$
y''	–	不存在	+
曲线 y	∩	拐点	∪

综上所述，$(-\infty,1)$ 是曲线 $y=(x-1)^{\frac{5}{3}}$ 的下凹区间；$(1, +\infty)$ 是曲线 $y=(x-1)^{\frac{5}{3}}$ 的上凹区间，又 $y|_{x=1}=0$，故曲线的拐点是 $(1,0)$．

注：表中记号“∩”和“∪”分别表示曲线在相应的区间内上凹和下凹．

3.2.3　曲线的渐近线

有些函数的定义域和值域都是有限区间，此时函数的图象局限于一定的范围内，如圆、椭圆等，而有些函数的定义域或值域是无穷区间，此时函数的图象向无穷远处延伸，如双曲线、抛物线等，有些向无穷远延伸的曲线常常会接近某一条直线，这样的直线叫作曲线的渐近线．

定义 4　如果曲线上的一点沿着曲线趋于无穷远时，该点与某条直线的距离趋于零，则称此直线为曲线的渐近线．

例如：双曲线 $y=\dfrac{1}{x}$ 的渐近线是直线 $y=0$ 和 $x=0$．

渐近线分为水平渐近线、铅垂渐近线和斜渐近线三种，本节只阐述前两种渐近线的求法．

3.2.3.1　水平渐近线

如果 $\lim\limits_{x\to\infty} f(x)=C$（ C 为常数），则称直线 $y=C$ 为曲线 $y=f(x)$ 的水平渐近线．

3.2.3.2　铅垂渐近线

如果曲线 $y=f(x)$ 在点 x_0 间断，且 $\lim\limits_{x\to\infty} f(x)=\infty$，则称直线 $x=x_0$ 为曲线 $y=f(x)$ 的铅垂渐近线．

曲线的铅垂渐近线可以存在多条，例如，我们熟悉的函数 $y=\tan x$ 就有无数条铅垂渐近线．

例 11　求曲线 $y=\dfrac{1}{x-5}$ 的水平渐近线和铅垂渐近线．

解： 因为 $\lim\limits_{x\to\infty}\dfrac{1}{x-5}=\infty$，所以 $y=0$ 是曲线 $y=\dfrac{1}{x-5}$ 的水平渐近线；又因为 $x=5$ 是 $y=\dfrac{1}{x-5}$ 间断点，且 $\lim\limits_{x\to 5}\dfrac{1}{x-5}=\infty$，所以 $x=5$ 是曲线 $y=\dfrac{1}{x-5}$ 的铅垂渐近线．

3.3　函数的极值

如图 3–7 所示，函数 $f(x)$ 的图象在点 x_1 、x_3 的函数值 $f(x_1)$ 、$f(x_3)$ 比它们近旁各点的函数值都大，而在点 x_2 、x_4 的函数值 $f(x_2)$ 、$f(x_4)$ 比它们近旁各点的函数值都小．对于这种性质的点和对应的函数值，给出如下的定义：

定义 5　设函数 $f(x)$ 在点 x_0 的某邻域内有定义，对于该邻域内任意的 x，

（1）如果 $f(x_0)>f(x)$ 成立，则称 $f(x_0)$ 为函数的极大值；

（2）如果 $f(x_0)<f(x)$ 成立，则称 $f(x_0)$ 为函数的极小值．

函数的极大值与极小值统称为极值，使函数取得极值的点 $x=x_0$ 称为极值点．

函数的极值只是一个局部性概念，而函数的最大值、最小值是一个全局性概念．极值只是与极值点邻近的所有的点的函数值相比为最大或最小，并

不是指在函数整个定义域内为最大或最小．例如，图 3–7 中的 $f(x_1)$ 是极大值，$f(x_4)$ 是极小值，但是 $f(x_1)<f(x_4)$．

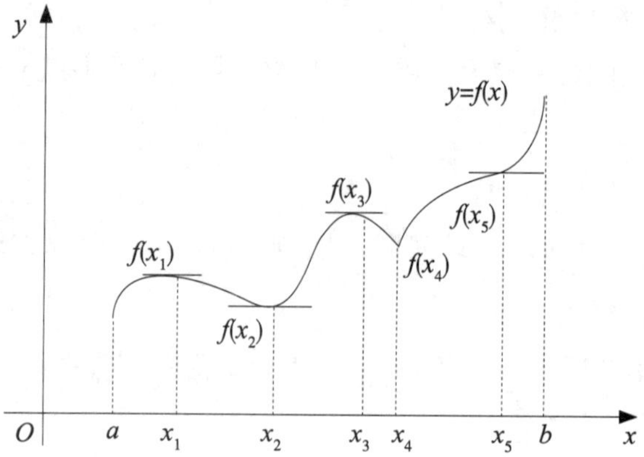

图 3–7

由图 3–7 还能够看出，在极值点处如果曲线有切线存在，那么该切线必定是平行于 x 轴的，也就是有水平切线，但有水平切线的点不一定是函数的极值点，如图 3–7 中曲线在点 x_5 有水平切线，但点 x_3 并不是极值点．

定理 3（极值存在的必要条件） 设函数 $f(x)$ 在点 x_0 处可导，且在点 x_0 处取得极值，则必有 $f(x)=0$．

注意定理 1 的条件是 $f(x)$ 在点 x_0 处可导，但是在导数不存在的点，函数 $f(x)$ 也有可能有极值．例如图 3–7 中，$f'(x_4)$ 不存在，但在点 x_4 处函数有极小值 $f(x_4)$．也就是说，函数的极值点必定是函数的驻点或导数不存在的点，但是，驻点或导数不存在的点不一定是极值点，那么如何来判定这些点处函数是否取得极值？下面给出判定定理．

定理 4（极值判定定理 Ⅰ） 设函数 $f(x)$ 在点 x_0 连续，在点 x_0 的某一空心邻域内可导，当 x 从 x_0 的左边变化到 x_0 的右边时：

（1）如果 $f'(x)$ 的符号由正变负，则点 x_0 是 $f(x)$ 的极大值点，$f(x_0)$ 是 $f(x)$ 的极大值；

（2）如果 $f'(x)$ 的符号由负变正，则点 x_0 是 $f(x)$ 的极小值点，$f(x_0)$ 是 $f(x)$ 的极小值；

（3）如果 $f'(x)$ 不变号，则 x_0 不是 $f(x)$ 的极值点．

例 12 求函数 $f(x)=x-\frac{3}{2}\sqrt[3]{x^2}$ 的极值．

解：$f(x)$ 的定义域为 $(-\infty,\ +\infty)$，且 $f'(x)=1-x^{-\frac{1}{3}}=\dfrac{\sqrt[3]{x}-1}{\sqrt[3]{x}}$，令 $f'(x)=0$，得驻点 $x=1$，又当 $x=0$ 时，$f'(x)$ 不存．在用 0 和 1 将定义域分成三个部分区间，讨论见表 3-3.

表 3-3

x	$(-\infty,\ 0)$	0	$(0,1)$	1	$(1,\ +\infty)$
$f'(x)$	+	不存在	-	0	+
$f(x)$	↗	极大值 0	↘	极小值 $-\frac{1}{2}$	↗

由表 3-3 知，函数 $f(x)$ 的极大值为 $f(0)=0$，函数 $f(x)$ 的极小值为 $f(1)=-\dfrac{1}{2}$．

当函数只有驻点，没有一阶导数不存在的点，且在驻点处二阶导数存在时，有如下的判定定理．

定理 5（极值判定定理Ⅱ） 设函数 $f(x)$ 在点 x_0 处具有二阶导数，且 $f'(x)=0$，$f''(x)\neq 0$．

（1）如果 $f''(x_0)<0$，则点 x_0 是 $f(x)$ 的极大值点，$f(x_0)$ 是 $f(x)$ 的极大值；

（2）如果 $f''(x_0)>0$，则点 x_0 是 $f(x)$ 的极小值点，$f(x_0)$ 是 $f(x)$ 的极小值；

（3）如果 $f'(x)=f''(x)=0$，那么此定理失效，改用极值判定定理Ⅰ．

例 13 求函数 $f(x)=x^3-6x^2+9x-9$ 的极值．

解：$f(x)$ 的定义域为 $(-\infty,\ +\infty)$，则

$$f'(x)=3x^2-12x+9,\quad f''(x)=6x-12.$$

令 $f'(x)=0$，得驻点 $x_1=1$，$x_2=3$．

因为 $f''(1)=-6<0$，所以，$f(1)=-5$ 为极大值．

因为 $f''(3)=6>0$，所以，$f(3)=9$ 为极小值．

注：定理 4 和定理 5 虽然都是极值判定定理，但在应用时又有区别定理 2 对驻点和导数不存在的点均适用；而定理 5 用起来方便，但对导数不存在的点及 $f'(x_0)=f''(x_0)=0$ 的点不适用．

综上所述，归纳出求函数极值的步骤：

（1）确定函数的定义域；

（2）求出函数 $f(x)$ 的全部驻点及导数不存在的点；

（3）用定理 4 或定理 5 判断这些点是否为极值点；

（4）求极值点处的函数值，得到函数的极大值或极小值 .

3.4 函数的最值及其经济应用

3.4.1 函数的最大值与最小值

由闭区间上连续函数的性质知道：若函数 $f(x)$ 在闭区间 $[a，b]$ 上连续，则 $f(x)$ 在 $[a，b]$ 上必有最大值与最小值，最大值与最小值可在区间内部取得，也可以在区间端点处取得，最大值和最小值是整体的概念，是所考查的闭区间上全部函数值的最大者和最小者，函数在区间 $[a，b]$ 上取得最大值的点可能不止一个，但最大值只有一个，取得最小值的点也可能不止一个，但最小值也只有一个，只要求出函数 $f(x)$ 的所有极值和端点值，它们之中最大的值就是最大值，最小的值就是最小值，根据最值的基本概念，可得出最值的求法步骤：

（1）求出函数在开区间（$a，b$）内所有可能是极值点的函数值；

（2）求出区间端点的函数值 $f(a)$ 和 $f(b)$；

（3）将这些函数值进行比较，其中最大（小）的值为最大（小）值 .

例 14 求函数 $f(x)=3x^4-4x^3-12x^2+1$ 在区间 $[3,1]$ 上的最大值和最小值 .

解：所给函数 $f(x)$ 在闭区间 $[-3,1]$ 上连续，所以它在该区间上存在最大值和最小值 . 先求驻点的函数值 .

由 $f(x)=12x^3-12x^2-24x=12x(x+1)(x-2)=0$，解得 $x_1=-1$，$x_2=0$（$x_3=2$ 舍去）；可算得 $f(-1)=-4$，$f(0)=1$；再求区间端点的函数值 $f(-3)=244$，$f(1)=-12$；最后，由比较可知，在区间 $[3,1]$ 上，最小值是 $f(1)=-12$，最大值是 $f(-3)=244$. 注意求函数的最值时，常遇到下述情况：

（1）若函数 $f(x)$ 在闭区间 $[a，b]$ 上是单调增加（减少）的，则最值在区间端点处取得；

（2）若函数 $f(x)$ 在区间（$a，b$）内仅有一个极值，是极大（小）值时，它就是函 $f(x)$ 在闭区间 $[a，b]$ 上的最大（小）值，如图 3-8 所示 .

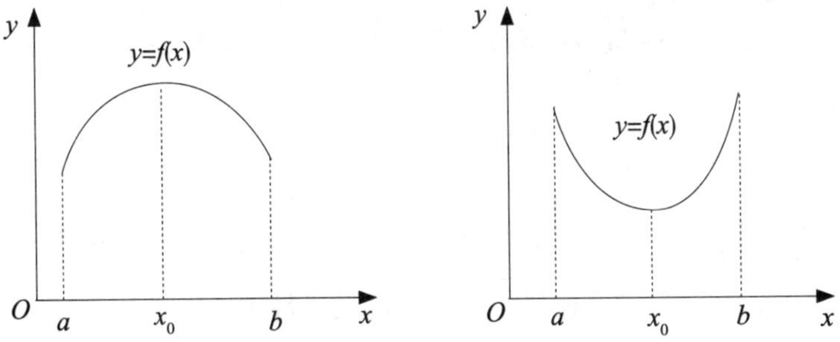

（1）　　（2）

图 3-8

注：解极值应用问题时，此种情形较多 .

3.4.2　经济学中的最值问题经济优化分析

在生产、经营、管理等大量经济活动中，总会遇到求最小成本、最大利润等最值问题，经济学中的求最值问题构成了经济优化分析领域，其中，利用导数解决优化问题是一种常用方法，下面通过几个例子来加以说明 .

例 15（最小平均成本与最大利润问题）　已知某厂生产 x 件产品的成本为

$$C=25\,000+200x+\frac{1}{40}x^2 .$$

问：

（1）若使平均成本最小，应生产多少件产品？

（2）若产品以每件 500 元售出，要使利润最大，应生产多少件产品？

解：（1）　由　$C=25\,000+200x+\frac{1}{40}x^2$，　得平均成本为　$\bar{C}=\frac{C(x)}{x}=\frac{25\,000}{x}+200+\frac{1}{40}x$；

由 $\bar{C}'(x)=-\frac{25\,000}{x^2}+\frac{1}{40}=0$，得 $x=\pm1000$，由题意知，应将 $x=-1000$ 舍去；

又因为 $C''(x)=\frac{50\,000}{x^3}$，而 $C''(1000)>0$，

所以 $x=1000$ 时，$\bar{C}'(x)$ 取极小值，由于是唯一的极小值，所以也是最小值 .

故生产 1000 件产品时，可使平均成本最小 .

（2）收入函数为 $R(x)=500x$，因此利润函数为

$$L(x)=R(x)-C(x)=500x-\left(25000+200x+\frac{x^2}{40}\right)$$
$$=-25000+300x-\frac{x^2}{40}.$$

由 $L'(x)=300-\frac{x}{20}=0$，得 $x=6000$；又 $L''(x)=-\frac{1}{20}<0$，所以 $x=6000$ 时，$L(x)$ 取极大值，由于是唯一的极大值，所以也是最大值．

故要使利润最大，应生产 6000 件产品．

例 16（利润最大问题） 某种商品的平均成本 $\bar{C}(x)=2$，价格函数为 $P(x)=20-4x$（x 为销售量），每件 销售商品须向国家缴税为 t．

（1）企业销售多少商品时，利润最大？

（2）在企业取得最大利润的情况下，t 为何值时才能使总税收最大？

解：（1）总成本：$C(x)=x\bar{C}(x)=2x$；

总收入：$R(x)=xP(x)=20x-4x^2$；

总税收：$T(x)=tx$；

总利润：$L(x)=R(x)-C(x)-T(x)=(18-t)x-4x^2$．

令 $L'(x)=18-t-8x=0$，得 $x=\frac{18-t}{8}$．又 $L''(x)=-8<0$，

所以 $L\left(\frac{18-t}{8}\right)=\frac{(18-t)^2}{16}$ 为极大值．由于是唯一极大值，所以也是最大值．

（2）取得最大利润的税收为 $T=tx=\frac{t(18-t)}{8}=\frac{18t-t^2}{8}(x>0)$．

令 $T'=\frac{9-t}{4}=0$，得 $t=9$，又 $T''(9)=-\frac{1}{4}<0$ 是唯一的极值点，

所以当 $t=9$ 时，总税收取得最大值为 $T(9)=\frac{9\times(18-9)}{8}=\frac{81}{8}$，此时的总利润为 $L=\frac{(18-9)^2}{16}=\frac{81}{16}$．

例 17（用料最省问题） 一个能装 500cm^3 饮料的圆柱形铝罐，底半径为多少时，用料最少？

解：若使用料最省，只要铝罐的表面积最少，铝罐的表面积是上下两个底面积与侧面积之和．

设罐高为 h，底半径为 r，则表面积 $S=2\pi r^2+2\pi rh$，又由罐的体积 $V=\pi r^2 h=500$，得 $h=\frac{500}{\pi r^2}$，代入上式，得 $S=2\pi r^2+\frac{1000}{r}$.

问题转化为求 r 为何值时 S 最小 .

由 $S'=4\pi r+\frac{1000}{r^2}=0$，得 $r=\left(\frac{250}{\pi}\right)^{\frac{1}{3}}\approx 4.30\text{cm}$；

$S''=4\pi+\frac{2000}{r^3}>0$，因此当 $r\approx 4.30\text{cm}$ 时，S 取极小值，亦即最小值，故底半径约为 4.30cm 时，所用材料最省 .

3.5　导数在经济分析中的应用

本节将利用导数来研究经济量的特征，阐明经济理论中常用的两种方法：边际分析法和弹性分析法 .

3.5.1　边际与边际分析

边际概念是经济学中的一个重要概念，一般指经济函数的变化率，利用导数研究经济变量的边际变化的方法，称为边际分析法 .

3.5.1.1　边际成本

成本函数 $C(q)$ 给出了生产数量 q 的某种产品的总成本边际成本定义为产量 q 时，再增加一个单位产量时总成本的增加量，一般记为 MC.

若 $C(q)$ 可导，则

$$C'(q)=\lim_{\Delta q\to 0}\frac{C(q+\Delta q)-C(q)}{\Delta q}，\ \Delta q\bullet C'(q)\approx C(q+\Delta q)-C(q) .$$

令 $\Delta q=1$，得

$$C(q+1)-C(q)=\Delta C(q)\approx C'(q)，$$

故从数学角度看，$C(q)$ 在 q 处，当 q 增加一个单位时，$C(q)$ 近似增加 $C'(q)$ 个单位，解释实际问题时，“近似”二字可省略 . 边际成本近似是 $C(q)$ 关于产量 q 的导数，用 $\text{MC}=C'(q)$ 表示 . 其经济意义为：当产量为 q 时，再多生产一个单位产品（$\Delta q=1$）时所需增加的成本 .

3.5.1.2 边际收入

收入函数 $R(q)$ 表示企业售出数量为 q 的某种产品所获得的总收入 . 边际收入定义为：销量为 q 时，再多销售一个单位产品时总收 $R(q)$ 的增加量，一般记为 MR .

若 $R(q)$ 可导，则

$$R'(q)=\lim_{\Delta q\to 0}\frac{R(q+\Delta q)-R(q)}{\Delta q}\text{，}\Delta q\bullet R'(q)\approx R(q+\Delta q)-R(q)\text{ .}$$

令 $\Delta q=1$ ，得

$$R(q+1)-R(q)=\Delta R(q)\approx R'(q)\text{ .}$$

边际收入近似是总收入 $R(q)$ 关于销售量 q 的导数，用 $\text{MR}=R'(q)$ 表示 . 其经济意义为：当销售量为 q 时，再多销售一个单位产品（ $\Delta q=1$ ）时所增加的收入 .

3.5.1.3 边际利润

设某产品销售量为 q 时的总利润函数为 $L=L(q)$. 当 $L(q)$ 可导时，称 $L'(q)$ 是销售量为 q 时的边际利润，它定义为销售量为 q 时，再多销售一个单位产品时所增加或减少的利润 .

由于总利润为总收入与总成本之差，即有

$$L(q)=R(q)-C(q)\text{ .}$$

上式两边求导，得

$$L'(q)=R'(q)-C'(q)\text{ .}$$

即边际利润等于边际收入与边际成本之差 .

例 18 某公司每月生产 q 吨煤的总收入函数为 $R(q)=100q-q^2$（万元），而生产 q 吨煤的总成本函数为 $C(q)=40+111q-7q^2+\frac{1}{3}q^3$（万元）. 试求：

（1）边际利润函数；

（2）当产量 $q=10$，11，12 吨时的边际收入、边际成本和边际利润，并说明所得结果的经济意义 .

解：（1）边际收入函数为：$R'(q)=100-2q$ ；

边际成本函数为：$C'(q)=111-14q+q^2$ ；

所以，边际利润函数为：$L'(q)=R'(q)-C'(q)=-q^2+12q-11$.

（2）当 $q=10$ 吨时，$R'(10)=80$ ，$C'(10)=71$ ，$L'(10)=9$ ；

当 $q=11$ 吨时，$R'(11)=78$ ，$C'(11)=78$ ，$L'(11)=0$ ；

当 $q=12$ 吨时，$R'(12)=76$，$C'(12)=87$，$L'(12)=-11$．

所以，当产量为 10 吨时的边际收入为 80 万元，边际成本为 71 万元，边际利润为 9 万元；当产量为 11 吨时的边际收入为 78 万元，边际成本为 78 万元，边际利润为 0 万元；当产量为 12 吨时的边际收入为 76 万元，边际成本为 87 万元，边际利润为 –11 万元．

由所得结果可知，当产量为 10 吨时，再多生产 1 吨，总利润会增加 9 万元；当产量为 11 吨时，再增加产量，总利润不会再增加；当产量为 12 吨时，再多生产 1 吨，反而使总利润减少 11 万元．

由此例可以看出，当 $L'(q)=R'(q)-C'(q)>0$，即 $R'(q)>C'(q)$ 时，当产量为 q 个单位时，再增加一个单位产量会使利润增加；

当 $L'(q)=R'(q)-C'(q)<0$，即 $R'(q)<C'(q)$ 时当产量为 q 个单位时，再增加一个单位产量可使利润减少；

当 $L'(q)=R'(q)-C'(q)=0$，即 $R'(q)=C'(q)$ 时，当产量为 q 个单位时，再增加个单位产量利润不变．

因此，企业取得最大利润的必要条件是 $R'(q)=C'(q)$，即边际收入等于边际成本．

3.5.2　弹性与弹性分析

3.5.2.1　弹性的概念

商品甲每单位价格为 10 元，涨价 1 元；商品乙每单位价格为 1000 元，也涨价 1 元，哪个商品的涨价幅度更大呢？虽然两种商品价格的绝对改变量都是 1 元，但各与其原价相比，两者涨价的百分比却有很大的不同，甲涨了 10%，而乙仅涨了 0.1%，显然商品甲的涨价幅度比乙的涨价幅度更大，因此，有时要用相对改变量来刻画变量的变化，并研究函数的相对量的比率弹性概念．

定义 6　若函数 $y=f(x)$ 在 x_0 处可导，极限 $\lim\limits_{\Delta x\to 0}\dfrac{\Delta y/y_0}{\Delta x/x_0}$ 存在，则称此极限值为函数 $f(x)$ 在 x_0 处的相对变化率，又称为函数 $f(x)$ 在点 x_0 处的弹性，记为 $\left.\dfrac{E_y}{E_x}\right|_{x=x_0}$．

由定义知

$$\left.\frac{E_y}{E_x}\right|_{x=x_0}=\lim_{\Delta x\to 0}\frac{\Delta y/y_0}{\Delta x/x_0}=\frac{x_0}{f(x_0)}f'(x_0).$$

当x_0为变量x时，称$\frac{E_y}{E_x}=\frac{x}{f(x)}f'(x)$为$f(x)$ 的弹性函数．

函数$f(x)$ 在点x处的弹性反映了在x处，函数$f(x)$ 的相对变化$\frac{\Delta y}{y}$与x的相对变化$\frac{\Delta x}{x}$的比率，也就是x相对变化百分之一时，$f(x)$ 相对变化的百分数．

或者说，弹性$\frac{E_y}{E_x}$反映了$f(x)$ 的百分之变化相对于x的百分之变化的强烈程度或灵敏度．例如，$\frac{E_y}{E_x}=2$表明当x变化1%时，y会近似变化2%．

3.5.2.2 需求弹性

设需求函数为$Q=Q(p)$ ．按函数弹性定义，需求函数的弹性定义为

$$E_p=\frac{EQ}{Ep}=\frac{p}{Q}\cdot\frac{\mathrm{d}Q}{\mathrm{d}p}=\frac{p}{Q}\cdot Q'(p)\ .$$

通常上式为需求函数在点p的需求价格弹性，简称为需求弹性，记作E_p. 一般情况下，因为$p>0$，$Q(p)>0$，而$Q'(p)<0$（因假设$Q(p)$ 是单调减函数），所以E_p是负数，即

$$E_p=\frac{p}{Q}Q'(p)<0\ .$$

由上述可知，需求函数在点p的需求价格弹性的经济意义是：当价格为p时，若价格提高或降低1%，需求将减少或增加的百分数（近似的）是$\left|E_p\right|$．因此，需求价格弹性反映了当价格变动时需求变动对价格变动的灵敏程度．在经济学中，比较商品的需求弹性大小时，常采用$\left|E_p\right|$．

需求价格弹性一般分为如下三类：

（1）若$\left|E_p\right|<1$，即$1<E_p<0$时，称需求是低弹性（或缺乏弹性）的．当价格提高（或降低）1%时，需求减少（或增加）将小于1%．此时商品需求量变动的百分比低于价格变动的百分比，价格变动对需求量的影响较小．

（2）若$\left|E_p\right|>1$，即$E_p<-1$时，称需求是高弹性（或富有弹性）的当价格提高（或降低）1%时，需求减少（或增加）将大于1%．此时商品需求量变动的百分比高于价格变动的百分比，价格变动对需求量的影响较大．

（3）若 $\left|E_p\right|=1$，即 $E_p=-1$ 时，称需求是单位弹性的当价格提高（或降低）1%时，需求恰减少（或增加）1%．此时商品需求量变动的百分比与价格变动的百分比相等．

例 19　某商品需求函数为 $Q=12-\frac{p}{2}(0<p<24)$，求：

（1）需求弹性函数；

（2）p 为何值时，需求为高弹性或低弹性?

（3）当 $p=6$ 时的需求弹性，并解释其经济意义．

解:（1）因为 $Q=12-\frac{p}{2}$，所以 $\frac{\mathrm{d}Q}{\mathrm{d}p}=-\frac{1}{2}$，$E_p=\frac{\mathrm{d}Q}{\mathrm{d}p}\cdot\frac{p}{Q}=\left(-\frac{1}{2}\right)\frac{p}{12-\frac{1}{2}p}=\frac{p}{p-24}$．

（2）令 $\left|E_p\right|<1$，又 $E_p<0$，有 $\frac{p}{24-p}<1$，即 $p<12$ 故当 $0<p<12$ 时，需求为低弹性的．令 $\left|E_p\right|>1$，有 $\frac{p}{24-p}>1$，即 $p>12$，故当 $12<p<24$ 时，需求为高弹性的．

（3）当 $p=6$ 时，需求弹性 $E_p\Big|_{p=6}=\frac{p}{p-24}\Big|_{p=6}=-\frac{6}{18}=-0.33$．

当 $p=6$ 时，需求变动幅度小于价格变动的幅度，即当 $p=6$ 时，价格上涨 1%，需求将减少 0.33%，或者说当价格下降 1%时，需求将增加 0.33%．

在商品经济中，商品经营者关心的是提价（$\Delta p>0$）或降价（$\Delta p<0$）对总收入的影响．

设销售收入 $R=Q\cdot p$（Q 为销售量，p 为价格），则当价格 p 有微小改变量 Δp 时，有 $\Delta R\approx \mathrm{d}R=\mathrm{d}(Q\cdot p)=Q\mathrm{d}p+p\mathrm{d}Q=\left(1+\frac{p\cdot \mathrm{d}Q}{Q\cdot \mathrm{d}p}\right)Q\mathrm{d}p$；

即 $\Delta R\approx(1+E_p)\,Q\mathrm{d}p$；由 $E_p<0$ 知，$E_p=-\left|E_p\right|$；

于是有 $\Delta R\approx(1-\left|E_p\right|)\,Q\mathrm{d}p=(1-\left|E_p\right|)\,Q\Delta p$．

由此可知，当 $\left|E_p\right|>1$（高弹性）时，降价（$\Delta p<0$）可使总收入增加（$\Delta R>0$），薄利多销多收入；提价（$\Delta p>0$）将使总收入减少（$\Delta R<0$）．当 $\left|E_p\right|<1$（低弹性）时，降价使总收入减少，提价使总收入增加．当 $\left|E_p\right|=1$（单位弹性）时，总收入增加近似为 0（$\Delta R\approx 0$），即提价或降价对总收入没有明显的影响．

例 20 某公司生产经营的某种电器的需求弹性为 1.5 ～ 2.5，如果该公司计划在下一年度将价格降低 10%，试问这种商品的销售量将会增加多少？总收入会增加多少？

解： 由 $E_p = \frac{p}{Q(p)}\frac{dQ}{dp}$，得 $\frac{dQ}{Q} = \frac{dp}{p}E_p$，所以 $\frac{\Delta Q}{Q} \approx \frac{\Delta p}{p}E_p$.

因为 $\Delta R \approx (1-|E_p|)\ Q\Delta p$，且 $R = Qp$，所以

$$\frac{\Delta R}{R} \approx \frac{(1-|E_p|)Q\Delta p}{Q \cdot p} = (1-|E_p|)\frac{\Delta p}{p} ,$$

于是，当 $\frac{\Delta p}{p} = 0.1$，$|E_p| = 1.5$ 时，$\frac{\Delta Q}{Q} \approx 0.15 = 15\%$，$\frac{\Delta R}{R} \approx 0.05 = 5\%$；

当 $\frac{\Delta p}{p} = -0.1$，$|E_p| = 2.5$ 时，$\frac{\Delta Q}{Q} \approx 0.25 = 25\%$，$\frac{\Delta R}{R} \approx 0.15 = 15\%$.

即在下一年度内将价格降低 10%后，该公司这种电器的销售量会增加 15%～ 25%，总收入将增加 5%～ 15% .

第 4 章　经济数学中的不定积分

不定积分是积分学的重要概念之一．本章将从实际问题出发，介绍原函数与不定积分的基本概念基本性质与基本方法．简要介绍常微分方程的概念与简单常微分方程的求解，并能利用这些知识与方法解决实际问题．

4.1　原函数与不定积分的概念

4.1.1　原函数的概念

通过第 3 章，我们了解了边际成本．在实际生活中，我们会遇到这样的问题，即已知某产品的边际成本 $\mathrm{MC}=C'(q)$，如何求生产该产品的总成本函数 $C'(q)$？这显然是从函数的导数反过来求“原来函数”的问题．也就是下面要介绍的已知导函数，求哪一个函数的导数等于它的问题．

定义 1　设函数 $y=f(x)$ 是定义在某区间上的已知函数，如果存在可导函数 $y=F(x)$，使得 $F(x)'=f(x)'$ 或 $\mathrm{d}F(x)=f(x)\mathrm{d}x$，则称 $F(x)$ 是 $f(x)$ 的一个原函数．

因为 $(x^2)'=2x$，显然 x^2 称为 $2x$ 的一个原函数．而且 $(x^2-1)=2x$，说明 x^2-1 也是 $2x$ 的一个原函数，这说明如果原函数存在的话，则一定不唯一．我们有下面的定理（证明从略）．

定理 1　如果 $F(x)$ 是函数 $f(x)$ 在某区间上的一个原函数，则 $F(x)+C$ 也是 $f(x)$ 在该区间上的一个原函数，并且 $F(x)+C$ 是 $f(x)$ 在该区间上的全体原函数，其中 C 为任意常数．

这样我们知道，如果我们找到了一个原函数 $F(x)$，就可以找到全部原函数 $F(x)+C$．

由此可以得出，如果函数 $f(x)$ 在某区间上连续，则其原函数一定存在．

4.1.2 不定积分的概念

下面我们给出不定积分的定义.

定义 2 设 $F(x)$ 是函数 $f(x)$ 在某区间上的一个原函数，C 为任意常数，称 $f(x)$ 的全体原函数 $F(x)+C$ 为函数 $f(x)$ 的不定积分，记作 $\int f(x)\mathrm{d}x$，即

$$\int f(x)\mathrm{d}x = F(x)+C,$$

其中，$\int$ 称为积分号，$f(x)$ 称为被积函数，$f(x)\mathrm{d}x$ 称为被积表达式，x 为积分变量，C 称为积分常数.

根据不定积分的定义知 $\int f(x)\mathrm{d}x = x^2+C$.

例 1 设 $f(x)$ 的一个原函数是 $\cos x$，求 $\int f'(x)\mathrm{d}x$.

解：由题意知，$f(x)=(\cos x)'=-\sin x$，所以 $\int f'(x)\mathrm{d}x=-\sin x+C$.

例 2 求下列不定积分：

（1）$\int \mathrm{e}^x\mathrm{d}x$；（2）$\int \frac{1}{x}\mathrm{d}x$.

解：（1）因为 $(\mathrm{e}^x)'=\mathrm{e}^x$，所以 $\int \mathrm{e}^x\mathrm{d}x=\mathrm{e}^x+C$.

（2）当 $x>0$ 时，$(\ln x)'=\frac{1}{x}$，所以 $\int\frac{1}{x}\mathrm{d}x=\ln x+C(x>0)$；

当 $x<0$ 时，$[\ln(-x)]'=\frac{1}{-x}\cdot(-1)=\frac{1}{x}$，所以 $\int\frac{1}{x}\mathrm{d}x=\ln(-x)+C(x<0)$.

于是，$\int\frac{1}{x}\mathrm{d}x=\ln|x|+C$.

函数 $F(x)$ 是 $f(x)$ 的一个原函数，对于每一给定的常数 C，$F(x)+C$ 均表示坐标平面上的一条确定的曲线，这条曲线称为 $f(x)$ 的一条积分曲线. 从 $\int f(x)\mathrm{d}x=F(x)+C$ 可以看出，当 C 取不同的常数时，$F(x)+C$ 表示的是一簇积分曲线，其中任意一条积分曲线都可以由曲线 $y=F(x)$ 沿 y 轴上、下平移得到. 由于在每一条积分曲线上横坐标均为 x 的点处所作曲线的切线的斜率都等于 $f(x)$，所以，在每一条积分曲线上，横坐标相同的点处所作曲线的切线都是互相平行的，如图 4-1 所示，这就是不定积分的几何意义.

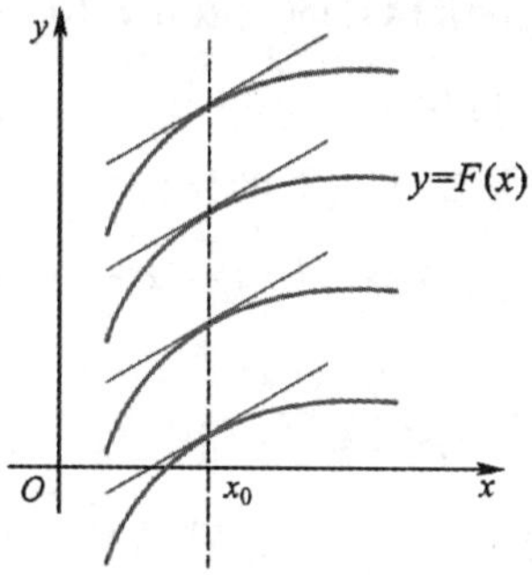

图 4-1

例 3　已知某曲线上一点 $(-1,-2)$，且过曲线上任意一点的切线斜率等于该点横坐标的两倍，求此曲线的方程．

解：设所求曲线方程为 $y=f(x)$．由题意可知，过曲线上任意一点 (x, y) 的切线斜率为

$$k=\frac{\mathrm{d}y}{\mathrm{d}x}=2x\ .$$

所以，$f(x)$ 是 $2x$ 的一个原函数．因为 $\int 2x\mathrm{d}x=x^2+C$，故 $f(x)=x^2+C$．

又因为曲线过点 $(-1,-2)$，代入上式有 $2=(-1)^2+C$，即 $C=1$．于是所求曲线方程为 $y=x^2+1$．

4.2　不定积分的基本性质与基本公式

4.2.1　不定积分的基本性质

根据不定积分的定义，我们可以得到下面的性质（证明从略）．

性质 1　不定积分与微分互为逆运算，即

$$\int[f(x)\mathrm{d}x]'=f(x)\text{ 或 }\mathrm{d}\int[f(x)\mathrm{d}x]=f(x)\mathrm{d}x\ ;$$

$$\int F'(x)\mathrm{d}x=F(x)+C\text{ 或 }\int\mathrm{d}F(x)=F(x)+C\ .$$

性质 2　被积表达式中的非零常数因子可以提到积分号前，即

$$\int kf(x)\mathrm{d}x=k\int f(x)\mathrm{d}x(k\neq 0)\ .$$

性质 3 代数和的积分等于积分的代数和，即

$$\int[f(x)\pm g(x)]\mathrm{d}x=\int f(x)\mathrm{d}x\pm\int g(x)\mathrm{d}x,$$

此性质可以推广到任意有限个函数的代数和的情况，即

$$\int[f_1(x)\pm f_2(x)\pm\cdots\pm f_n(x)]\mathrm{d}x=\int f_1(x)\mathrm{d}x\pm\int f_2(x)\mathrm{d}x\pm\cdots\pm f_n(x)\mathrm{d}x .$$

4.2.2 不定积分的基本公式

由于不定积分运算是导数（微分）运算的逆运算，所以由导数的基本公式可以相应地推导出下列不定积分的基本公式，见表 4–1：

表 4–1 不定积分的基本公式

（1）$f(0)\mathrm{d}x=C$	（6）$\int\cos x\mathrm{d}x=\sin x+C$
（2）$\int x^{\alpha}\mathrm{d}x=\frac{1}{1+\alpha}x^{1+\alpha}+C(\alpha\neq-1)$	（7）$\int\sec^2 x\mathrm{d}x=\int\frac{1}{\cos^2 x}\mathrm{d}x=\tan x+C$
（3）$\int a^x\mathrm{d}x=\frac{a^x}{\ln a}+C$特别地：$\int \mathrm{e}^x\mathrm{d}x=\mathrm{e}^x+C$	（8）$\int\csc^2 x\mathrm{d}x=\int\frac{1}{\sin^2 x}\mathrm{d}x=-\cot x+C$
（4）$\int\frac{1}{x}\mathrm{d}x=\ln\lvert x\rvert+C$	（9）$\int\sqrt{\frac{1}{1-x^2}}\mathrm{d}x=\arcsin x+C$
（5）$\int\sin x\mathrm{d}x=-\cos x+C$	（10）$\int\sqrt{\frac{1}{1+x^2}}\mathrm{d}x=\arctan x+C$

上述公式是求不定积分的基础，必须熟记．下面举例说明不定积分的性质和基本公式的应用．

例 4 求下列不定积分：

（1）$\int(5\sin x+\sqrt{x})\mathrm{d}x$；（2）$\int\left(\frac{2}{x}-3\mathrm{e}^x\right)\mathrm{d}x$.

解：（1）$\int(5\sin x+\sqrt{x})\mathrm{d}x=5\int\sin x\mathrm{d}x+\int x^{\frac{1}{2}}\mathrm{d}x=-5\cos x+\frac{2}{3}x^{\frac{3}{2}}+C$.

（2）$\int\left(\frac{2}{x}-3\mathrm{e}^x\right)\mathrm{d}x=2\int\frac{1}{x}\mathrm{d}x-3\int \mathrm{e}^x\mathrm{d}x=2\ln\lvert x\rvert-3\mathrm{e}^x+C$.

4.3　不定积分的基本运算

4.3.1　直接积分法

在积分过程中，我们利用积分的基本性质和基本公式，可以直接计算一些简单的不定积分，或将被积函数经过适当的恒等变形，再利用积分的基本性质和基本积分公式求出结果，这样的积分方法，叫作直接积分方法 .

例 5　求 $\int\left(3x^2-\dfrac{5}{1+x^2}+2\right)\mathrm{d}x$ 的不定积分 .

解：
$$\int\left(3x^2-\frac{5}{1+x^2}+2\right)\mathrm{d}x=\int 3x^2-5\int\frac{1}{1+x^2}\mathrm{d}x+2\int\mathrm{d}x$$
$$=x^3-5\arctan x+2x+C.$$

4.3.2　换元积分法

显然，用直接积分法所能求出的不定积分是非常有限的，下面介绍换元积分法 .

4.3.2.1　第一换元积分法或凑微分法

一般地，将积分 $\int g(x)\mathrm{d}x$ "凑" 成 $\int f[\varphi(x)]\varphi'(x)\mathrm{d}x$ 或 $\int f[\varphi(x)]\mathrm{d}\varphi(x)$，然后将 $\varphi(x)$ 看成整体变量 u，当 $\int f(u)\mathrm{d}u$ 求得后，再将 $u=\varphi(x)$ 回代，即求得 $\int g(x)\mathrm{d}x$，这就是第一换元积分法或凑微分法 . 它的基本思想是先凑微分后积分 .

一般对积分步骤比较熟悉后，不必写出变量 u 来 .

例 6　求下列不定积分：

（1）$\int(x+2)^{2019}\mathrm{d}x$；（2）$\int x\mathrm{e}^{x^2}\mathrm{d}x$.

解：（1）$\int(x+2)^{2019}\mathrm{d}x=\int(x+2)^{2019}\mathrm{d}(x+2)=\dfrac{1}{2020}(x+2)^{2020}+C$；

（2）$\int x\mathrm{e}^{x^2}\mathrm{d}x=\dfrac{1}{2}\int\mathrm{e}^{x^2}\mathrm{d}x^2=\dfrac{1}{2}\mathrm{e}^{x^2}+C$.

一般地，常用的凑微分公式见表 4–2：

表 4–2　常用的凑微分公式

（1）$\mathrm{d}x=\mathrm{d}(x+C)$	（7）$kx=\frac{1}{k}\mathrm{d}(kx)(k\neq 0)$
（2）$x\mathrm{d}x=\frac{1}{2}\mathrm{d}x^2$	（8）$\frac{1}{\sqrt{x}}\mathrm{d}x=2\mathrm{d}\sqrt{x}$
（3）$x\mathrm{d}x=\mathrm{d}\ln x$	（9）$\mathrm{e}^x\mathrm{d}x=\mathrm{d}\mathrm{e}^x$
（4）$\sin x\mathrm{d}x=-\mathrm{d}\cos x$	（10）$\cos x\mathrm{d}x=\mathrm{d}\sin x$
（5）$\sec^2 x\mathrm{d}x=\mathrm{d}\tan x$	（11）$\csc^2 x\mathrm{d}x=-\mathrm{d}\cot x$
（6）$\frac{1}{\sqrt{1-x^2}}\mathrm{d}x=\mathrm{d}\arcsin x$	（12）$\frac{1}{1+x^2}\mathrm{d}x=\mathrm{d}\arctan x$

4.3.2.2　第二换元积分法

第一换元法是选择新的积分变量 $u=\varphi(x)$，但对于某些被积函数则需要利用相反的方式换元，即令 $x=\varphi(u)$，其中 $\varphi(u)$ 可导，$\varphi'(u)$ 连续，可将不定积分化为

$$\int f(x)\mathrm{d}x=\int f[\varphi(u)]\varphi'(u)\mathrm{d}u=F(u)+C\ .$$

此方法即为第二换元法 .

例 7　计算不定积分 $\int\frac{\mathrm{d}x}{1+\sqrt{x}}$.

解　设 $u=\sqrt{x}$，则 $x=u^2$，$\mathrm{d}x=\mathrm{d}u^2=2u\mathrm{d}u$，因此

$$\begin{aligned}\int\frac{\mathrm{d}x}{1+\sqrt{x}}&=\int\frac{2u}{1+u}\mathrm{d}u=2\int\frac{u+1-1}{1+u}\mathrm{d}u\\&=2\int\left(1-\frac{1}{1+u}\right)\mathrm{d}u=2(u-\ln|1+u|)+C\\&=2(\sqrt{x}-\ln|1+\sqrt{x}|)+C.\end{aligned}$$

4.3.3　不定积分的分部积分法

与微分学中乘积的求导法则相对应的，是另一种基本的积分法则——分部积分法 . 设 $u=u(x)$ 和 $v=v(x)$ 都是可微函数，则

$$\mathrm{d}(uv)=u\mathrm{d}v+v\mathrm{d}u\ .$$

移项，得

$$u\mathrm{d}v=\mathrm{d}(uv)-v\mathrm{d}u\ .$$

两边积分，得

$$\int u\mathrm{d}v = uv - \int v\mathrm{d}u \ .$$

此公式即称为不定积分的分部积分公式 . 其意义在于把积分 $\int u\mathrm{d}v$ 这一较难计算的问题转变为较简单的 $\int v\mathrm{d}u$ 的计算问题 .

例 8　求下列不定积分

（1）$\int x\cos x\mathrm{d}x$；（2）$\int x^2\mathrm{e}^x\mathrm{d}x$.

解（1）$\int x\cos x\mathrm{d}x=\int x\mathrm{d}\sin x=x\sin x-\int \sin x\mathrm{d}x=x\sin x+\cos x+C$.

（2）$\int x^2\mathrm{e}^x\mathrm{d}x = \int x^2\mathrm{d}\mathrm{e}^x = x^2\mathrm{e}^x - \int \mathrm{e}^x\mathrm{d}x^2 = x^2\mathrm{e}^x - 2\int x\mathrm{e}^x\mathrm{d}x = x^2\mathrm{e}^x - 2\int x\mathrm{d}\mathrm{e}^x$

$$= x^2\mathrm{e}^x - 2[x\mathrm{e}^x - \int \mathrm{e}^x\mathrm{d}x] = x^2\mathrm{e}^x - 2x\mathrm{e}^x + \mathrm{e}^x + C.$$

4.4　常微分方程初步及其应用

4.4.1　常微分方程基本概念

定义 3　含有未知函数的导数或微分的方程，称为微分方程 . 如果微分方程中的未知函数为一元函数，则称其为常微分方程 . 微分方程中所出现的未知函数导数的最高阶数，称为这个方程的阶 .

一般地，n 阶微分方程的形式是 $F(x, y, y', \cdots, y^{(n)}) = 0$，其中 $y^{(n)}$ 是必须出现的，但 $x, y, \cdots, y^{(n-1)}$ 可以不出现 .

如 $y' + xy = 3$ 为一阶微分方程，$y'' + y' = 2x$ 为二阶微分方程 .

定义 4　如果将一个函数代入微分方程中，方程成为恒等式，则称这个函数为该微分方程的解 . 如果微分方程的解中含有任意常数，且独立的任意常数的个数与微分方程的阶数相同，则把这样的解叫作微分方程的通解 .

如果微分方程的一个解不含任意常数，则称这个解是微分方程在某一特定条件下的解，简称为特解 . 这个特定的条件称为初始条件 .

求微分方程的解的过程叫作解微分方程 .

注：如果不特别声明，也没有给出初始条件，解微分方程就是求微分方程的通解 .

4.4.2 可分离变量的一阶微分方程

形如 $\frac{dy}{dx}=f(x)g(y)$ 的微分方程叫作可分离变量的一阶微分方程 .

这种微分方程的求解方法是：

（1）如果 $g(y)\neq 0$ ，将微分方程两端同乘 dx ，并同除以 $g(y)$ ，得

$$\frac{dy}{g(y)}=f(x)dx\ .$$

上式的左边只含变量 y 、右边只含变量 x ，因此这一步称为分离变量 . 再对上式两边积分，得

$$\int\frac{dy}{g(y)}=\int f(x)dx\ ,$$

$$G(y)=F(x)+C\ ,$$

其中 $G(y)$ ， $F(x)$ 分别是 $\frac{1}{g(y)}$ ， $f(x)$ 的一个原函数， C 为任意常数 . 可以证明，上式就是微分方程 $\frac{dy}{dx}=f(x)g(y)$ 的通解 .

（2）如果 $g(y)=0$ ，则可验证 $y=y_0$ 也是微分方程 $\frac{dy}{dx}=f(x)g(y)$ 的解，此解也可能不含在通解之中，这种解称为微分方程的奇解 . 本书中不讨论微分方程的奇解 . 在后面的求解过程中，我们均认为 $g(y)\neq 0$.

例 9 解微分方程 $y'=xy$.

解：将方程改写为 $\frac{dy}{dx}=xy$ ；分离变量，得 $\frac{1}{y}dy=xdx$ ；两边积分，得

$$\int\frac{1}{y}dy=\int xdx\ ,$$

$$\ln|y|=\frac{1}{2}x^2+C_0\ ,$$

即

$$|y|=e^{\frac{1}{2}x^2+C_0}=e^{\frac{1}{2}x^2}\cdot e^{C_0}=e^{\frac{1}{2}x^2}\ (C=e^{C_0})\ .$$

因为 C 可以取任意实数，所以上式可表示为 $y=Ce^{\frac{1}{2}x^2}$.

4.4.3 一阶线性微分方程

$\frac{dy}{dx}+P(x)y=Q(x)$ 的微分方程叫作一阶线性微分方程，其中 $P(x)$，$Q(x)$ 都是 x 的连续函数．

当 $Q(x)=0$ 时，上述微分方程称为一阶齐次线性微分方程；当 $Q(x)\neq 0$ 时，上述微分方程称为一阶非齐次线性微分方程．

这类方程的特点是：它所含的未知函数 y 及其导数 y' 都是一次的．

下面我们来讨论一阶线性微分方程的解法．

先求一阶齐次线性微分方程 $\frac{dy}{dx}+P(x)y=0$ 的通解．很明显，它是可分离变量的微分方程．

分离变量后，得

$$\frac{dy}{y}=-P(x)dx\ .$$

两边积分，得

$$\ln|y|=-\int P(x)dx+\ln|C_1|(C_1\neq 0)\ .$$

整理，得

$$y=Ce^{-\int P(x)dx}(C=\pm|C_1|,C\neq 0)\ .$$

很明显，在上式中，当 $C=0$ 时，得到 $y=0$，它也是齐次微分方程 $\frac{dy}{dx}+P(x)y=0$ 的解．

所以，一阶齐次线性微分方程的通解为

$$y=Ce^{-\int P(x)dx}(C\text{为任意常数})\ .$$

再求一阶非齐次线性微分方程 $\frac{dy}{dx}+P(x)y=Q(x)$ 的通解．很明显，它不是可分离变量的微分方程，因此不能应用前面的方法求解．下面我们给出它的求解步骤：

第一步，求出相应的齐次方程的通解：

$$y=Ce^{-\int P(x)dx}\ ;$$

第二步，把上述通解中的任意常数 C 换成 x 的未知函数 $u(x)$，得

$$y = u(x)e^{-\int P(x)dx};$$

第三步，把上式代入微分方程 $\frac{dy}{dx} + P(x)y = Q(x)$ 中，得

$$u'e^{-\int P(x)dx} - uP(x)e^{-\int P(x)dx} + P(x)ue^{-\int P(x)dx} = Q(x).$$

化简并整理，得

$$u'e^{-\int P(x)dx} = Q(x), \quad u' = Q(x)e^{\int P(x)dx}.$$

对后面的等式两边积分，得

$$u = \int Q(x)e^{\int P(x)dx}dx + C.$$

第四步，把上式代入第二步得到的等式 $y = ue^{-\int P(x)dx}$ 中，得

$$y = e^{-\int P(x)dx}[\int Q(x)e^{\int P(x)dx}dx + C].$$

可以验证上式就是一阶非齐次线性微分方程 $\frac{dy}{dx} + P(x)y = Q(x)$ 的通解．我们把它称为一阶非齐次线性微分方程的通解公式．

可以看到，上述求解过程中，关键是第二步将齐次微分方程的通解中的任意常数 C 变换为一个函数 $u = u(x)$，因此这种求解微分方程的方法称为常数变易法．

例 10 解微分方程 $\frac{dy}{dx} + y\tan x = 2x\cos x$．

解： 将 $P(x) = \tan x$，$Q(x) = 2x\cos x$ 代入一阶线性微分方程的通解公式并积分，得

$$y = e^{-\int \tan x dx}\left(\int 2x\cos x e^{\int \tan x dx}dx + C\right) = e^{\ln\cos x}\left(\int 2x\cos x e^{-\ln\cos x}dx + C\right)$$

$$= \cos x\left(\int 2x\cos x \cdot \frac{1}{\cos x}dx + C\right) = \left(x^2 + C\right)\cos x.$$

4.4.4 经济应用案例

在经济领域里，已知边际函数，可利用不定积分求它们的原函数．一般地，有以下常见的情况：

（1）已知边际成本 $C'(q)$，固定成本 C_0，则总成本函数 $C = C(q)$ 为微分方程 $\begin{cases} \frac{dC}{dq} = C'(q), \\ C(0) = C_0 \end{cases}$ 的特解；

（2）已知边际收入 $R'(q)$，则总收入函数 $R=R(q)$ 为微分方程 $\begin{cases}\dfrac{\mathrm{d}R}{\mathrm{d}q}=R'(q),\\ R(0)=0\end{cases}$ 的特解；

（3）已知固定成本 C_0，边际利润 $L'(q)$，则总利润函数 $L=L(q)$ 为微分方程 $\begin{cases}\dfrac{\mathrm{d}L}{\mathrm{d}q}=L'(q),\\ L(0)=-C_0\end{cases}$ 的特解．

例 11　设某产品的边际成本函数为 $C'(q)=9q^2+8q+14$，固定成本为 50，求总成本函数 $C(q)$．

解： 由题意知，$\dfrac{\mathrm{d}C(q)}{\mathrm{d}q}=9q^2+8q+14$，变量分离，得 $\mathrm{d}C(q)=9q^2+8q+14\mathrm{d}q$，于是

$$C(q)=\int(9q^2+8q+14)\mathrm{d}q=3q^3+4q^2+14q+C;$$

又 $C(0)=50$，所以 $C=50$．故 $C(q)=3q^3+4q^2+14q+50$．

第 5 章　经济数学中的定积分

我们在第 4 章学习了不定积分的相关知识以及相关性质．在实际生活中，我们需要得到确定的函数值，或者在固定的区间内研究相关问题．如在市场经济条件下，企业为获得最大经济利润，需要考查经济环境、决策产量、利润等问题．这时候需要使用一种科学的工具——定积分．

5.1　定积分的概念与性质

5.1.1　定积分的概念与几何意义

5.1.1.1　曲边梯形的概念

在直角坐标系中，由连续曲线 $y=f(x)$（$f(x)\geqslant 0$），直线 $x=a$，$x=b$ 以及 x 轴所围成的平面图形称为曲边梯形，如图 5-1 所示．

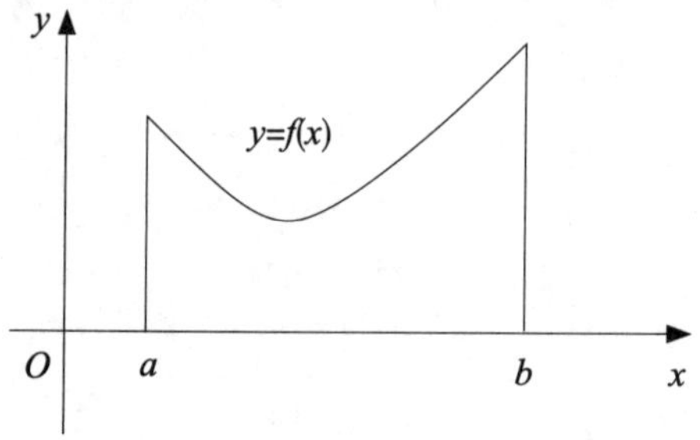

图 5-1

曲边梯形是不规则图形，其高 $f(x)$ 在区间 $[a, b]$ 内是随 x 连续变化的，因此没有直接计算其面积的公式．从整体上看，曲边梯形的高是变化的，但是局部高的变化是微小的，可以近似地看作不变．因此，求曲边梯形面积的基本思路是：先把曲边梯形分割成若干个小曲边梯形，然后将每个小曲边梯形用一个小矩形近似代替，再把这些小矩形面积加起来作为曲边梯形面积的近似值．显然，分割越细密，小矩形面积之和就越接近曲边梯形的面积，当分割无限进行下去时，所有小矩形面积之和的极限值就是曲边梯形面积的精确值．

将上述分析过程形成数学语言，分为以下 4 个步骤进行：

（1）分割．

在区间 $[a, b]$ 内任取 $n-1$ 个分点：

$$a=x_0<x_1<\cdots<x_{i-1}<x_i<\cdots<x_{n-1}<x_n=b,$$

将区间 $[a, b]$ 分成 n 个子区间 $[x_{i-1}, x_i](i=1,2,\cdots,n)$，每个子区间的长度记为 $\Delta x_i=x_i-x_{i-1}\ (i=1,2,\cdots,n)$．每取一个分点 $x_i(i=1,2,\cdots,n)$，则必有一个 $f(x_i)$ 与之对应，以此类推，把曲边梯形分割成 n 个小曲边梯形，如图 5-2 所示．将第 i 个小曲边梯形的面积记作 ΔS_i，则曲边梯形的面积 $S=\sum\limits_{i=1}^{n}\Delta S_i$．

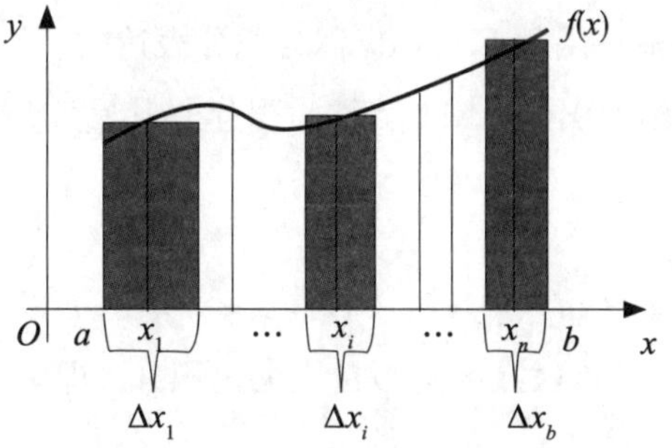

图 5-2

（2）近似替代——“以直代曲”．在每一个子区间 $[x_{i-1}, x_i](i=1,2,\cdots,n)$ 上任取一点 $\xi_i(x_{i-1}\leqslant\xi_i\leqslant x_i)$，以 Δx_i 为宽，$f(\xi_i)$ 为高构造小矩形，以小矩形的面积 $f(\xi_i)\Delta x_i$ 作为对应的小曲边梯形面积 ΔS_i 的近似值，即 $\Delta S_i\approx f(\xi_i)\Delta x_i$．

（3）近似求和．对 n 个小矩形的面积求和，其总和 S_n 作为曲边梯形面积 S 的近似值，即

$$S\approx S_n=\sum_{i=1}^{n}f(\xi_i)\Delta x_i .$$

（4）约等号变等号，即取极限．记入 $\lambda=\max\limits_{1\leqslant i\leqslant n}\{\Delta x_i\}$，且当 $\lambda\to 0$ 时，S_n 的极限就是曲边梯形的面积，即

$$S=\lim_{\lambda\to 0}\sum_{i=1}^{n}f(\xi_i)\Delta x_i .$$

5.1.1.2 定积分的定义

定义 1 设函数 $y=f(x)$ 在区间 $[a,b]$ 上有定义. 在区间 $[a,b]$ 内任取 $n-1$ 个分点：$a=x_0<x_1<\cdots<x_{i-1}<x_i<\cdots<x_{n-1}<x_n=b$，将区间 $[a,b]$ 分成 n 个子区间 $[x_{i-1},x_i](i=1,2,\cdots,n)$，即 n 个分割. 每个分割记为 $\Delta x_i=x_i-x_{i-1}$，在每一个分割 $[x_{i-1},x_i]$ 上任取一点 $\xi_i(x_{i-1}\leqslant\xi_i\leqslant x_i)$，作乘积 $f(\xi_i)\Delta x_i$，再求和 $\sum\limits_{i=1}^{n}f(\xi_i)\Delta x_i$. 若记 $\lambda=\max\limits_{1\leqslant i\leqslant n}\{\Delta x_i\}$，如果 $\lambda\to 0$（此时 $n\to\infty$）时，极限 $\lim\limits_{\lambda\to 0}\sum\limits_{i=1}^{n}f(\xi_i)\Delta x_i$ 存在，且极限值与区间 $[a,b]$ 的分法和 ξ_i 点的取法无关，则称函数 $y=f(x)$ 在区间 $[a,b]$ 上可积，此极限值称为函数 $y=f(x)$ 在区间 $[a,b]$ 上的定积分，记作 $\int_a^b f(x)\mathrm{d}x$，即

$$\int_a^b f(x)\mathrm{d}x=\lim_{\lambda\to 0}\sum_{i=1}^{n}f(\xi_i)\Delta x_i .$$

其中，$f(x)$ 被称为被积函数，$f(x)\mathrm{d}x$ 称为积分表达式，x 称为积分变量，$[a,b]$ 称为积分区间，a 称为积分下限，b 称为积分上限，$f(\xi_i)\Delta x_i$ 被称为积分元素，$\sum\limits_{i=1}^{n}f(\xi_i)\Delta x_i$ 称为积分和式.

由连续曲线 $y=f(x)(f(x)\geqslant 0)$、直线 $x=a$、$x=b$ 以及 x 轴所围成的曲边梯形的面积为函数 $y=f(x)$ 在区间 $[a,b]$ 上的定积分，即

$$\int_a^b f(x)\mathrm{d}x .$$

通过上述内容我们知道了定积分的定义，那么满足什么条件，函数可积?

定理 1 若函数 $y=f(x)$ 在区间 $[a, b]$ 上连续，或在区间 $[a, b]$ 上只有有限个间断点且有界，则 $y=f(x)$ 在区间 $[a, b]$ 上可积.

5.1.1.3 定积分的几何意义

（1）若在区间 $[a, b]$ 上，连续函数 $y=f(x)\geqslant 0$，则 $f(x)\mathrm{d}x$ 表示由曲线 $y=f(x)$、直线 $x=a$、$x=b$ 以及 x 轴所围成的图形的面积，如图 5-3（1）所示，即

$$\int_a^b f(x)\mathrm{d}x=S .$$

（2）若在区间 $[a,b]$ 上，连续函数 $y=f(x)\leqslant 0$，则 $f(x)\mathrm{d}x$ 表示由曲线 $y=f(x)$、直线 $x=a$、$x=b$ 以及 x 轴所围成的图形面积的相反数，如图 5-3（2）所示，即

$$\int_a^b f(x)\mathrm{d}x=-S\ .$$

（3）若在区间 $[a,\ b]$ 上，连续函数 $y=f(x)$ 有正也有负，如图 5–3（3）所示，则 $f(x)\mathrm{d}x$ 表示 x 轴上方图形面积与下方图形面积之差，即有

$$\int_a^b f(x)\mathrm{d}x=S_1-S_2+S_3\ .$$

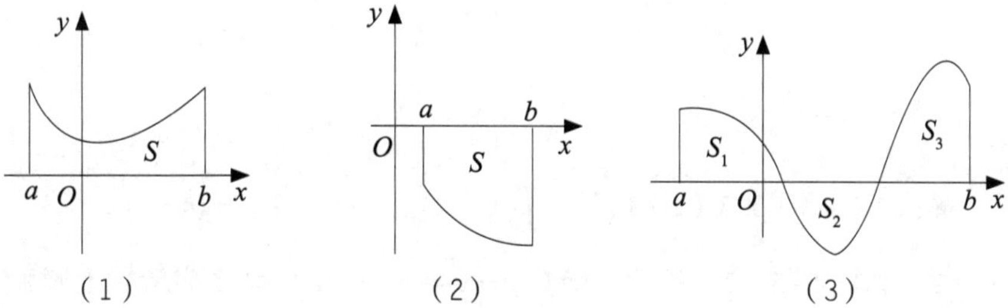

图 5–3

例 1　用定积分表示图 5–4 中阴影部分的面积 .

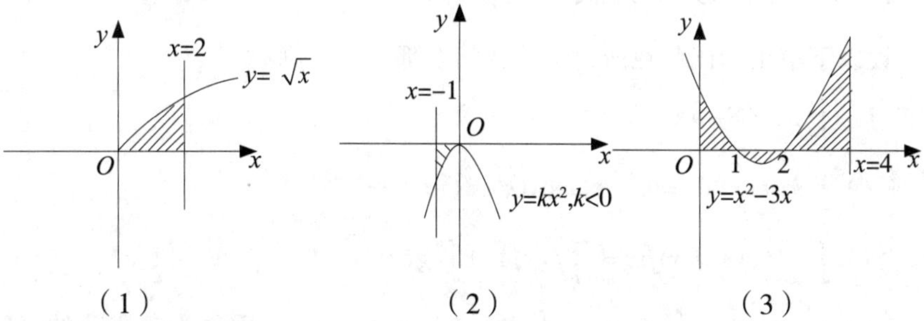

图 5–4

解：在图 5–4（1）中，函数 $y=\sqrt{x}$ 在 $[0,2]$ 上连续，且 $y=\sqrt{x}\geqslant 0$，根据定积分的几何意义可得阴影部分的面积为 $\int_0^2\sqrt{x}\mathrm{d}x=S$；

在图 5–4（2）中，阴影部分的面积为：$\int_{-1}^{0}-kx^2\mathrm{d}x=S$；

在图 5–4（3）中，阴影部分的面积为

$$S=\int_0^1(x^2-3x+2)\mathrm{d}x-\int_1^2(x^2-3x+2)\mathrm{d}x+\int_2^4(x^2-3x+2)\mathrm{d}x\ .$$

例 2　利用定积分的几何意义，作出几何图形并计算定积分 .

（1）$\int_a^b\mathrm{d}x$；（2）$\int_a^b\sqrt{4-x^2}\mathrm{d}x$.

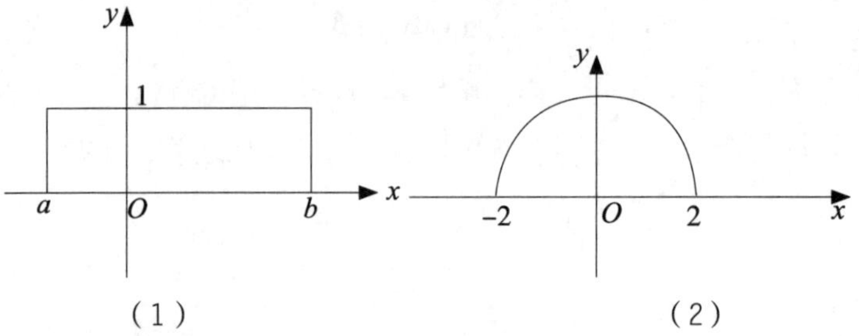

图 5-5

解：（1）如图 5-5（1）所示，$\int_a^b \mathrm{d}x = S_{矩形} = (b-a)\times 1 = (b-a)$.

（2）如图 5-5（2）所示，函数 $y=\sqrt{4-x^2}$ 在坐标系中表示右上圆弧，因此 $\int_a^b \sqrt{4-x^2}\mathrm{d}x = \frac{1}{4}\pi\times 2^2 = \pi$.

5.1.2 定积分的性质

设以下给出的函数在所讨论的区间上都可积，则有

（1）$\int_a^b \mathrm{d}x = b-a$;

（2）$\int_a^b k(f(x))\mathrm{d}x = k\int_a^b f(x)\mathrm{d}x (k\in\mathbf{R})$;

（3）$\int_a^b [f(x)\pm g(x)]\mathrm{d}x = \int_a^b f(x)\mathrm{d}x \pm \int_a^b g(x)\mathrm{d}x$;

（4）$\int_a^b f(x)\mathrm{d}x = \int_c^b f(x)\mathrm{d}x + \int_b^c f(x)\mathrm{d}x (c\in\mathbf{R})$，此性质称为定积分的区间可加性;

（5）设函数 $f(x)$ 在对称区间 $[-a, a]$ 上连续，若 $f(x)$ 为奇函数，则 $\int_{-a}^a f(x)\mathrm{d}x = 0$;

若 $f(x)$ 为偶函数，则 $\int_{-a}^a f(x)\mathrm{d}x = 2\int_{-a}^0 f(x)\mathrm{d}x = 2\int_0^a f(x)\mathrm{d}x$;

（6）（单调性）设在 $[a, b]$ 上有 $f(x)\leqslant g(x)$，则 $\int_a^b f(x)\mathrm{d}x \leqslant \int_a^b g(x)\mathrm{d}x$;

（7）（估值定理）设 M 与 m 分别是 $f(x)$ 在 $[a, b]$ 上的最大值与最小值，则 $m(b-a)\leqslant \int_a^b f(x)\mathrm{d}x \leqslant M(b-a)$;

（8）（积分中值定理）设函数 $y=f(x)$ 在 $[a, b]$ 上连续，则在 (a, b) 上至少存在一点 ξ 使得 $\int_a^b f(x)\mathrm{d}x = f(\xi)(b-a)$ 成立 .

几何意义：由 $y=f(x)$ 、直线 $x=a$ 、 $x=b$ 以及 x 轴所围成的曲边梯形的面积等于以 $[a,\ b]$ 为宽，$f(\xi)$ 为高的矩形面积，如图 5-6 所示 .

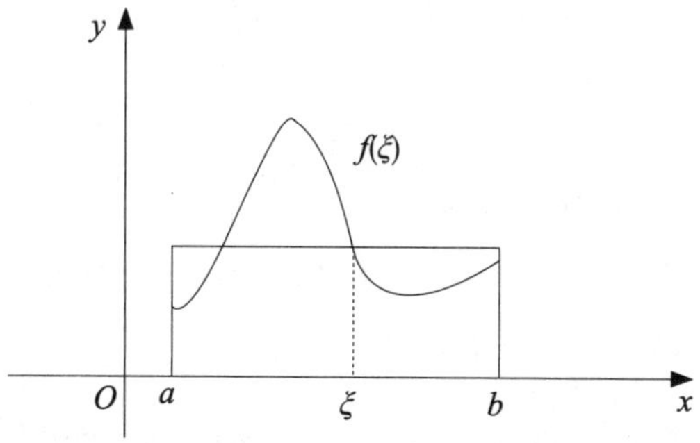

图 5-6

数值 $f(\xi)=\dfrac{1}{b-a}\int_a^b f(x)\mathrm{d}x$ 称为函数 $y=f(x)$ 在区间 $[a,\ b]$ 上的平均值 .

例 3　计算下列定积分：

（1） $f(x)\mathrm{d}x$ ；（2） $\int_{-\frac{\pi}{3}}^{\frac{\pi}{3}}\cos x\mathrm{d}x$.

解：（1）因为函数 $f(x)=x$ 在 $[-1,1]$ 上为奇函数，所以 $\int_{-1}^{1}x\mathrm{d}x=0$.

（2）因为函数 $f(x)=\cos x$ 在 $\left[-\frac{\pi}{3},\frac{\pi}{3}\right]$ 上为偶函数，所以 $\int_0^{\frac{\pi}{3}}\cos x\mathrm{d}x=\dfrac{\sqrt{3}}{2}$;

因为 $\int_0^{\frac{\pi}{3}}\cos x\mathrm{d}x=\dfrac{\sqrt{3}}{2}$ ，所以 $\int_{-\frac{\pi}{3}}^{\frac{\pi}{3}}\cos x\mathrm{d}x=2\int_0^{\frac{\pi}{3}}\cos x\mathrm{d}x$.

例 4　已知 $f(x)=|x-2|$，计算 $f(x)\,\mathrm{d}x$.

解： $f(x)=|x-2|=\begin{cases}x-2,\ x\geqslant 2,\\ 2-x,\ x<2.\end{cases}$

$$\int_1^4 f(x)\,\mathrm{d}x=\int_1^2 f(x)\,\mathrm{d}x=\int_2^4 f(x)\,\mathrm{d}x=\int_1^2(2-x)\mathrm{d}x+\int_2^4(x-2)\mathrm{d}x$$

$$=\left(2x-\frac{1}{2}x^2\right)\Bigg|_1^2+\left(\frac{1}{2}x^2-2x\right)\Bigg|_2^4=\frac{5}{2}.$$

5.2 定积分的计算

5.2.1 牛顿 - 莱布尼兹公式

定理 2（积分第一中值定理） 设函数 $f(x)$ 在区间 $[a,\ b]$ 上连续，如果 $F'(x)=f(x)$，则此公式称为牛顿 - 莱布尼兹公式 .

若用 $F(x)\Big|_a^b$ 表示 $F(b)-F(a)$，则上述公式可以表示为

$$\int_a^b f(x)\mathrm{d}x = F(x)\Big|_a^b = F(b)-F(a) .$$

由此公式可知，求定积分 $\int_a^b f(x)\mathrm{d}x$ 的步骤如下：

（1）先求不定积分，求出 $f(x)$ 的一个原函数 $F(x)$；

（2）再求这个原函数 $F(x)$ 在积分区间 $[a,\ b]$ 上的改变量 $F(b)-F(a)$.

例 5 计算 $\int_0^{\pi}\sin x\mathrm{d}x$.

解： $\int_0^{\pi}\sin x\mathrm{d}x=-\cos x\Big|_0^{\pi}=-(\cos\pi-\cos 0)=2$.

例 6 计算 $\int_0^1\left(1+x^2\right)\mathrm{d}x$.

解： $\int_0^1\left(1+x^2\right)\mathrm{d}x=\arctan x\Big|_0^1=\dfrac{\pi}{4}$.

例 7 计算 $\int_1^3\dfrac{x}{4+x^2}\mathrm{d}x$.

解： $\int_1^3\dfrac{x}{4+x^2}\mathrm{d}x=\dfrac{1}{2}\int_1^3\dfrac{x}{4+x^2}\mathrm{d}(x^2+4)$

$$=\frac{1}{2}(\ln x^2+4)\Big|_1^3=\frac{1}{2}(\ln 13-\ln 5)=\frac{1}{2}\ln\frac{13}{5}.$$

5.2.2 定积分的换元积分法

设函数 $y=f(x)$ 在区间 $[a,\ b]$ 上连续，令 $x=\varphi(t)$，如果：

（1）$x=\varphi(t)$ 在 $[\alpha,\ \beta]$ 上连续且单调，并有连续导数 $\varphi'(t)$；

（2）当 t 从 α 变到 β 时，$x=\varphi(t)$ 从 $x=\varphi(\alpha)=a$ 变到 $x=\varphi(\beta)=b$，则

$$\int_a^b f(x)\mathrm{d}x=\int_\alpha^\beta f[\varphi(t)]\varphi'(t)\mathrm{d}t\ .$$

此公式称为定积分的换元积分公式 .

例 8　计算 $\int_0^{\frac{\pi}{3}}\cos 2x\mathrm{d}x$.

解： 令 $2x=u$，$\mathrm{d}u=2\mathrm{d}x$，此时的积分区间由 $\left[0,\frac{\pi}{3}\right]$ 变化至 $\left[0,\frac{2\pi}{3}\right]$，故

$$\int_0^{\frac{\pi}{3}}\cos 2x\mathrm{d}x=\frac{1}{2}\int_0^{\frac{2\pi}{3}}\cos u\mathrm{d}u=\frac{1}{2}\sin u\bigg|_0^{\frac{2\pi}{3}}=\frac{\sqrt{3}}{4}\ .$$

5.2.3　定积分的分部积分法

定积分的分部积分法与不定积分的分部积分法的推导过程一致，只需要将不定积分加上下限即可 .

设可导函数 $u=u(x)$，$v(x)$ 在 $[a,\ b]$ 上具有连续导数 u'，v'，则

$$\int_a^b u(x)\mathrm{d}v(x)=u(x)v(x)\bigg|_a^b-\int_a^b v(x)\mathrm{d}u(x)\ .$$

由所设条件可知，$u'v$，$v'u$ 都在区间 $[a,\ b]$ 上连续，所以它们都是可积的 .

在区间 $[a,\ b]$ 上两边对 $\mathrm{d}(uv)=u\mathrm{d}v+v\mathrm{d}u$ 积分，得

$$\int_a^b \mathrm{d}(uv)=\int_a^b u\mathrm{d}v+\int_a^b v\mathrm{d}u\ .$$

依据牛顿 – 莱布尼兹公式，得

$$\int_a^b u\mathrm{d}v=uv\bigg|_a^b-\int_a^b v\mathrm{d}u\ .$$

例 9　计算 $\int_0^1 x\mathrm{e}^{-x}\mathrm{d}x$.

解：

$$\int_0^1 x\mathrm{e}^{-x}\mathrm{d}x=-\int_0^1 x\mathrm{d}(\mathrm{e}^{-x})=-\left(x\mathrm{e}^{-x}\bigg|_0^1-\int_0^1\mathrm{e}^{-x}\mathrm{d}x\right)$$

$$=\left(x\mathrm{e}^{-x}\bigg|_0^1+\mathrm{e}^{-x}\bigg|_0^1\right)=1-2\mathrm{e}^{-1}.$$

例 10　计算 $\int_0^1\arctan x\mathrm{d}x$.

解：

$$\int_0^1 \arctan x\mathrm{d}x = x\arctan x\Big|_0^1 - \int_0^1 x\mathrm{d}\arctan x = \frac{\pi}{4} - \int_0^1 \frac{x}{1+x^2}\mathrm{d}x$$

$$= \frac{\pi}{4} - \frac{1}{2}\int_0^1 \frac{x}{1+x^2}\mathrm{d}(1+x^2)$$

$$= \frac{\pi}{4} - \frac{1}{2}\ln(1+x^2)\Big|_0^1 = \frac{\pi}{4} - \frac{1}{2}\ln 2.$$

5.3　无限区间上的广义积分

在讨论积分区间时，会发现区间 $[a, b]$、a、b 可取一切实数，本章前几节讨论的仅仅局限在有限区间范围，如果积分区间出现如下形式 $[f(x), g(x)]$、$[-\infty, a]$、$[b, +\infty)$、$(-\infty, +\infty)$，那么积分的运算法则还成立吗？

设函数 $\varphi(x)$ 在 $[a, b]$ 上连续，则对 $[a, b]$ 上的任意一点 x，$\varphi(x)$ 在 $[a, x]$ 上连续，由可积的充分条件可知，$\varphi(x)$ 在 $[a, x]$ 上可积，即定积分 $\int_a^x \varphi(t)\mathrm{d}t$ 存在．

为了区别积分变量与积分上限，用 t 表示积分变量，则上面的定积分表示为

$$\int_a^x \varphi(t)\mathrm{d}t\ .$$

任给一个 $x\in[a, b]$，被积函数也可用 $f(t)$ 表示，即 $\int_a^x f(t)\mathrm{d}t$ 都有唯一确定的值与之对应，因此它是一个定义在 $[a, b]$ 上的函数，记作 $\psi(x)$，即 $\psi(x)=\int_a^x f(t)\ \mathrm{d}t$，$x\in[a, b]$．我们把这个函数称为变上限积分函数．

为了区别积分变量与积分上限，用 t 表示积分变量，则上面的定积分表示为 $\int_x^b f(t)\mathrm{d}t$，任给一个 $x\in[a, b]$，都有唯一确定的值与之对应，因此它是一个定义在 $[a, b]$ 上的函数，记作 $\Phi(x)$，即中 $\Phi(x)=\int_x^b f(t)\mathrm{d}t$，$x\in[a, b]$，把这个函数称为变下限积分函数．

定理 3（变上限积分定理）　如果函数 $f(x)$ 在 $[a, b]$ 上连续，则函数 $\psi(x)=\int_x^a f(t)\mathrm{d}t$，$x\in[a, b]$，在 $[a, b]$ 上可导，且

$$\psi'(x)=[\int_x^a f(t)\mathrm{d}t]'=f(x)\ .$$

定理 3 说明，任何连续函数都存在原函数，函数 $\psi(x)=\int_x^a f(t)\mathrm{d}t$ 就是函数 $f(x)$ 在 $[a,\ b]$ 上的一个原函数 . 这一定理揭示了定积分与原函数之间的关系 .

例 11　已知 $\psi(x)=\int_1^x t\tan t\mathrm{d}t$，计算 $\psi'(x)$.

解：　$\psi(x)=\left[\int_1^x t\tan t\mathrm{d}t\right]'=x\tan x$.

例 12　计算 $\lim\limits_{x\to 0}\dfrac{\int_0^x \sin^2 3t\mathrm{d}t}{x^2}$.

解：当 $x\to 0$ 时，此极限是“$\dfrac{0}{0}$”型未定式，运用洛比达法则求解 .

$$\lim_{x\to 0}\frac{\int_0^x \sin^2 3t\mathrm{d}t}{x^2}=\lim_{x\to 0}\frac{\sin^2 3x}{2x}=\lim_{x\to 0}\frac{9x^2}{2x}=0\ .$$

前面讨论的积分都是在有限区间 $[a,\ b]$ 上，若 a 、b 的值可以取到 $\pm\infty$ 时，则区间就可以扩充到 $(-\infty,\ +\infty)$，即可以扩展到无限区间 .

定义 2　设函数 $f(x)$ 在无限区间 $[a,\ +\infty)$ 上连续 . 如果 $\lim\limits_{b\to+\infty}\int_a^b f(x)\mathrm{d}x$，$b>a$ 存在，则称此极限值为函数 $f(x)$ 在无限区间 $[a,\ +\infty)$ 上的广义积分，记作 $\int_a^{+\infty} f(x)\mathrm{d}x$，即

$$\int_a^{+\infty} f(x)\mathrm{d}x=\lim_{b\to+\infty}\int_a^b f(x)\mathrm{d}x\ ,\quad b>a\ .$$

若此时极限存在，则称广义积分 $\int_a^{+\infty} f(x)\mathrm{d}x$ 收敛；否则，称广义积分 $\int_a^{+\infty} f(x)\mathrm{d}x$ 发散 .

类似地，可以定义 $f(x)$ 在无限区间 $(-\infty,\ b]$ 及 $(-\infty,\ +\infty)$ 上的广义积分：

$$\int_{-\infty}^b f(x)\mathrm{d}x=\lim_{a\to-\infty}\int_a^b f(x)\mathrm{d}x\ ,\quad b>a\ ,$$

$$\int_{-\infty}^{+\infty} f(x)\mathrm{d}x=\int_{-\infty}^c f(x)\mathrm{d}x+\int_c^{+\infty} f(x)\mathrm{d}x\ ,\quad c\in(-\infty,+\infty)\ .$$

定义 3　设函数 $f(x)$ 在区间 $[a,\ b)$ 上连续，而 $\lim\limits_{a\to b^-} f(x)=\infty$，如果极限 $\lim\limits_{t\to b^-}\int_a^t f(x)\mathrm{d}x$ 存在，则称此极限值为 $f(x)$ 在区间 $[a,\ b)$ 上的广义积分，记作 $\int_a^b f(x)\mathrm{d}x$，即

$$\lim_{t\to b^-}\int_a^t f(x)\mathrm{d}x=\int_a^b f(x)\mathrm{d}x\ .$$

若此时极限存在，则称广义积分收敛；反之，称广义积分发散．发散点 $x=b$ 也称为瑕点，对应的积分称为瑕积分．

$x=a$ 的瑕积分的定义与 $x=b$ 的瑕积分的定义是类似的．

我们常用如下定理证明广义积分的敛散性以及计算瑕积分．

定理 4 $\int_{-\infty}^{+\infty} f(x)\mathrm{d}x$ 收敛的充分必要条件是：$\int_{-\infty}^{c} f(x)\mathrm{d}x$ 与 $\int_{c}^{+\infty} f(x)\mathrm{d}x$ 同时收敛．

如果 $F'(x)=f(x)$，并记 $F(+\infty)=\lim\limits_{x\to+\infty} F(x)$，则

$$\int_{a}^{+\infty} f(x)\mathrm{d}x = F(x)\Big|_{a}^{+\infty} = \lim_{x\to+\infty} F(x) - F(a),$$

$$\int_{-\infty}^{b} f(x)\mathrm{d}x = F(x)\Big|_{-\infty}^{b} = F(b) - \lim_{x\to-\infty} F(x),$$

$$\int_{-\infty}^{+\infty} f(x)\mathrm{d}x = F(x)\Big|_{-\infty}^{+\infty} = \lim_{x\to+\infty} F(x) - \lim_{x\to-\infty} F(x).$$

例 13 计算 $\int_{-3}^{3}\frac{1}{\sqrt{9-x^2}}\mathrm{d}x$．

解：

$$\int_{-3}^{3}\frac{1}{\sqrt{9-x^2}}\mathrm{d}x = \frac{1}{3}\arcsin\frac{x}{3}\Big|_{-3}^{3} = \frac{1}{3}\lim_{x\to3}\arcsin\frac{x}{3} - \frac{1}{3}\lim_{x\to-3}\arcsin\frac{x}{3}$$
$$= \frac{\pi}{6} - \left(-\frac{\pi}{6}\right) = \frac{\pi}{3}.$$

例 14 计算 $-\int_{-\infty}^{+\infty} 2x\mathrm{e}^{-x^2}\mathrm{d}x$．

解：

$$-\int_{-\infty}^{+\infty} 2x\mathrm{e}^{-x^2}\mathrm{d}x = \int_{-\infty}^{+\infty}\mathrm{e}^{-x^2}\mathrm{d}(-x^2) = \mathrm{e}\Big|_{-\infty}^{+\infty} = \lim_{x\to+\infty}\mathrm{e}^{-x^2} - \lim_{x\to-\infty}\mathrm{e}^{-x^2} = 0.$$

5.4　定积分在经济中的应用

本节将介绍定积分在经济领域中的具体应用 .

5.4.1　由边际函数求总量函数

如果已知边际成本 $C'(x)$，固定成本 C_0，边际收入 $R'(x)$，则总成本函数为

$$C(x)=C_0+\int_0^x C'(x)\mathrm{d}x\ ,$$

总收益函数为

$$R(x)=\int_0^x R'(x)\mathrm{d}x\ ,$$

总利润函数为

$$L(x)=\int_0^x [R'(x)-C'(x)]\mathrm{d}x-C_0\ .$$

例 15　已知生产某产品的边际成本 $C'(x)=2x+36$，固定成本为 500 元，求总成本函数 .

解：总成本为固定成本与可变成本之和，即

$$C'(x)=500+\int_0^x C'(x)\mathrm{d}x=500+\int_0^x (2x+36x)\mathrm{d}x=(x^2+36x)\Big|_0^x+500$$

$$=x^2+36x+500.$$

5.4.2　由边际函数求总量函数的改变量

若边际成本为 $C'(x)$，则在产量 $x=x_0$ 的基础上，多生产 Δx 个单位的产品，所需增加的成本为

$$\Delta C=\int_{x_0}^{x_0+\Delta x} C'(x)\mathrm{d}x\ .$$

例 16　某种产品每天生产 x 单位时的固定成本为 $C_0=80$，边际成本为 $C'(x)=0.6x+20$（元 / 单位），边际收入 $R'(x)=32$（元 / 单位），求：

（1）每天生产多少单位时利润最大？最大利润为多少？

（2）在利润最大时，若多生产 10 个单位产品，总利润有何变化？

解：（1）由 $R'(x)=C'(x)$ 时利润最大，知 $32=0.6x+20$，即 $x=20$ 时利润最大，最大利润为

$$L(20)=\int_0^{20}[R'(x)-C'(x)]\mathrm{d}x-C_0$$
$$=\int_0^{20}[32-0.6x-20]\mathrm{d}x-80=40(\text{元}).$$

（2）$\Delta L=\int_{20}^{30}[R'(x)-C'(x)]\mathrm{d}x=(12x-0.3x^2)\Big|_{20}^{30}=-30(\text{元})$.

即在最大利润时的产量 $x=20$ 单位基础时，再多生产 10 个单位产品，利润将减少 30 元 .

5.4.3 其他经济应用

5.4.3.1 广告策略

例 17 某外贸公司每月销售额是 1 000 000 美元，平均利润是销售额的 10% . 根据公司以往的经验，广告宣传期间月销售额的变化率近似服从 $100\,000\mathrm{e}^{0.02t}$（$t$ 的单位为月）的增长曲线 . 公司现在需要决定是否举行一次总成本为 130 000 美元的广告活动（按公司惯例，对于超过 100 000 美元的广告活动，若新增销售额产生的利润超过广告投资的 10%，才决定做广告）. 按惯例该公司是否应该做此广告?

解：一年的总销售额为

$$\int_0^{12}1000\,000\mathrm{e}^{0.02t}\mathrm{d}t=\frac{1000\,000\mathrm{e}^{0.02t}}{0.02}\Bigg|_0^{12}$$
$$=50\,000\,000(\mathrm{e}^{0.24}-1)\approx 156\,000(\text{美元}).$$

所以新增销售额产生的利润是

$$10\%\times(13\,560\,000-12\times 1\,000\,000)=156\,000(\text{美元})\ .$$

而广告所产生的实际利润为

$$156\,000-130\,000=26\,000>130\,000\times 10\%\ .$$

因此公司该做此广告 .

5.4.3.2 国民收入分配

我们先给出如图 5-7 所示的劳伦茨（M.O. Lorenz）曲线 . 其中的横轴 OH 表示人口（由收入从低到高分组）的累积百分比，纵轴 OM 表示收入的累积百分比 .

当收入完全相等时，人口累积百分比等于收入累积百分比，劳伦茨曲线为过原点、倾角为 45° 的直线；当收入完全不平等时，极少部分（如 1%）的人口却占有几乎全部（100%）的收入，劳伦茨曲线为折线 OHL .

实际上，一个国家的收入分配，既不会是完全平等，也不会是完全不平等，而是介于两者之间，即劳伦茨曲线是图 5–7 中位于完全平等线与完全不平等线之间的凹曲线 ODL . 显然，劳伦茨曲线与完全平等线的偏离程度的大小［图 5–7 中阴影部分的面积 $ODLO$（A）］，决定了该国国民收入分配不平等的程度 .

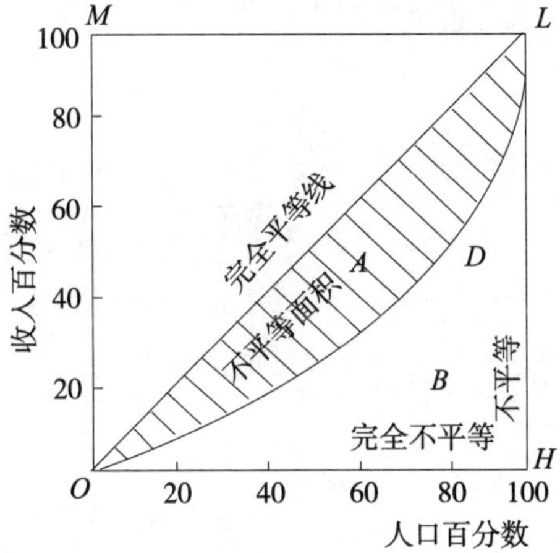

图 5–7

横轴 OH 为 x 轴，纵轴 OM 为 y 轴，假定某国某一时期国民收入分配的劳伦茨曲线用 $y = f(x)$ 表示，则

$$\begin{aligned} A &= ODLO\text{所围成的面积} \\ &= \int_0^1 [x - f(x)]\mathrm{d}x \\ &= \frac{1}{2}x^2\Big|_0^1 - \int_0^1 f(x)\mathrm{d}x \\ &= \frac{1}{2} - \int_0^1 f(x)\mathrm{d}x. \end{aligned}$$

不平等面积 A 所占最大不平等面积 $(A+B)$ 的比例 $\dfrac{A}{A+B}$ 表示一个国家国民收入在国民之间分配的不平等程度 . 在经济学上，A 称为基尼（Gini）系数，记作 G . 显然，$G=0$ 时，是完全平等情形；$G=1$ 时，是完全不平等情形 .

综合以上，基尼系数可按如下公式计算：

$$G=\frac{A}{A+B}=\frac{\frac{1}{2}-\int_0^1 f(x)\mathrm{d}x}{\frac{1}{2}}=1-2\int_0^1 f(x)\mathrm{d}x\ .$$

例 18 某国某年的劳伦茨曲线近似地由 $y=x^2$，$x\in[0,1]$ 表示，试求该国的基尼系数 .

解：因为

$$A=\frac{1}{2}-\int_0^1 f(x)\mathrm{d}x=\frac{1}{2}-\int_0^1 x^2\mathrm{d}x=\frac{1}{2}-\frac{x^3}{3}\bigg|_0^1=\frac{1}{2}-\frac{1}{3}=\frac{1}{6}\,,$$

所以

$$G=\frac{A}{A+B}=\frac{\frac{1}{6}}{\frac{1}{2}}=\frac{1}{3}\ .$$

第 6 章　经济数学中的线性代数

在现代管理中，有许多实际问题都可归结为解线性方程组，而矩阵是研究线性方程组解的有力工具，随着现代计算技术的发展，线性代数[①]在经济管理、自然科学、工程技术和生产实际中的作用日趋显著．

6.1　矩阵及其运算

6.1.1　矩阵的概念

6.1.1.1　矩阵的定义

定义 1　将形如$A=\begin{pmatrix} a_{11} & a_{12} & \cdots & a_{1n} \\ a_{21} & a_{22} & \cdots & a_{2n} \\ \vdots & \vdots & & \vdots \\ a_{m1} & a_{m2} & \cdots & a_{mn} \end{pmatrix}$的矩形数表，称为一个 $m\times n$ 阶矩阵，记为$\boldsymbol{A}=(a_{ij})_{m\times n}$，其中的每一个数称为矩阵的元素，矩阵的元素 a_{ij} 的第一个下标 i 表示该元素所在的行，第二个下标 j 表示矩阵所在的列，a_{ij} 是位于第 i 行第 j 列的元素．

6.1.1.2　特殊的矩阵

（1）n 阶方阵：行数与列数相等且都为 n 的矩阵．

（2）对角阵：主对角线以外的元素全为零的方阵，即

---

① 这是一门研究线性关系的数学学科．由于解决问题的复杂性、线性关系的普遍性以及科学技术的推动性，本学科得以迅速发展和应用，学习中要用心体会其中蕴含的数形结合、化归与转换、数学建模等丰富的数学思想方法，有效提升数学素养．

$$\boldsymbol{\Lambda}=\begin{pmatrix}\lambda_1 & & & \\ & \lambda_2 & & \\ & & \ddots & \\ & & & \lambda_n\end{pmatrix}.$$

（3）单位矩阵：主对角线上元素全是 1 的对角阵，记为 $\boldsymbol{I}$，即

$$\boldsymbol{I}=\begin{pmatrix}1 & 0 & \cdots & 0\\ 0 & 1 & & 0\\ \vdots & \vdots & & \vdots\\ 0 & 0 & \cdots & 1\end{pmatrix}.$$

（4）零矩阵：元素全为零的矩阵 .

（5）同型矩阵：行数相等，列数也相等的两个矩阵 .

例如，$\boldsymbol{A}=\begin{pmatrix}3 & -2 & 2 & 0\\ 1 & 3 & 0 & 8\\ 2 & 4 & 6 & 9\end{pmatrix}$，$\boldsymbol{B}=\begin{pmatrix}7 & 4 & -3 & 3\\ 3 & 1 & 0 & 7\\ 6 & 2 & 6 & 9\end{pmatrix}$为同型矩阵 .

6.1.2 矩阵的运算

6.1.2.1 矩阵的加法

定义 2 设有两个 $m\times n$ 矩阵 $\boldsymbol{A}=(a_{ij})$ 和 $\boldsymbol{B}=(b_{ij})$，矩阵 $\boldsymbol{A}$ 与 $\boldsymbol{B}$ 的和记作 $\boldsymbol{A}+\boldsymbol{B}$，规定为

$$\boldsymbol{A}+\boldsymbol{B}=(a_{ij})+(b_{ij})=\begin{pmatrix}a_{11}+b_{11} & a_{12}+b_{12} & \cdots & a_{1n}+b_{1n}\\ a_{21}+b_{21} & a_{22}+b_{22} & \cdots & a_{2n}+b_{2n}\\ \vdots & \vdots & & \vdots\\ a_{m1}+b_{m1} & a_{m2}+b_{m2} & \cdots & a_{mn}+b_{mn}\end{pmatrix}.$$

设矩阵 $\boldsymbol{A}=(a_{ij})$，记 $-\boldsymbol{A}=-(a_{ij})$，称 $-\boldsymbol{A}$ 为矩阵 $\boldsymbol{A}$ 的负矩阵 .

矩阵的加法满足下列运算规律：

（1）交换律 $\boldsymbol{A}+\boldsymbol{B}=\boldsymbol{B}+\boldsymbol{A}$；

（2）结合律 $(\boldsymbol{A}+\boldsymbol{B})+\boldsymbol{C}=\boldsymbol{A}+(\boldsymbol{B}+\boldsymbol{C})$；

（3）零矩阵的特性 $\boldsymbol{A}+\boldsymbol{0}=\boldsymbol{A}$；

（4）负矩阵的特性 $\boldsymbol{A}+(-\boldsymbol{A})=\boldsymbol{0}$.

6.1.2.2 数乘矩阵

定义 3 数 k 与矩阵 $\boldsymbol{A}$ 的乘积记作 $k\boldsymbol{A}$ 或 $\boldsymbol{A}k$，规定为

$$kA = Ak = (ka_{ij}) = \begin{pmatrix} ka_{11} & ka_{12} & \cdots & ka_{1n} \\ ka_{21} & ka_{22} & \cdots & ka_{2n} \\ \vdots & \vdots & & \vdots \\ ka_{m1} & ka_{m2} & \cdots & ka_{mn} \end{pmatrix}.$$

数与矩阵的乘积运算称为数乘运算．

设 $\boldsymbol{A}$、$\boldsymbol{B}$、$\boldsymbol{0}$ 都是同型矩阵，k、l 是常数，则

$1\boldsymbol{A} = \boldsymbol{A}$；$0\boldsymbol{A} = \boldsymbol{0}$；$(kl)\boldsymbol{A} = k(l\boldsymbol{A})$；$(k+l)\boldsymbol{A} = k\boldsymbol{A} + l\boldsymbol{A}$；$k(\boldsymbol{A}+\boldsymbol{B}) = k\boldsymbol{A} + k\boldsymbol{B}$．

例 1　已知 $\boldsymbol{A} = \begin{pmatrix} 7 & 4 & -3 & 3 \\ 3 & 1 & 0 & 7 \\ 6 & 2 & 6 & 9 \end{pmatrix}$，$\boldsymbol{B} = \begin{pmatrix} 3 & -2 & 2 & 0 \\ 1 & 3 & 0 & 8 \\ 2 & 4 & 6 & 9 \end{pmatrix}$，且 $\boldsymbol{B} + 2\boldsymbol{X} = \boldsymbol{A}$，求矩阵 $\boldsymbol{X}$.

解：由 $\boldsymbol{B} + 2\boldsymbol{X} = \boldsymbol{A}$，得 $2\boldsymbol{X} = \boldsymbol{A} - \boldsymbol{B}$，所以

$$\begin{aligned} X &= \frac{1}{2}(\boldsymbol{A} - \boldsymbol{B}) \\ &= \frac{1}{2}\begin{pmatrix} 7-3 & 4-(-2) & -3-2 & 3-0 \\ 3-1 & 1-3 & 0-0 & 7-8 \\ 6-2 & 2-4 & 6-6 & 9-9 \end{pmatrix} \\ &= \frac{1}{2}\begin{pmatrix} 4 & 6 & -5 & 3 \\ 2 & -2 & 0 & -1 \\ 4 & -2 & 0 & 0 \end{pmatrix} \\ &= \frac{1}{2}\begin{pmatrix} 2 & 3 & -\frac{5}{2} & \frac{3}{2} \\ 1 & -1 & 0 & -\frac{1}{2} \\ 2 & -1 & 0 & 0 \end{pmatrix}. \end{aligned}$$

6.1.2.3　矩阵的乘法

定义 4

设 $\boldsymbol{A} = (a_{ij})_{m\times s} = \begin{pmatrix} a_{11} & a_{12} & \cdots & a_{1s} \\ a_{21} & a_{22} & \cdots & a_{2s} \\ \vdots & \vdots & & \vdots \\ a_{m1} & a_{m2} & \cdots & a_{ms} \end{pmatrix}$，$\boldsymbol{B} = (b_{ij})_{s\times n} = \begin{pmatrix} b_{11} & b_{12} & \cdots & b_{1n} \\ b_{21} & b_{22} & \cdots & b_{2n} \\ \vdots & \vdots & & \vdots \\ b_{s1} & b_{s2} & \cdots & b_{sn} \end{pmatrix}$.

矩阵 $\boldsymbol{A}$ 与矩阵 $\boldsymbol{B}$ 的乘积记作 $\boldsymbol{AB}$，规定为

$$AB=(c_{ij})_{m\times n}=\begin{pmatrix} c_{11} & c_{12} & \cdots & c_{1n} \\ c_{21} & c_{22} & \cdots & c_{2n} \\ \vdots & \vdots & & \vdots \\ c_{m1} & c_{m2} & \cdots & c_{mn} \end{pmatrix}.$$

其中 $c_{ij}=a_{i1}b_{1j}+a_{i2}b_{2j}+\cdots+a_{is}b_{sj}=\sum_{k=1}^{s}a_{ik}b_{kj}, i=1,2,\cdots,m; j=1,2,\cdots,n$.

矩阵的乘法满足下列运算规律（假定运算都是可行的）：

（1）$(AB)C=A(BC)$；

（2）$(A+B)C=AC+BC$；

（3）$C(A+B)=CA+CB$；

（4）$k(AB)=(kA)B=A(kB)$；

（5）$IA=AI=A$.

例 2 设 $A=(2,0,4)$，$B=\begin{pmatrix}1\\0\\2\end{pmatrix}$，$A$ 是一个 1×3 矩阵，B 是 3×1 矩阵，因此 AB 有意义，BA 也有意义；但

$$AB=(2,0,4)\begin{pmatrix}1\\2\\0\end{pmatrix}=(2\times1+0\times2+4\times0)=(2).$$

$$BA=\begin{pmatrix}1\\2\\0\end{pmatrix}(2,0,4)=\begin{pmatrix}1\times2 & 1\times0 & 1\times4\\ 2\times2 & 2\times0 & 2\times4 \\ 0\times2 & 0\times0 & 0\times4\end{pmatrix}=\begin{pmatrix}2&0&4\\4&0&8\\0&0&0\end{pmatrix}.$$

6.1.2.4 矩阵的转置

定义 5 把矩阵 A 的行换成同序数的列得到的新矩阵，称为 A 的转置矩阵，记作 A^{T}（或 A'），即

$$A=\begin{pmatrix} a_{11} & a_{12} & \cdots & a_{1n} \\ a_{21} & a_{22} & \cdots & a_{2n} \\ \vdots & \vdots & & \vdots \\ a_{m1} & a_{m2} & \cdots & a_{mn} \end{pmatrix},$$

则

$$A^{\mathrm{T}}=\begin{pmatrix} a_{11} & a_{12} & \cdots & a_{m1} \\ a_{21} & a_{22} & \cdots & a_{m2} \\ \vdots & \vdots & & \vdots \\ a_{1n} & a_{2n} & \cdots & a_{mn} \end{pmatrix}.$$

矩阵的转置满足以下运算规律（假设运算都是可行的）：

（1）$(\boldsymbol{A}^{\mathrm{T}})^{\mathrm{T}}=\boldsymbol{A}$；（2）$(\boldsymbol{A}+\boldsymbol{B})^{\mathrm{T}}=\boldsymbol{A}^{\mathrm{T}}+\boldsymbol{B}^{\mathrm{T}}$；

（3）$(k\boldsymbol{A})^{\mathrm{T}}=k\boldsymbol{A}^{\mathrm{T}}$；（4）$(\boldsymbol{AB})^{\mathrm{T}}=\boldsymbol{B}^{\mathrm{T}}\boldsymbol{A}^{\mathrm{T}}$.

定义 6　设方阵 $\boldsymbol{A}=(a_{ij})_{n\times n}$，规定 $\boldsymbol{A}^k$ 称为 $\boldsymbol{A}$ 的 k 次幂，即

$$\boldsymbol{A}^k=\overbrace{\boldsymbol{AA}\cdots\boldsymbol{A}}^{k}，\ k\text{为自然数，}$$

规定 $\boldsymbol{A}_0=1$.

方阵的幂满足以下运算规律（假设运算都是可行的）：

（1）$\boldsymbol{A}^m\boldsymbol{A}^n=\boldsymbol{A}^{m+n}$（$m$、$n$ 是自然数）；（2）$(\boldsymbol{A}^m)^n=\boldsymbol{A}^{mn}$.

注：一般来说，$(\boldsymbol{AB})^m\neq\boldsymbol{A}^m\boldsymbol{B}^m$.

6.1.3　矩阵的秩

6.1.3.1　矩阵的初等行变换及阶梯形矩阵

定义 7　对矩阵 $\boldsymbol{A}$ 施行的下列三种变换称为 $\boldsymbol{A}$ 的初等行变换 .

（1）对换变换：交换 $\boldsymbol{A}$ 的第 i 行与第 j 行，记作 $r_i\leftrightarrow r_j$；

（2）倍乘变换：用一个非零实数 c 乘 $\boldsymbol{A}$ 的第 i 行，即用该数乘该行的每个元素，所得各数按原来次序作为同一行的元素，记作 $r_i\bullet c$；

（3）倍加变换：用一实数 c 乘 $\boldsymbol{A}$ 的第 j 行后，再加到 $\boldsymbol{A}$ 的第 i 行上，记作 $r_i+r_j\bullet c$.

定义 8　如果矩阵满足以下条件，那么称这样的矩阵为阶梯形矩阵 .

（1）各行第一个非零元素所在的列数严格增大，也就是首个非零元素之前的零元素个数随行的序数增多而严格增多；

（2）如果有零行，零行在最下方 .

例如，下列矩阵都是阶梯形矩阵（$\otimes$ 表示非零元素，$\times$ 表示零或非零元素）：

$$\begin{pmatrix} 1 & 2 & 2 & 0 & 0 \\ 0 & -3 & 2 & 0 & 2 \\ 0 & 0 & 0 & -3 & 1 \end{pmatrix}, \begin{pmatrix} 1 & 0 & 0 & 0 \\ 0 & 1 & 0 & 0 \\ 0 & 0 & 0 & 1 \end{pmatrix}, \begin{pmatrix} \otimes & \times & \times & \times & \times & \times & \times \\ 0 & \otimes & \times & \times & \times & \times & \times \\ 0 & 0 & 0 & \otimes & \times & \times & \times \\ 0 & 0 & 0 & 0 & 0 & 0 & \otimes \\ 0 & 0 & 0 & 0 & 0 & 0 & 0 \end{pmatrix}.$$

定义 9　对于阶梯形矩阵，若非零行的第一个非零元素都为 1，且这些非零元素所在的列的其他元素都为 0，则称该矩阵为行最简形阶梯阵 .

例如

$\begin{pmatrix} 1 & 2 & 0 & 6 \\ 0 & 0 & 1 & -3 \\ 0 & 0 & 0 & 0 \end{pmatrix}$是行最简形阶梯阵；$\begin{pmatrix} 1 & 0 & 0 & -1 \\ 0 & 4 & 0 & 2 \\ 0 & 0 & 1 & -1 \\ 0 & 0 & 0 & 0 \end{pmatrix}$不是行最简形阶梯阵；$\begin{pmatrix} 1 & 0 & 2 & 0 \\ 0 & 1 & 0 & 0 \\ 0 & 0 & 1 & 0 \\ 0 & 0 & 0 & 1 \end{pmatrix}$不是行最简形阶梯阵 .

定理 1　任意矩阵 $\boldsymbol{A}$ 均可经有限次初等行变换化为阶梯形矩阵，进而化为行最简形阶梯阵 .

略去此定理的一般证明，用一个具体实例来说明定理的结论 .

例 3　把矩阵 $A=\begin{pmatrix} 1 & 2 & 3 & 4 \\ 1 & -2 & 4 & 5 \\ 1 & 10 & 1 & 2 \end{pmatrix}$ 化为阶梯形，并求 $\boldsymbol{A}$ 的行最简形阶梯阵 .

解：

$$\boldsymbol{A}=\begin{pmatrix} 1 & 2 & 3 & 4 \\ 1 & -2 & 4 & 5 \\ 1 & 10 & 1 & 2 \end{pmatrix} \xrightarrow[r_3-r]{r_2-r_1} \begin{pmatrix} 1 & 2 & 3 & 4 \\ 0 & -4 & 1 & 1 \\ 0 & 8 & -2 & -2 \end{pmatrix} \xrightarrow{r_3+r_2\cdot 2} \begin{pmatrix} 1 & 2 & 3 & 4 \\ 0 & -4 & 1 & 1 \\ 0 & 0 & 0 & 0 \end{pmatrix}.$$

此即 $\boldsymbol{A}$ 的一个阶梯形矩阵，接着对上式进行初等行变换，即

$$\boldsymbol{A} \xrightarrow{\left(-\frac{1}{4}\right)\cdot r_2} \begin{pmatrix} 1 & 2 & 3 & 4 \\ 0 & 1 & -\frac{1}{4} & -\frac{1}{4} \\ 0 & 0 & 0 & 0 \end{pmatrix} \xrightarrow{r_1+(-2)\cdot 2} \begin{pmatrix} 1 & 0 & \frac{7}{2} & \frac{9}{2} \\ 0 & 1 & -\frac{1}{4} & -\frac{1}{4} \\ 0 & 0 & 0 & 0 \end{pmatrix}.$$

6.1.3.2　矩阵的秩

定义 10　阶梯形矩阵 $\boldsymbol{A}$ 中非零行的个数称为矩阵 $\boldsymbol{A}$ 的秩，记作 $r(\boldsymbol{A})$.

例如，例 3 的矩阵通过初等行变换化成的阶梯形矩阵有两个非零行，因此 $r(\boldsymbol{A})=2$.

例 4　已知矩阵 $\boldsymbol{A}=\begin{pmatrix}1&1&1&-1\\-1&-1&2&3\\2&2&5&0\end{pmatrix}$，求 $r(\boldsymbol{A})$.

解：

$$\boldsymbol{A}=\begin{pmatrix}1&1&1&-1\\-1&-1&2&3\\2&2&5&0\end{pmatrix}\xrightarrow{r_2+r_1}\begin{pmatrix}1&1&1&-1\\-1&-1&3&2\\2&2&5&0\end{pmatrix}\xrightarrow{r_3+(-2)\cdot r_1}\begin{pmatrix}1&1&1&-1\\0&0&3&2\\0&0&3&2\end{pmatrix}$$

$$\xrightarrow{r_3+(-1)\cdot r_2}\begin{pmatrix}1&1&1&-1\\0&0&3&2\\0&0&0&0\end{pmatrix}.$$

因为最后一个是阶梯形矩阵，它有两个非零行，故 $r(\boldsymbol{A})=2$.

6.1.4　逆矩阵

6.1.4.1　逆矩阵的定义

在数学中，几乎每一种运算都伴随着一种逆运算，那么矩阵的乘法是否也有逆运算呢？我们知道，算术中乘法的逆运算是除法，那么两个矩阵是否可以相除呢？由于矩阵的乘法不可交换，所以我们无法直接定义矩阵的除法，但是依照数的关系 $b\cdot\frac{1}{b}=1$，可以考虑定义一个矩阵 $\boldsymbol{A}$ 的相当于数的倒数的对应矩阵 $\boldsymbol{A}^{-1}$，也就是 $\boldsymbol{A}$ 的逆矩阵 .

定义 11　设 $\boldsymbol{A}$ 是 n 阶方阵，若存在 n 阶矩阵 $\boldsymbol{B}$，使 $\boldsymbol{AB}=\boldsymbol{BA}=\boldsymbol{I}$，则称 $\boldsymbol{A}$ 是可逆的，或说 $\boldsymbol{A}$ 是可逆矩阵，而 $\boldsymbol{B}$ 称为 $\boldsymbol{A}$ 的逆矩阵，记为 $\boldsymbol{B}=\boldsymbol{A}^{-1}$.

容易证明，逆矩阵具有下列性质：

（1）如果 $\boldsymbol{A}$ 可逆，则其逆矩阵是唯一的；

（2）$(\boldsymbol{A}^{-1})^{-1}=\boldsymbol{A}$；

（3）若 $\boldsymbol{A}$ 可逆，$k\neq 0$，则 $k\boldsymbol{A}$ 可逆，且 $(k\boldsymbol{A})^{-1}=\frac{1}{k}\boldsymbol{A}^{-1}$；

（4）$(\boldsymbol{A}^{-1})^{\mathrm{T}}=(\boldsymbol{A}^{\mathrm{T}})^{-1}$；

（5）$(\boldsymbol{AB})^{-1}=\boldsymbol{B}^{-1}\boldsymbol{A}^{-1}$.

性质（5）可以推广到任意一个矩阵相乘的情形，即 $(\boldsymbol{A}_1\cdots\boldsymbol{A}_n)^{-1}=\boldsymbol{A}_n^{-1}\cdots\boldsymbol{A}_1^{-1}$.

6.1.4.2 逆矩阵的运算

定理 2 n 阶方阵 $\boldsymbol{A}$ 可逆的充要条件是 $r(\boldsymbol{A})=n$.

推论 1 可逆矩阵经过一系列初等行变换必可化为单位矩阵 $\boldsymbol{I}$.

定理 3 如果用一系列初等行变换将方阵 $\boldsymbol{A}$ 化为单位矩阵 $\boldsymbol{I}$，则用同样的初等行变换作用于 $\boldsymbol{I}$，就能将 $\boldsymbol{I}$ 化为 $\boldsymbol{A}$ 的逆矩阵 . 即 $(\boldsymbol{A}\mid\boldsymbol{I})\xrightarrow{\text{初等行变换}}(\boldsymbol{I}\mid\boldsymbol{A}^{-1})$.

例 5 已知矩阵 $\boldsymbol{A}=\begin{pmatrix}0&1&2\\1&1&4\\2&-1&0\end{pmatrix}$，判断 $\boldsymbol{A}$ 是否可逆，如果可逆，求逆矩阵 $\boldsymbol{A}^{-1}$.

解：

$$(\boldsymbol{A}\mid\boldsymbol{I}_3)=\left(\begin{array}{ccc|ccc}0&1&2&1&0&0\\1&1&4&0&1&0\\2&-1&0&0&0&1\end{array}\right)\xrightarrow{r_1\leftrightarrow r_2}\left(\begin{array}{ccc|ccc}1&1&4&0&1&0\\0&1&2&1&0&0\\2&-1&0&0&0&1\end{array}\right)$$

$$\xrightarrow{r_3-r_1\cdot 2}\left(\begin{array}{ccc|ccc}1&1&4&0&1&0\\0&1&2&1&0&0\\0&-3&-8&0&-2&1\end{array}\right)\xrightarrow{r_3-r_2\cdot 3}\left(\begin{array}{ccc|ccc}1&1&4&0&1&0\\0&1&2&1&0&0\\0&0&-2&3&-2&1\end{array}\right)$$

$$\xrightarrow{r_3\cdot(-\frac{1}{2})}\left(\begin{array}{ccc|ccc}1&1&4&0&1&0\\0&1&2&1&0&0\\0&0&1&-\frac{3}{2}&1&-\frac{1}{2}\end{array}\right)\xrightarrow[r_1-r_3\cdot 4]{r_2-r_3\cdot 2}\left(\begin{array}{ccc|ccc}1&1&0&6&-3&2\\0&1&0&4&-2&1\\0&0&1&-\frac{3}{2}&1&-\frac{1}{2}\end{array}\right)$$

$$\xrightarrow{r_1-r_2}\left(\begin{array}{ccc|ccc}1&0&0&2&-1&1\\0&1&0&4&-2&1\\0&0&1&-\frac{3}{2}&1&-\frac{1}{2}\end{array}\right).$$

因此 $\boldsymbol{A}$ 可逆，且

$$\boldsymbol{A}^{-1}=\begin{pmatrix}2&-1&1\\4&-2&1\\-\frac{3}{2}&1&-\frac{1}{2}\end{pmatrix}.$$

6.1.4.3　逆矩阵的应用

对于矩阵方程 $\boldsymbol{AX}=\boldsymbol{B}$，如果 $\boldsymbol{A}$ 可逆，将方程两边同时左乘 $\boldsymbol{A}^{-1}$，便可得到它的解为 $\boldsymbol{X}=\boldsymbol{A}^{-1}-\boldsymbol{B}$；对于矩阵方程 $\boldsymbol{XA}=\boldsymbol{B}$，如果 $\boldsymbol{A}$ 可逆，将方程两边同时右乘 $\boldsymbol{A}^{-1}$，便可得到 它的解为 $\boldsymbol{X}=\boldsymbol{BA}^{-1}$；对于矩阵方程 $\boldsymbol{AXB}=\boldsymbol{C}$，如果 $\boldsymbol{A}$、$\boldsymbol{B}$ 均可逆，将方程两边同时左乘 $\boldsymbol{A}^{-1}$，再右乘 $\boldsymbol{B}^{-1}$，便可得到它的解为 $\boldsymbol{X}=\boldsymbol{A}^{-1}\boldsymbol{C}\boldsymbol{B}^{-1}$.

例 6　求矩阵方程 $\boldsymbol{AX}=\boldsymbol{B}$，其中 $\boldsymbol{A}=\begin{pmatrix}0&1&2\\1&1&4\\2&1&0\end{pmatrix}$，$\boldsymbol{B}=\begin{pmatrix}1\\1\\0\end{pmatrix}$.

解：由例 5 可知 $\boldsymbol{A}^{-1}=\begin{pmatrix}2&-1&1\\4&-2&1\\-\frac{3}{2}&1&-\frac{1}{2}\end{pmatrix}$，于是方程组的解为

$$\boldsymbol{X}=\boldsymbol{A}^{-1}\boldsymbol{B}=\begin{pmatrix}2&-1&1\\4&-2&1\\-\frac{3}{2}&1&-\frac{1}{2}\end{pmatrix}\begin{pmatrix}1\\1\\0\end{pmatrix}=\begin{pmatrix}\frac{1}{2}\\-\frac{1}{2}\end{pmatrix}$$

另外，解矩阵方程还可利用初等行（列）变换方法直接来求，有兴趣的读者可参考其他书籍 .

6.2　n 维向量及线性相关性

在实际问题中，有许多研究的对象要用 n 元有序数组来表示 . 如平面直角坐标系中点的坐标，某工程一年 12 个月的用料情况等，就分别要用到二元和十二元的有序数组 .

定义 12　把有顺序的 n 个数 a_1，$a_2,\cdots$，a_n 称为一个 n 维向量，记作

$$\boldsymbol{\alpha}=\begin{pmatrix}a_1\\a_2\\\vdots\\a_n\end{pmatrix},$$

其中，$a_i(i=1,2,\cdots,n)$ 称为 n 维向量的第 i 个分量 .

例如，矩阵$A=\begin{pmatrix}2&1&3&5\\3&2&-4&0\\1&0&7&1\end{pmatrix}$中每一列都可以看作三维向量：

$$\begin{pmatrix}2\\3\\1\end{pmatrix},\ \begin{pmatrix}1\\2\\0\end{pmatrix},\ \begin{pmatrix}3\\4\\7\end{pmatrix},\ \begin{pmatrix}5\\0\\1\end{pmatrix},$$

称其为矩阵A的列向量.同时矩阵A中的每一行也都可以看作四维向量：

$\begin{pmatrix}2&1&3&5\end{pmatrix}$，$\begin{pmatrix}3&2&-4&0\end{pmatrix}$，$\begin{pmatrix}1&0&7&1\end{pmatrix}$，称其为矩阵$A$的行向量.

显然，向量就是矩阵的一种特殊情形.

定义 13 对于向量$\boldsymbol{\beta}$，$\boldsymbol{\alpha}_1$，$\boldsymbol{\alpha}_2,\cdots$，$\boldsymbol{\alpha}_m$，如果有一组数$k_1$，$k_2,\cdots$，$k_m$使得：

$$\boldsymbol{\beta}=\boldsymbol{\alpha}_1k_1+\boldsymbol{\alpha}_2k_2+\cdots+\boldsymbol{\alpha}_mk_m,$$

则称$\boldsymbol{\beta}$是$\boldsymbol{\alpha}_1$，$\boldsymbol{\alpha}_2,\cdots$，$\boldsymbol{\alpha}_m$的线性组合，或称$\boldsymbol{\beta}$可由$\boldsymbol{\alpha}_1$，$\boldsymbol{\alpha}_2,\cdots$，$\boldsymbol{\alpha}_m$线性表示，且称这组数$k_1$，$k_2,\cdots$，$k_m$为组合系数.

例如，向量$\begin{pmatrix}-2\\1\end{pmatrix}$是向量$\begin{pmatrix}1\\0\end{pmatrix}$和$\begin{pmatrix}0\\1\end{pmatrix}$的线性组合，因为有一组数-2、1，使

$$-2\begin{pmatrix}1\\0\end{pmatrix}+\begin{pmatrix}0\\1\end{pmatrix}=\begin{pmatrix}-2\\1\end{pmatrix}.$$

定义 14 对于向量组$\boldsymbol{\alpha}_1$，$\boldsymbol{\alpha}_2,\cdots$，$\boldsymbol{\alpha}_m$，若存在$m$个不全为零的数$k_1$，$k_2,\cdots$，$k_m$使

$$\boldsymbol{\beta}=\boldsymbol{\alpha}_1k_1+\boldsymbol{\alpha}_2k_2+\cdots+\boldsymbol{\alpha}_mk_m=0,$$

则称向量组$\boldsymbol{\alpha}_1$，$\boldsymbol{\alpha}_2,\cdots$，$\boldsymbol{\alpha}_m$线性相关；否则称向量组$\boldsymbol{\alpha}_1$，$\boldsymbol{\alpha}_2,\cdots$，$\boldsymbol{\alpha}_m$线性无关.

例如，对于向量组$\begin{pmatrix}0\\1\end{pmatrix}$，$\begin{pmatrix}1\\0\end{pmatrix}$，$\begin{pmatrix}2\\-1\end{pmatrix}$，存在一组不全为零的数-1、2、-1，使$-\begin{pmatrix}0\\1\end{pmatrix}+2\begin{pmatrix}1\\0\end{pmatrix}-\begin{pmatrix}2\\-1\end{pmatrix}=0$，所以向量组$\begin{pmatrix}0\\1\end{pmatrix}$，$\begin{pmatrix}1\\0\end{pmatrix}$，$\begin{pmatrix}2\\-1\end{pmatrix}$线性相关.

又例如$\begin{pmatrix}1\\0\end{pmatrix}$，$\begin{pmatrix}0\\1\end{pmatrix}$称为单位向量组，对于任意一组不全为零的数$k_1$、$k_2$，使$k_1\begin{pmatrix}1\\0\end{pmatrix}+k_2\begin{pmatrix}0\\1\end{pmatrix}=\begin{pmatrix}k_1\\k_2\end{pmatrix}\neq 0$.

所以向量组$\begin{pmatrix}1\\0\end{pmatrix}$，$\begin{pmatrix}0\\1\end{pmatrix}$线性无关.

定义 15 若向量组A中的部分向量组$\boldsymbol{\alpha}_1$，$\boldsymbol{\alpha}_2,\cdots$，$\boldsymbol{\alpha}_r$，满足：

（1）$\boldsymbol{\alpha}_1, \boldsymbol{\alpha}_2, \cdots, \boldsymbol{\alpha}_r$ 线性无关；

（2）A 中的每一个向量都可以由 $\boldsymbol{\alpha}_1, \boldsymbol{\alpha}_2, \cdots, \boldsymbol{\alpha}_r$ 线性表示，

则称部分向量组 $\boldsymbol{\alpha}_1, \boldsymbol{\alpha}_2, \cdots, \boldsymbol{\alpha}_r$ 为向量组 $\boldsymbol{A}$ 的一个极大无关组 .

可以证明：对于一个向量组，其极大无关组不是唯一的，但是所有极大无关组所含向量个数都相同 .

定义 16　对于向量组 $\boldsymbol{A}$，其极大无关组所含向量个数称为向量组 A 的秩 .

利用定义求向量组的秩是比较困难的 . 但是，可以利用矩阵与列向量组之间的关系，把求向量组的秩的问题转化为求矩阵的秩 . 这是因为：

定理 4　矩阵 $\boldsymbol{A}$ 的秩等于矩阵 $\boldsymbol{A}$ 列向量组的秩，也等于矩阵 $\boldsymbol{A}$ 行向量组的秩 .

定理 5　向量组线性相关性的判定定理：

（1）n 维向量组 $\boldsymbol{\alpha}_1, \boldsymbol{\alpha}_2, \cdots, \boldsymbol{\alpha}_m$ 线性无关的充要条件是 $r(\boldsymbol{\alpha}_1, \boldsymbol{\alpha}_2, \cdots, \boldsymbol{\alpha}_m) = m$；

（2）n 维向量组 $\boldsymbol{\alpha}_1, \boldsymbol{\alpha}_2, \cdots, \boldsymbol{\alpha}_m$ 线性相关的充要条件是 $r(\boldsymbol{\alpha}_1, \boldsymbol{\alpha}_2, \cdots, \boldsymbol{\alpha}_m) < m$.

例 7　设向量组

$$\boldsymbol{\alpha}_1 = \begin{pmatrix} 1 \\ 0 \\ 1 \\ 0 \end{pmatrix}, \quad \boldsymbol{\alpha}_2 = \begin{pmatrix} 1 \\ 1 \\ 0 \\ 0 \end{pmatrix}, \quad \boldsymbol{\alpha}_3 = \begin{pmatrix} 2 \\ 1 \\ 1 \\ 0 \end{pmatrix}, \quad \boldsymbol{\alpha}_4 = \begin{pmatrix} 1 \\ 0 \\ 2 \\ 1 \end{pmatrix},$$

计算向量组的秩，并判断其是否线性相关，如果相关，写出其一个极大无关组 .

解： 作矩阵 $\boldsymbol{A} = (\boldsymbol{\alpha}_1 \quad \boldsymbol{\alpha}_2 \quad \boldsymbol{\alpha}_3 \quad \boldsymbol{\alpha}_4)$，用初等行变换求 $\boldsymbol{A}$ 的秩，即

$$\boldsymbol{A} = \begin{pmatrix} 1 & 1 & 2 & 1 \\ 0 & 1 & 1 & 0 \\ 1 & 0 & 1 & 2 \\ 0 & 0 & 0 & 1 \end{pmatrix} \xrightarrow{r_1+(-2)\cdot r_2} \begin{pmatrix} 1 & 1 & 2 & 1 \\ 0 & 1 & 1 & 0 \\ 0 & -1 & -1 & 1 \\ 0 & 0 & 0 & 1 \end{pmatrix} \xrightarrow{r_3+r_2} \begin{pmatrix} 1 & 1 & 2 & 1 \\ 0 & 1 & 1 & 0 \\ 0 & 0 & 0 & 1 \\ 0 & 0 & 0 & 1 \end{pmatrix}$$

$$\xrightarrow{r_1+(-2)\cdot r_2} \begin{pmatrix} 1 & 1 & 2 & 1 \\ 0 & 1 & 1 & 0 \\ 0 & 0 & 0 & 1 \\ 0 & 0 & 0 & 1 \end{pmatrix}.$$

显然 $r(\boldsymbol{\alpha}_1, \boldsymbol{\alpha}_2, \cdots, \boldsymbol{\alpha}_m) = 3$，又因为 $r(\boldsymbol{\alpha}_1, \boldsymbol{\alpha}_2, \cdots, \boldsymbol{\alpha}_m) = 3 < 4$，所以该向量组线性相关 . 它的一个极大无关组为 $\{\boldsymbol{\alpha}_1, \boldsymbol{\alpha}_2, \boldsymbol{\alpha}_4\}$.

6.3 线性方程组解的判定

6.3.1 n元线性方程组

6.3.1.1 n元线性方程组的矩阵表示法

设线性方程组的一般形式为

$$\begin{cases} a_{11}x_1 + a_{12}x_2 + \cdots + a_{1n}x_n = b_1, \\ a_{21}x_1 + a_{22}x_2 + \cdots + a_{2n}x_n = b_2, \\ \qquad \vdots \\ a_{m1}x_1 + a_{m2}x_2 + \cdots + a_{mn}x_n = b_m. \end{cases} \quad *$$

其中，x_1，x_2,⋯，x_n 表示未知量，$a_{ij}(i=1,2,\cdots，m;\ j=1,2,\cdots，n)$ 表示未知量的系数，b_1，b_2,⋯，b_m 表示常数项 .

当 $b_i(i=1,2,\ldots，m)$ 不全为零时，该方程组（*）称为非齐次线性方程组或一般线性方程组 . 当 $b_i(i=1,2,\ldots，m)$ 全为零时，该方程组（*）称为齐次线性方程组 .

若令

$$\boldsymbol{A}=\begin{pmatrix} a_{11} & a_{12} & \cdots & a_{1n} \\ a_{21} & a_{22} & \cdots & a_{2n} \\ \vdots & \vdots & & \vdots \\ a_{m1} & a_{m2} & \cdots & a_{mn} \end{pmatrix}，\boldsymbol{X}=\begin{pmatrix} x_1 \\ x_2 \\ \vdots \\ x_n \end{pmatrix}，\boldsymbol{B}=\begin{pmatrix} b_1 \\ b_2 \\ \vdots \\ b_m \end{pmatrix}，$$

则根据矩阵乘法，方程组（*）可以表示为矩阵方程

$$\boldsymbol{AX}=\boldsymbol{B}\ .$$

其中，$\boldsymbol{A}$ 称为方程组（*）的系数矩阵，$\boldsymbol{X}$ 称为未知矩阵，$\boldsymbol{B}$ 称为常数项矩阵 .

方程组（*）的系数与常数项组成的矩阵

$$\widetilde{\boldsymbol{A}}=\left(\begin{array}{cccc|c} a_{11} & a_{12} & a_{12} & a_{1n} & b_1 \\ a_{21} & a_{22} & \cdots & a_{2n} & b_2 \\ \vdots & \vdots & & \vdots & \vdots \\ a_{m1} & a_{m1} & \cdots & a_{mn} & b_m \end{array}\right)$$

称为方程组（*）的增广矩阵 .

6.3.1.2 高斯消元法

高斯消元法是解二元或三元一次方程组常用的方法，将其运用到 n 元线性方程组中也是有效的 . 它的基本思想就是把方程组中的一部分方程变成未知量较少的方程，从而求解 . 也就是通过对方程组进行同解变形来实现的 . 而对方程组进行同解变形实际上就是对方程组的系数和常数项进行变换 . 下面在用消元法解方程组时，对照观察线性方程组的增广矩阵的相应变化：

$$\begin{cases} 2x_1 - x_2 = -3, \\ x_1 + 3x_2 = 2. \end{cases}$$

首先，交换第 1 个方程与第 2 个方程，得

$$\begin{cases} x_1 + 3x_2 = 2, \\ 2x_1 - x_2 = -3. \end{cases}$$

将第 1 个方程的 −2 倍加到第 2 个方程中，得

$$\begin{cases} x_1 + 3x_2 = 2, \\ \quad -7x_2 = -7. \end{cases}$$

将第 2 个方程两边乘 $-\dfrac{1}{7}$，得

$$\begin{cases} x_1 + 3x_2 = 2, \\ x_2 = 1. \end{cases}$$

将第 2 个方程的 −3 倍加到第 1 个方程中，得

$$\begin{cases} x_1 = -1, \\ x_2 = 1. \end{cases}$$

上式即为此线性方程组的唯一解 .

从上例中可以看出，对线性方程组作同解变换，只是使系数和常数项改变，而未知量的记号不会改变，因此，在求解过程中，必需写出未知量的记号，只需写出由系数和常数项构成的增广矩阵即可，这时上面的求解过程可以表示为矩阵的初等行变换形式 .

$$\widetilde{A} = \left(\begin{array}{cc|c} 2 & -1 & -3 \\ 1 & 3 & 2 \end{array}\right) \xrightarrow{r_1 \leftrightarrow r_2} \left(\begin{array}{cc|c} 1 & 3 & 2 \\ 2 & -1 & -3 \end{array}\right) \xrightarrow{r_2 + r_1(-2)} \left(\begin{array}{cc|c} 1 & 3 & 2 \\ 0 & -7 & -7 \end{array}\right) \xrightarrow{r_2(-\frac{1}{7})} \left(\begin{array}{cc|c} 1 & 3 & 2 \\ 0 & 1 & 1 \end{array}\right).$$

至此化为阶梯形矩阵 $\xrightarrow{r_1 + r_2(-3)} \left(\begin{array}{cc|c} 1 & 0 & -1 \\ 0 & 1 & 1 \end{array}\right)$，至此化为行最简形阶梯阵，

它代表线性方程组

$$\begin{cases} 1x_1 + 0x_2 = -1, \\ 0x_1 + 1x_2 = 1. \end{cases}$$

所以此线性方程组的唯一解为

$$\begin{cases} x_1 = -1, \\ x_2 = 1. \end{cases}$$

对比求解过程的两种形式，不难看出：

（1）交换线性方程组中的任意两个方程意味着交换增广矩阵的相应两行；

（2）线性方程组的任意一个方程乘非零常数 k，意味着增广矩阵的相应一行乘非零常数 k；

（3）线性方程组的任意一个方程的常数 k 倍加到另一个方程中，意味着增广矩阵的相应一行的常数 k 倍加到另外相应一行中 .

这说明，对线性方程组作三种同解变换，就相当于对增广矩阵作三种初等行变换 .

上面的求解过程可以推广到一般情况，得到线性方程组 $\boldsymbol{AX}=\boldsymbol{B}$ 的一般解法：

（1）对增广矩阵作若干次初等行变换，化为阶梯形矩阵；

（2）将阶梯形矩阵继续做初等行变换，化为行最简形阶梯阵；

（3）将行最简形阶梯阵还原为线性方程组后，从而得到线性方程组的解 .

这种解方程组的方法称为高斯消元法，简称消元法 .

例 8　解线性方程组

$$\begin{cases} x_1 + x_2 - 2x_3 - x_4 = -1, \\ x_1 + 5x_2 - 3x_3 - 2x_4 = 0, \\ 3x_1 - x_2 + x_3 + 4x_4 = 2, \\ -2x_1 + 2x_2 + x_3 - x_4 = 1. \end{cases}$$

解：先写出增广矩阵，再用初等行变换将其逐步化成阶梯形矩阵，即

$$\widetilde{\boldsymbol{A}} = \left(\begin{array}{cccc:c} 1 & 1 & -2 & -1 & -1 \\ 1 & 5 & -3 & -2 & 0 \\ 3 & 1 & 1 & 4 & 2 \\ -2 & 2 & 1 & -1 & 1 \end{array}\right) \xrightarrow[r_4+r_1\cdot 2]{\substack{r_2+r_1\cdot(-1) \\ r_3+r_1\cdot(-3)}} \left(\begin{array}{cccc:c} 1 & 1 & -2 & -1 & -1 \\ 0 & 4 & -1 & -1 & 1 \\ 0 & -4 & 7 & 7 & 5 \\ 0 & 4 & -3 & -3 & 1 \end{array}\right) \xrightarrow{\substack{r_3+r_2 \\ r_4+r_2\cdot(-1)}}$$

$$\left(\begin{array}{cccc:c} 1 & 1 & 2 & -1 & -1 \\ 0 & 4 & -1 & -1 & 1 \\ 0 & 0 & 6 & 6 & 6 \\ 0 & 0 & -2 & -2 & 2 \end{array}\right) \xrightarrow{\substack{r_4+r_3\cdot\frac{1}{3} \\ r_3\cdot\frac{1}{6}}} \left(\begin{array}{cccc:c} 1 & 1 & -2 & -1 & -1 \\ 0 & 4 & -1 & -1 & 1 \\ 0 & 0 & 1 & 1 & 1 \\ 0 & 0 & 0 & 0 & 0 \end{array}\right).$$

上述四个增广矩阵表示的四个线性方程组是同解方程组，最后一个增广矩阵表示的线性方程组为

$$\begin{cases} x_1 + x_2 - 2x_3 - x_4 = -1, \\ 4x_2 - x_3 - x_4 = 1, \\ x_3 + x_4 = 1. \end{cases}$$

将最后一个方程中的 x_4 移至等号右端，得 $x_3 = -x_4 + 1$，将其代入第二个方程，解得 $x_2 = \frac{1}{2}$，将 x_2、x_3 代入第一个方程，解得 $x_1 = x_4 + \frac{1}{2}$，因此原方程组的解为

$$\begin{cases} x_1 = -x_4 + \dfrac{1}{2}, \\ x_2 = \dfrac{1}{2}, \\ x_3 = -x_4 + 1. \end{cases}$$

其中 x_4 可以任意取值 .

显然，只要未知数 x_4 任意取定一个值，如 $x_4 = 1$，代入方程组 $\begin{cases} x_1 = -x_4 + \dfrac{1}{2}, \\ x_2 = \dfrac{1}{2}, \\ x_3 = -x_4 + 1 \end{cases}$ 可以得到原方程组的一个解：

$$\begin{cases} x_1 = -\dfrac{1}{2}, \\ x_2 = \dfrac{1}{2}, \\ x_3 = 0, \\ x_4 = 1. \end{cases}$$

由于未知量 x_4 的取值是任意实数，故原方程组的解有无穷多组 . 由此可知，表达式 $\begin{cases} x_1 = -x_4 + \dfrac{1}{2}, \\ x_2 = \dfrac{1}{2}, \\ x_3 = -x_4 + 1 \end{cases}$ 表示原方程组的所有解 . 等号右边的未知量 x_4 称为

自由未知量，用自由未知量表示其他未知量的表达式$\begin{cases} x_1 = -x_4 + \dfrac{1}{2}, \\ x_2 = \dfrac{1}{2}, \\ x_3 = -x_4 + 1 \end{cases}$称为原方程组的一般解．当自由未知量 x_4 取定一个值（如 $x_4 = 1$），得到的方程组的一个解：

$$\begin{cases} x_1 = -\dfrac{1}{2}, \\ x_2 = \dfrac{1}{2}, \\ x_3 = 0, \\ x_4 = 1. \end{cases}$$

称为原方程组的特解．

注：自由未知量的选取不是唯一的，也可将 x_3 取作自由未知量，最后可得方程组的一般解为

$$\begin{cases} x_1 = x_3 - \dfrac{1}{2}, \\ x_2 = \dfrac{1}{2}, \\ x_4 = -x_3 + 1, \end{cases} \quad x_3\text{为自由未知量}.$$

虽然该式与表达式$\begin{cases} x_1 = -x_4 + \dfrac{1}{2}, \\ x_2 = \dfrac{1}{2}, \\ x_3 = -x_4 + 1 \end{cases}$的形式不一样，但是它们本质上是一样的，都表示方程组的所有解．

6.3.2 线性方程组解的判定

6.3.2.1 n 元非齐次线性方程组 $\boldsymbol{AX} = \boldsymbol{B}$ 解的判定

定理 6 对于 n 元线性方程组 $\boldsymbol{AX} = \boldsymbol{B}$，设 $\boldsymbol{A}$ 与 $\widetilde{\boldsymbol{A}}$ 分别是其系数矩阵与增广矩阵，

（1）若 $r(\boldsymbol{A}) \neq r(\widetilde{\boldsymbol{A}})$，则方程组无解；

（2）若 $r(\boldsymbol{A}) = r(\widetilde{\boldsymbol{A}})$，则方程组有解，而且：

当 $r(\boldsymbol{A})=r(\widetilde{\boldsymbol{A}})=n$ 时，方程组有唯一解；

当 $r(\boldsymbol{A})=r(\widetilde{\boldsymbol{A}})<n$ 时，方程组有无穷多组解，这时自由未知量的个数为 $n-r(\boldsymbol{A})$.

例 9　当 a 、b 为何值时线性方程组

$$\begin{cases} x_1+3x_2+x_3=0, \\ 3x_1+2x_2+2x_3=-1, \\ x_1+4x_2+ax_3=b \end{cases}$$

无解？若有解，何时有唯一解？何时有无穷多解？

解： 写出增广矩阵 $\widetilde{\boldsymbol{A}}=\left(\begin{array}{ccc|c} 1 & 3 & 1 & 0 \\ 3 & 2 & 2 & -1 \\ 1 & 4 & a & b \end{array}\right)$，对 $\widetilde{\boldsymbol{A}}$ 施行适当初等行变换，即

$$\widetilde{\boldsymbol{A}}=\left(\begin{array}{ccc|c} 1 & 3 & 1 & 0 \\ 3 & 2 & 2 & -1 \\ 1 & 4 & a & b \end{array}\right).$$

当 $a=0$ 且 $b\neq 1$ 时，$r(\boldsymbol{A})=2$ ，$r(\widetilde{\boldsymbol{A}})=3$ ，$r(\boldsymbol{A})\neq r(\widetilde{\boldsymbol{A}})$ ，方程组无解；

当 $a\neq 0$ 时，$r(\boldsymbol{A})=r(\widetilde{\boldsymbol{A}})=3$ ，方程组有唯一解；

当 $a=0$ 且 $b=1$ 时，$r(\boldsymbol{A})=r(\widetilde{\boldsymbol{A}})=2<3$ ，方程组有无穷多解 .

6.3.2.2　*n* 元齐次线性方程组 $\boldsymbol{AX}=\boldsymbol{0}$ 解的判定

对于 n 元齐次线性方程组 $\boldsymbol{AX}=\boldsymbol{0}$ ，系数矩阵与增广矩阵 $\widetilde{\boldsymbol{A}}$ 只相差最后的零列，在用初等行变换求秩的过程中，零列始终不变，因此秩 $r(\boldsymbol{A})=r(\widetilde{\boldsymbol{A}})$ ，方程组必然有解 . 事实上，它一定有零解 $x_1=0,\ x_2=0,\cdots,\ x_n=0$. 由此可以得到 n 元齐次线性方程组解的判断定理 .

定理 7　对于 n 元齐次线性方程组 $\boldsymbol{AX}=\boldsymbol{0}$ ：

（1）当 $r(\boldsymbol{A})=n$ 时，方程组有唯一解（零解）；

（2）当 $r(\boldsymbol{A})<n$ 时，方程组有无穷多个解（非零解）.

例 10　求线性方程组 $\begin{cases} x_1-x_2+5x_3-x_4=0, \\ x_1+x_2-2x_3+3x_4=0, \\ 3x_1-x_2+8x_3+x_4=0, \\ x_1+3x_2-9x_3+7x_4=0 \end{cases}$ 的一般解 .

解： 这是齐次线性方程组，运用消元法求解时，只需对其系数矩阵作初等行变换，而将 $\boldsymbol{B}=\boldsymbol{0}$ 省略 . 即

$$A=\begin{pmatrix}1&-1&5&-1\\1&1&-2&3\\3&-1&8&1\\1&3&9&7\end{pmatrix}\xrightarrow[\substack{r_4+r_1\cdot(-1)}]{\substack{r_2+r_1\cdot(-1)\\r_2+r_1\cdot(-3)}}\begin{pmatrix}1&-1&5&-1\\0&2&-7&4\\0&2&-7&4\\0&4&-14&8\end{pmatrix}\xrightarrow{\substack{r_3+r_2\cdot(-1)\\r_4+r_2\cdot(-2)}}$$

$$\begin{pmatrix}1&-1&5&-1\\0&2&-7&4\\0&0&0&0\\0&0&0&0\end{pmatrix}\xrightarrow{r_2\cdot\frac{1}{2}}\begin{pmatrix}1&-1&5&-1\\0&1&-\dfrac{7}{2}&2\\0&0&0&0\\0&0&0&0\end{pmatrix}\xrightarrow{r_2+r_1}\begin{pmatrix}1&0&\dfrac{3}{2}&1\\0&1&-\dfrac{7}{2}&2\\0&0&0&0\\0&0&0&0\end{pmatrix}.$$

系数矩阵 A 的秩均为 2<4（未知量的个数），所以方程组有无穷多组解．于是原方程组同解于方程组：

$$\begin{cases}x_1+\dfrac{3}{2}x_3+x_4=0,\\x_2-\dfrac{7}{2}x_3+2x_5=0.\end{cases}$$

这里，将自由未知量 x_3 与 x_4 移至方程的右端，得原方程组的同解方程组为

$$\begin{cases}x_1=-\dfrac{3}{2}x_3-x_4,\\x_2=\dfrac{7}{2}x_3-2x_4.\end{cases}$$

令 $x_3=c_1$，$x_4=c_2$，于是得到原方程组的一般解为

$$\begin{cases}x_1=-\dfrac{3}{2}c_1-c_2,\\x_2=\dfrac{7}{2}c_1-2c_2.\end{cases}$$

其中，c_1 与 c_2 为任意常数．

6.4 线性方程组解的结构

6.4.1 n 元齐次线性方程组 $AX=0$ 解的结构

n 元齐次线性方程组 $AX=0$ 的解

$$X=\begin{pmatrix}x_1\\x_2\\\vdots\\x_n\end{pmatrix},$$

称为方程组的解向量，全体解向量就构成了解向量组.

下面讨论解向量的性质.

性质 1　若 $\boldsymbol{X}_1$、$\boldsymbol{X}_2$ 为齐次线性方程组 $\boldsymbol{AX}=\boldsymbol{0}$ 的解，则 $\boldsymbol{X}_1+\boldsymbol{X}_2$ 也是方程组 $\boldsymbol{AX}=\boldsymbol{0}$ 的解.

证明： 因为

$$\boldsymbol{A}(\boldsymbol{X}_1+\boldsymbol{X}_2)=\boldsymbol{AX}_1+\boldsymbol{AX}_2=\boldsymbol{0}+\boldsymbol{0}=\boldsymbol{0},$$

所以 $\boldsymbol{X}_1+\boldsymbol{X}_2$ 也是方程组 $\boldsymbol{AX}=\boldsymbol{0}$ 的解.

性质 2　若 $\boldsymbol{X}_1$ 为齐次线性方程组 $\boldsymbol{AX}=\boldsymbol{0}$ 的解，k 为实数，则 $k\boldsymbol{X}_1$ 也是方程组 $\boldsymbol{AX}=\boldsymbol{0}$ 的解.

证明： 因为

$$\boldsymbol{A}(k\boldsymbol{X}_1)=k\boldsymbol{AX}_1=k\cdot\boldsymbol{0}=\boldsymbol{0},$$

所以 $k\boldsymbol{X}_1$ 也是方程组 $\boldsymbol{AX}=\boldsymbol{0}$ 的解.

推论 2　若 $\boldsymbol{X}_1$，$\boldsymbol{X}_2$,…，$\boldsymbol{X}_s$ 为齐次线性方程组 $\boldsymbol{AX}=\boldsymbol{0}$ 的解，k_1，k_2,…，k_s 为任意常数，则线性组合 $k_1\boldsymbol{X}_1+k_2\boldsymbol{X}_2+\cdots+k_s\boldsymbol{X}_s$，也是方程组 $\boldsymbol{AX}=\boldsymbol{0}$ 的解.

显然，在这里不可能一一列举出所有解向量，但是，如果能找出解向量组的一个极大无关组，就可以用这个极大无关组的线性组合来表示全部解向量.

定义 17　若齐次线性方程组 $\boldsymbol{AX}=\boldsymbol{0}$ 的一组解 $\boldsymbol{X}_1$，$\boldsymbol{X}_2$,…，$\boldsymbol{X}_s$ 满足：

（1）$\boldsymbol{X}_1$，$\boldsymbol{X}_2$,…，$\boldsymbol{X}_s$ 线性无关；

（2）方程组 $\boldsymbol{AX}=\boldsymbol{0}$ 的任何一个解都可以用 $\boldsymbol{X}_1$，$\boldsymbol{X}_2$,…，$\boldsymbol{X}_s$ 线性表示，则 $\boldsymbol{X}_1$，$\boldsymbol{X}_2$,…，$\boldsymbol{X}_s$ 称为 $\boldsymbol{AX}=\boldsymbol{0}$ 的一个基础解系.

定理 8（齐次线性方程组解的结构定理）　当 n 元齐次线性方程组 $\boldsymbol{AX}=\boldsymbol{0}$ 的系数矩阵 $\boldsymbol{A}$ 的秩 $r(\boldsymbol{A})=r<n$ 时，则它一定存在基础解系 $\boldsymbol{X}_1$，$\boldsymbol{X}_2$,…，$\boldsymbol{X}_{n-r}$，且基础解系含有 $n-r$ 个解向量，其线性组合

$$k_1\boldsymbol{X}_1+k_2\boldsymbol{X}_2+\cdots+k_{n-r}\boldsymbol{X}_{n-r}$$

就是方程组 $\boldsymbol{AX}=\boldsymbol{0}$ 的全部解，也称通解，其中，k_1，k_2,…，k_{n-r} 为任意常数.

例 11　已知齐次线性方程组

$$\begin{cases} x_1+x_2+x_3+x_4+x_5=0, \\ 3x_1+2x_2+x_3+x_4-3x_5=0, \\ x_2+2x_3+2x_4+6x_5=0, \\ 5x_1+4x_2+2x_3+3x_4-x_5=0. \end{cases}$$

求:（1）一个基础解系；（2）通解.

解: 对系数矩阵作初等行变换，有

$$A=\begin{pmatrix} 1 & 1 & 1 & 1 & 1 \\ 3 & 2 & 1 & 1 & -3 \\ 0 & 1 & 2 & 2 & 6 \\ 5 & 4 & 2 & 3 & -1 \end{pmatrix} \xrightarrow[r_4+r_1\cdot(-5)]{r_2+r_1\cdot(-3)} \begin{pmatrix} 1 & 1 & 1 & 1 & 1 \\ 0 & -1 & -2 & -2 & -6 \\ 0 & 1 & 2 & 2 & 6 \\ 0 & -1 & -3 & -2 & -6 \end{pmatrix} \xrightarrow[\substack{r_3+r_2 \\ r_4+r_2\cdot(-1)}]{r_1+r_2}$$

$$\begin{pmatrix} 1 & 0 & -1 & -1 & -5 \\ 0 & -1 & -2 & -2 & -6 \\ 0 & 0 & 0 & 0 & 0 \\ 0 & 0 & -1 & 0 & 0 \end{pmatrix} \xrightarrow[r_3\leftrightarrow r_4]{r_2\cdot(-1)} \begin{pmatrix} 1 & 0 & -1 & -1 & -5 \\ 0 & 1 & 2 & 2 & 6 \\ 0 & 0 & -1 & 0 & 0 \\ 0 & 0 & 0 & 0 & 0 \end{pmatrix} \xrightarrow[\substack{r_3+r_2 \\ r_4+r_2\cdot(-1)}]{r_1+r_2}$$

$$\begin{pmatrix} 1 & 0 & -1 & -1 & -5 \\ 0 & -1 & -2 & -2 & -6 \\ 0 & 0 & 0 & 0 & 0 \\ 0 & 0 & -1 & 0 & 0 \end{pmatrix} \xrightarrow[r_3\leftrightarrow r_4]{r_2\cdot(-1)} \begin{pmatrix} 1 & 0 & -1 & -1 & -5 \\ 0 & 1 & 2 & 2 & 6 \\ 0 & 0 & -1 & 0 & 0 \\ 0 & 0 & 0 & 0 & 0 \end{pmatrix} \xrightarrow{r_3\cdot(-1)}$$

$$\begin{pmatrix} 1 & 0 & -1 & -1 & -5 \\ 0 & 1 & 2 & 2 & 6 \\ 0 & 0 & 1 & 0 & 0 \\ 0 & 0 & 0 & 0 & 0 \end{pmatrix} \xrightarrow[r_2+r_3\cdot(-2)]{r_1+r_3} \begin{pmatrix} 1 & 0 & 0 & -1 & -5 \\ 0 & 1 & 0 & 2 & 6 \\ 0 & 0 & 1 & 0 & 0 \\ 0 & 0 & 0 & 0 & 0 \end{pmatrix}.$$

因为 $r(A)=3<5$，所以原方程组有非零解，其基础解系含有 3 个解向量. 于是原方程组同解于方程组:

$$\begin{cases} x_1-x_4-5x_5=0, \\ x_2+2x_4+2x_5=0, \\ x_3=0. \end{cases}$$

将自由未知量 x_4 与 x_5 移项得到

$$\begin{cases} x_1=x_4+5x_5, \\ x_2=-2x_4-6x_5, \\ x_3=0. \end{cases}$$

令 $x_4=1$， $x_5=0$， 得

$$X_1=\begin{pmatrix}1\\-2\\0\\1\\0\end{pmatrix}.$$

令 $x_4=0$， $x_5=1$， 得

$$X_2=\begin{pmatrix}5\\-6\\0\\0\\1\end{pmatrix}.$$

于是原方程组的一个基础解系为

$$X_1=\begin{pmatrix}1\\-2\\0\\1\\0\end{pmatrix},X_2=\begin{pmatrix}5\\-6\\0\\0\\1\end{pmatrix}.$$

所以原方程组的通解为

$$X=k_1X_1+k_2X_2=k_1\begin{pmatrix}1\\-2\\0\\1\\0\end{pmatrix}+k_2\begin{pmatrix}5\\-6\\0\\0\\1\end{pmatrix},$$

其中，k_1 与 k_2 为任意常数 .

6.4.2 n 元非齐次线性方程组 $AX=B$ 解的结构

非齐次线性方程组解的性质如下：

性质 3 若 X_1 、 X_2 为非齐次线性方程组 $AX=B$ 的解，则 X_1-X_2 是其导出组 $AX=0$ 的解 .

证明： 因为 $A(X_1-X_2)=AX_1-AX_2=B-B=0$，
所以 X_1-X_2 是其导出组 $AX=0$ 的解 .

性质 4 若为非齐次线性方程组 $\boldsymbol{AX}=\boldsymbol{B}$ 的一个解，$\boldsymbol{X}_1$ 是其导出组 $\boldsymbol{AX}=\boldsymbol{0}$ 的一个解，则 $\boldsymbol{X}_0+\boldsymbol{X}_1$ 也是方程组 $\boldsymbol{AX}=\boldsymbol{B}$ 的解 . .

证明： 因为

$$\boldsymbol{A}(\boldsymbol{X}_0+\boldsymbol{X}_2)=\boldsymbol{AX}_0+\boldsymbol{AX}_1=\boldsymbol{B}+\boldsymbol{0}=\boldsymbol{B}\ ,$$

所以 $\boldsymbol{X}_0+\boldsymbol{X}_1$ 也是方程组 $\boldsymbol{AX}=\boldsymbol{B}$ 的解 .

由非齐次线性方程组解的性质可以得到下面的定理 .

定理 9（非齐次线性方程组解的结构定理） n 元非齐次线性方程组 $\boldsymbol{AX}=\boldsymbol{B}$，若它的一个特解为 $\boldsymbol{X}_0$，其导出组 $\boldsymbol{AX}=\boldsymbol{0}$ 的通解为 $\eta=k_1\boldsymbol{X}_1+k_2\boldsymbol{X}_2+\cdots+k_{n-r}\boldsymbol{X}_{n-r}$，则非齐次线性方程组 $\boldsymbol{AX}=\boldsymbol{B}$ 的通解为

$$\boldsymbol{X}=\boldsymbol{X}_0+\eta\ ,$$

即

$$\boldsymbol{X}=\boldsymbol{X}_0+k_1\boldsymbol{X}_1+k_2\boldsymbol{X}_2+\cdots+k_{n-r}\boldsymbol{X}_{n-r}\ .$$

例 12 已知方程组

$$\begin{cases} x_1+3x_2-x_3+2x_4-x_5=-4, \\ -3x_1+x_2+2x_3-5x_4-4x_5=-1, \\ 2x_1-3x_2-x_3-x_4+x_5=4, \\ -4x_1+16x_2+x_3+3x_4-9x_5=-21. \end{cases}$$

求：

（1）方程组的一个特解；

（2）导出组的一个基础解系；

（3）导出组的通解；

（4）原方程组的通解 .

解：

（1）将增广矩阵 $\widetilde{\boldsymbol{A}}$ 经过初等行变换化成简化的阶梯形矩阵：

$$\widetilde{A}=\left(\begin{array}{ccccc|c}1&3&-1&2&-1&-4\\-3&1&2&-5&-4&-1\\2&-3&-1&-1&1&4\\-4&16&1&3&-9&21\end{array}\right)\xrightarrow[\substack{r_3+r_1\cdot(-2)\\ r_4+r_1\cdot 4}]{r_2+r_1\cdot 3}\left(\begin{array}{ccccc|c}1&3&-1&2&-1&-4\\0&10&-1&1&-7&-13\\0&-9&1&-5&3&12\\0&28&-3&11&13&-37\end{array}\right)$$

$$\xrightarrow[r_4+r_3\cdot 3]{r_2+r_3}\left(\begin{array}{ccccc|c}1&3&-1&2&-1&-4\\0&1&0&-4&-4&-1\\0&-9&1&-5&3&12\\0&1&0&-4&-4&-1\end{array}\right)\xrightarrow[r_4+r_2\cdot(-1)]{r_3+r_2\cdot 9}\left(\begin{array}{ccccc|c}1&3&-1&2&-1&-4\\0&1&0&-4&-4&-1\\0&0&1&-41&-33&3\\0&0&0&0&0&0\end{array}\right)$$

$$\xrightarrow{r_1+r_3}\left(\begin{array}{ccccc|c}1&3&0&-39&-34&-1\\0&1&0&-4&-4&-1\\0&0&1&-41&-33&3\\0&0&0&0&0&0\end{array}\right)\xrightarrow{r_1+r_2\cdot(-3)}\left(\begin{array}{ccccc|c}1&0&0&-27&-22&2\\0&1&0&-4&-4&-1\\0&0&1&-41&-33&3\\0&0&0&0&0&0\end{array}\right).$$

因为 $r(A)=r(\widetilde{A})=3<5$，所以原方程组有无穷多组解，且含有 2 个自由未知量 x_4 、 x_5，其导出组的基础解系含有 3 个解向量 .

于是原方程组同解于方程组为

$$\begin{cases}x_1-27x_4-22x_5=2,\\x_2-4x_4-4x_5=-1,\\x_3-41x_4-33x_5=3.\end{cases}$$

将自由未知量 x_4 与 x_5 移项，得

$$\begin{cases}x_1=2+27x_4+22x_5,\\x_2=-1+4x_4+4x_4,\\x_3=3+41x_4+33x_5.\end{cases}$$

令 $x_2=0$，$x_4=0$，得一个特解为

$$X_0=\begin{pmatrix}2\\-1\\3\\0\\0\end{pmatrix}.$$

（2）相应的导出组同解于方程组：

$$\begin{cases}x_1-27x_4-22x_5=0,\\x_2-4x_4-4x_5=0,\\x_3-41x_4-33x_5=0.\end{cases}$$

将自由未知量 x_4 和 x_5 移项，得

$$\begin{cases} x_1 = 27x_4 + 22x_5, \\ x_2 = 4x_4 + 4x_5, \\ x_3 = 41x_4 + 33x_5. \end{cases}$$

令 $x_4 = 1$ ， $x_5 = 0$ ，得

$$\boldsymbol{X}_1 = \begin{pmatrix} 27 \\ 4 \\ 41 \\ 1 \\ 0 \end{pmatrix}.$$

令 $x_4 = 0$ ， $x_5 = 1$ ，得

$$\boldsymbol{X}_2 = \begin{pmatrix} 22 \\ 4 \\ 33 \\ 0 \\ 1 \end{pmatrix}.$$

于是导出组的一个基础解系为

$$\boldsymbol{X}_1 = \begin{pmatrix} 27 \\ 4 \\ 41 \\ 1 \\ 0 \end{pmatrix}, \boldsymbol{X}_2 = \begin{pmatrix} 22 \\ 4 \\ 33 \\ 0 \\ 1 \end{pmatrix}.$$

（3）导出组的通解为

$$\boldsymbol{X} = k_1\boldsymbol{X}_1 + k_2\boldsymbol{X}_2 = k_1\begin{pmatrix} 27 \\ 4 \\ 41 \\ 1 \\ 0 \end{pmatrix} + k_2\begin{pmatrix} 22 \\ 4 \\ 33 \\ 0 \\ 1 \end{pmatrix},$$

其中，k_1 与 k_2 为任意常数．

（4）原方程组的通解为

$$X = X_0 + k_1X_1 + k_2X_2 = \begin{pmatrix} 2 \\ -1 \\ 3 \\ 0 \\ 0 \end{pmatrix} + k_1 \begin{pmatrix} 27 \\ 4 \\ 41 \\ 1 \\ 0 \end{pmatrix} + k_2 \begin{pmatrix} 22 \\ 4 \\ 33 \\ 0 \\ 1 \end{pmatrix},$$

其中，k_1 与 k_2 为任意常数 .

6.5　线性代数在经济中的应用

6.5.1　楼房设计方案模型

例 13　要在某小区建设一栋公寓，现有一个模块构造方案需要设计，具体要求是，每个楼层可以有三种户型设计方案，见表 6–1，每一层只能采取一个方案 . 要设计出含有 136 套一居室、74 套两居室、66 套三居室的公寓，是否可行？方案唯一吗？

表 6–1　楼层户型设计方案

方案	一居室	二居室	三居室
方案 A	8	7	3
方案 B	8	4	4
方案 C	9	3	5

分析：　假设有 x_1 层采用的是方案 A，有 x_2 层采用的是方案 B，有 x_3 层采用的是方案 C，按照题中条件可列方程组，利用线性方程组解的情况判定其是否有解，如果有解要取整数解，才能符合实际 .

解：设有 x_1 层采用的是方案 A，有 x_2 层采用的是方案 B，有 x_3 层采用的是方案 C. 依题意，有

$$\begin{cases} 8x_1 + 8x_2 + 9x_3 = 136, \\ 7x_1 + 4x_2 + 3x_3 = 74, \\ 3x_1 + 4x_2 + 5x_3 = 66. \end{cases}$$

写出增广矩阵 $\widetilde{\boldsymbol{A}}=\left(\begin{array}{ccc|c}8&8&9&136\\7&4&3&74\\3&4&5&66\end{array}\right)$，对 $\widetilde{\boldsymbol{A}}$ 施行适当初等行变换，即

$$\widetilde{\boldsymbol{A}}\xrightarrow{r_1+r_2\cdot(-1)}\left(\begin{array}{ccc|c}1&4&6&62\\7&4&3&74\\3&47&5&66\end{array}\right)\xrightarrow[r_3+r_1\cdot(-3)]{r_2+r_1\cdot(-7)}\left(\begin{array}{ccc|c}1&4&6&62\\0&-24&-39&-360\\0&8&-13&-120\end{array}\right)$$

$$\xrightarrow{r_2+r_3\cdot(-3)}\left(\begin{array}{ccc|c}1&4&6&62\\0&-24&-39&-360\\0&0&0&-120\end{array}\right)\xrightarrow{r_2\cdot(-\frac{1}{3})}\left(\begin{array}{ccc|c}1&4&6&62\\0&8&13&120\\0&0&0&0\end{array}\right).$$

增广矩阵 $\widetilde{\boldsymbol{A}}$ 与系数矩阵 $\boldsymbol{A}$ 的秩均为 $2<3$（未知量的个数），所以方程组有无穷多组解．于是得到原方程组的同解方程组为

$$\begin{cases}x_1+4x_2+6x_3=62,\\8x_2-12x_3=-120.\end{cases}$$

解得

$$\begin{cases}x_1=2+\dfrac{1}{2}x^3,\\x_2=15-\dfrac{13}{8}x^3,\end{cases}\quad x_3\text{为自由未知量}.$$

若取 $x_3=k$，则方程组的一般解为

$$\begin{cases}x_1=2+\dfrac{1}{2}k^3,\\x_2=15-\dfrac{13}{8}k^3,\\x_3=k.\end{cases}$$

又由题意知 x_1、x_2、x_3 都为整数，则取 $k=8$，方程组有唯一解

$$\begin{cases}x_1=6,\\x_2=2,\\x_3=8.\end{cases}$$

所以设计方案可行且唯一设计方案为 6 层采用方案 A，2 层采用方案 B，8 层采用方案 C.

本模型具有实际应用价值，求出该模型的解，可以为建筑设计部门提供科学的指导意见．但是，在本模型中，仅考虑了比较简单的情形，更复杂的情形留待以后在更高一级的课程中研究．

6.5.2　投入产出分析方法

投入产出分析方法是在 1933 年由美籍俄罗斯经济学家瓦西里·列昂里夫（Wassily Leontiev）提出，是为了对经济系统的生产与消耗的依存关系进行综合考查和数量分析．它是刻画复杂经济现象的经济数学模型之一．

6.5.2.1　投入产出表

例如，一个国民经济系统是一个由许多经济部门组成的有机整体，各部门有密切的联系．假定整个国民经济分成 n 个物质生产部门，每个部门都有双重身份，一方面作为生产部门将自己的产品分配给其他部门；另一方面，各个部门在生产过程中也要消耗其他部门的产品，当然，要平衡发展，每个部门的总产出应该等于它的总投入．

将这种关系用投入产出表表示出来，见表 6–2.

表 6–2　投入产出表

<table>
<tr><th colspan="2" rowspan="3">产出</th><th colspan="6">投入</th></tr>
<tr><th colspan="4">消耗部门</th><th rowspan="2">最终产品</th><th rowspan="2">总产出</th></tr>
<tr><th>1</th><th>2</th><th>…</th><th>n</th></tr>
<tr><td rowspan="4">生产部门</td><td>1</td><td>x_{12}</td><td>x_{12}</td><td>…</td><td>x_{1n}</td><td>y_1</td><td>x_1</td></tr>
<tr><td>2</td><td>x_{21}</td><td>x_{22}</td><td>…</td><td>x_{2n}</td><td>y_2</td><td>x_2</td></tr>
<tr><td>⋮</td><td>⋮</td><td>⋮</td><td>⋮</td><td>⋮</td><td>⋮</td><td>⋮</td></tr>
<tr><td>n</td><td>x_{n1}</td><td>x_{n2}</td><td>…</td><td>x_{nn}</td><td>y_n</td><td>x_n</td></tr>
<tr><td colspan="2">创造价值</td><td>z_1</td><td>z_2</td><td>…</td><td>z_n</td><td colspan="2" rowspan="2"></td></tr>
<tr><td colspan="2">总投入</td><td>x_1</td><td>x_2</td><td>…</td><td>x_n</td></tr>
</table>

为了方便，将表 6–2 中数据分成四个象限来看：

表中第一象限部分，由几个部门组成，每个部门既是生产部门，又是消耗部门．量 x_{ij} 表示第 j 部门所消耗第 i 部门的产品，称为部门间的流量，这里采用价值量计算．

表中第二象限部分，每一行反映了某一部门从总产品中扣除补偿生产消耗后的余量，即不参加本期生产周转的最终产品的分配情况．其中 y_1，y_2,…，y_n 分别表示第 1，第 2，…，第 n 生产部门的最终产品，而

x_1，x_2,⋯，x_n 表示第 1，第 2，⋯，第 n 生产部门的总产出，也就是对应的消耗部门总产品价值 .

表中第三象限部分，每一列表示该部门新创造的价值（净产值），第 k 部门的净产值为 z_k，如劳动报酬和纯收入等 .

表中右下角部分（称第四象限）反映国民收入的再分配，这里暂不讨论 .

从表 6-2 的每一行来看，某一生产部门分配给其他各部门的产品加上该部门的最终产品应等于它的总产出，即

$$\begin{cases} x_1 = x_{11} + x_{12} + \cdots + x_{1n} + y_1, \\ x_2 = x_{21} + x_{22} + \cdots + x_{2n} + y_2, \\ \qquad\qquad\vdots \\ x_n = x_{n1} + x_{n2} + \cdots + x_{nn} + y_n. \end{cases}$$

这个方程组称为分配平衡方程组 .

6.5.2.2 直接消耗系数

定义 18 第 j 部门消耗第 i 部门的产品 x_{ij} 对第 j 部门的总投入 x_j 中占有的比重，称为第 j 部门对第 i 部门的直接消耗系数，记为 a_{ij}，即

$$a_{ij} = \frac{x_{ij}}{x_j}, 1 \leqslant i \leqslant n, 1 \leqslant j \leqslant n \ .$$

各部门之间的直接消耗系数构成直接消耗系数矩阵为

$$\boldsymbol{A} = \begin{pmatrix} a_{11} & a_{12} & \cdots & a_{1n} \\ a_{21} & a_{22} & \cdots & a_{2n} \\ \vdots & \vdots & & \vdots \\ a_{m1} & a_{m2} & \cdots & a_{nn} \end{pmatrix} = \begin{pmatrix} \frac{x_{11}}{x_1} & \frac{x_{12}}{x_2} & \cdots & \frac{x_{1n}}{x_n} \\ \frac{x_{21}}{x_1} & \frac{x_{22}}{x_2} & \cdots & \frac{x_{2n}}{xn} \\ \vdots & \vdots & & \vdots \\ \frac{x_{n1}}{x_1} & \frac{x_{n2}}{x_2} & \cdots & \frac{x_{nn}}{x_n} \end{pmatrix} .$$

由式 $a_{ij} = \dfrac{x_{ij}}{x_j}$ 可得

$$x_{ij} = a_{ij} x_j \ .$$

将式 $x_{ij} = a_{ij} x_j$ 代入投入产出表 6-2 中，得到表 6-3.

表 6-3　补充的投入产出表

产出		投入					
		消耗部门				最终产品	总产出
		1	2	…	n		
生产部门	1	$a_{11}x_1$	$a_{12}x_2$	…	x_{1n}	y_1	x_1
	2	$a_{21}x_1$	$a_{22}x_2$	…	x_{2n}	y_2	x_2
	⋮	⋮	⋮	⋮	⋮	⋮	⋮
	n	$a_{n1}x_1$	$a_{n2}x_2$	…	x_{nn}	y_n	x_n
创造价值		z_1	z_2	…	z_n		
总投入		x_1	x_2	…	x_n		

将式 $x_{ij}=a_{ij}x_j$ 代入产品分配平衡方程组中，得

$$\begin{cases} x_1=a_{11}x_1+a_{12}x_2+\cdots+a_{1n}x_n+y_1, \\ x_2=a_{21}x_1+a_{22}x_2+\cdots+a_{2n}x_n+y_2, \\ \qquad\vdots \\ x_n=a_{n1}x_1+a_{n2}x_2+\cdots+a_{nn}x_n+y_n. \end{cases}$$

可以证明，如果该经济系统处于平衡发展状态，那么此方程组有唯一非负解．

例 14　设有一个经济系统包括三个部门，各部门在报告期内的投入产出见表 6-4.

表 6-4　某经济系统三部门的投入产出表

产出		投入				
		消耗部门			最终产品	总产出
		1	2	3		
生产部门	1	40	30	30	100	200
	2	20	60	30	190	300
	3	20	30	15	85	150
创造价值		120	180	75		
总投入		200	300	150		

求：

（1）直接消耗系数；

（2）若计划期内的最终产品为 $y_1=75$ ， $y_2=120$ ， $y_3=225$ ，试预测各部门在计划期内的总产出 .

解（1）由直接消耗系数的定义可得

$$A=\begin{pmatrix}\frac{40}{200}&\frac{30}{300}&\frac{30}{150}\\\frac{20}{200}&\frac{60}{300}&\frac{30}{150}\\\frac{20}{200}&\frac{30}{300}&\frac{15}{150}\end{pmatrix}=\begin{pmatrix}0.2&0.1&0.2\\0.1&0.2&0.2\\0.1&0.1&0.1\end{pmatrix}.$$

（2）列出在计划期内的产品分配平衡表，见表 6–5.

表 6–5　产品分配平衡表

产出		投入				
		消耗部门			最终产品	总产出
		1	2	3		
生产部门	1	$0.2x_1$	$0.1x_2$	$0.2x_3$	75	x_1
	2	$0.1x_1$	$0.2x_2$	$0.2x_3$	120	x_2
	3	$0.1x_1$	$0.1x_2$	$0.1x_3$	225	x_3

由上式则可得到下列产品分配平衡方程组：

$$\begin{cases}x_1=0.2x_1+0.1x_2+0.2x_3+75,\\x_2=0.1x_1+0.2x_2+0.2x_3+120,\\x_3=0.1x_1+0.1x_2+0.1x_3+225.\end{cases}$$

即

$$\begin{cases}0.8x_1-0.1x_2-0.2x_3=75,\\0.1x_1-0.1x_2+0.9x_3=225,\\0.1x_1+0.8x_2-0.2x_3=120.\end{cases}$$

解此方程组，因为

$$A=\left(\begin{array}{ccc:c}0.8&-0.1&-0.2&75\\-0.1&0.8&-0.2&120\\-0.1&-0.1&0.9&225\end{array}\right)\to\cdots\to\left(\begin{array}{ccc:c}1&0&0&200\\0&1&0&250\\0&0&1&300\end{array}\right),$$

得

$$\begin{cases} x_1 = 200, \\ x_2 = 250, \\ x_3 = 300. \end{cases}$$

所以各部门在计划期内的总产出的预测值为$x_1 = 200$，$x_2 = 250$，$x_3 = 300$．即若各部门在计划期内向市场提供商品量为$y_1 = 75$，$y_2 = 120$，$y_3 = 225$，则应向各部门下达生产计划指标为$x_1 = 200$，$x_2 = 250$，$x_3 = 300$．

因此要使经济均衡发展是一件很不容易的事情，如果决策者往往只看到眼前利益，发展一些容易见效的产业，结果长线越来越长，短线越来越短，会导致整个国民经济的发展受到“瓶颈”制约，甚至发生严重的经济危机．

第 7 章　经济数学中的概率论与数理统计①

7.1　随机事件及其概率

7.1.1　随机现象和随机试验

在自然界和人类社会发生的种种现象，其发生的可能性大体可分为两类：一是必然现象，例如一标准大气压下水加热到 100℃必然沸腾；二是随机现象，即在一定条件下，有可能发生，也有可能不发生的现象．例如抛一枚均匀硬币，正面朝上还是反面朝上就是随机的．就一次观测而言，随机现象的结果是不确定的，但是实践证明，进行大量的重复试验，随机现象的发生便呈现某种规律性．英国数学家皮尔逊（Karl Pearson）② 曾做过 24 000 次重复抛硬币试验，结果正面朝上和反面朝上的比率都接近 0.5. 可见，随机现象具有二重性：表面的偶然性和蕴涵的必然性．偶然性是它的随机性，必然性是它在大量重复试验中表现出来的统计规律性．概率论就是从数量的角度研究随机现象统计规律性的科学．

研究随机现象，就需要在一定条件下，对现象的结果是否发生进行观测，这种观测的过程，称为随机试验，简称试验，记为 E．随机试验有以下特点：

（1）重复性：试验可以在相同条件下重复进行；

（2）随机性：每次试验的结果事先是不能确定的；

（3）明确性：虽然每次试验的结果事先是不能确定的，但所有可能出现的结果是可以确定和罗列出来的．

---

① 本章所使用的相关表格见附录．

② 卡尔·皮尔逊（Karl Pearson，1857—1936），生卒于伦敦，公认的统计学之父．其最重要的学术成就，是为现代统计学打下基础．许多熟悉的统计名词如标准差、成分分析、卡方检定都是他提出的．

7.1.2 随机事件

7.1.2.1 随机事件的定义

随机试验中的每个可能的结果称为样本点，用 ω 表示，全体样本点构成的空间称为样本空间，用 Ω 表示 . 按照集合论的观点，样本空间就是针对该试验的全集，而样本点就是构成样本空间的元素 .

样本空间的子集称为随机事件，简称事件，一般用大写字母 A ， B ， C 等表示 . 若 $\omega \notin A$ ，则称事件 A 在试验中发生（出现）了；若 $\omega \in A$ ，则称事件 A 在试验中没有发生（出现）. 显然，Ω 在每次试验都会发生，故称为必然事件 . 空集 $\varnothing$ 在每次试验中都不会发生，故称为不可能事件 .

例如，掷一颗质地均匀的骰子，观察出现的点数 ω_i 代表出现的点数为 $i(1,2,\cdots,6)$ ，则 ω_i 为样本点，样本空间 $\omega_i = \{\omega_1, \omega_2, \cdots, \omega_6\}$. 若记 $A_i = \{\omega_i\}$ ，$B = \{点数为基数\}$ ，$C = \{点数小于5\}$ ，$D = \{点数大于6\}$ ，显然，A ，B ，C 为事件，ω 为必然事件，D 为不可能事件 .

7.1.2.2 随机事件的运算

任何一个随机试验中总有许多随机事件，其中有些比较简单，有些则相当复杂 . 为了从较简单事件发生的规律寻求较复杂事件发生的规律，需要研究同一试验的各种事件之间的关系和运算 .

1. 事件的包含

若事件 A 发生必然导致事件 B 发生，即 A 中的每一个样本点都包含在 B 中，则称事件 B 包含事件 A ，或称事件 A 包含于事件 B ，记作 $B \supset A$ 或 $A \subset B$. 对任意事件 A ，有 $\varnothing \subset A \subset \Omega$.

2. 事件相等

若事件 A 包含事件 B ，且事件 B 包含事件，则称事件 A 与事件 B 相等，即 A 与 B 所含的样本点完全相同 . 记作 $A=B$.

3. 事件的和（并）

两个事件 A 与 B 至少有一个发生的事件称为事件 A 与 B 的和（并），它是由事件 A 与 B 的所有样本点构成的集合，记作 $A+B$ 或 $A \cup B$.

事件和的概念可以推广到有限个或可列无穷多个事件 .

事件 A_1，A_2,…，A_n 中至少有一个发生的事件 A 称为这 n 个事件 $A(i=1,2,\cdots,\ n)$ 的和（并），记作

$$A=A_1+A_2+\cdots+A_n=\sum_{i=1}^{n}A_i\text{（或}A=\bigcup_{i=1}^{n}A_i\text{）}.$$

事件 A_1，A_2,…，A_n,… 中至少有一个发生的事件 A 称为 $A(i=1,2,\cdots)$ 的和（并），记作

$$A=A_1+A_2+\cdots+A_n+\cdots=\sum_{i=1}^{\infty}A_i\text{（或}A=\bigcup_{i=1}^{\infty}A_i\text{）}.$$

4. 事件的积（交）

两个事件 A 与 B 同时发生也是一个事件，称为事件 A 与 B 的积（交），它是事件 A 与 B 的所有公共样本点构成的集合，记作 AB 或 $A\cap B$.

事件积的概念可以推广到有限个或可列无穷多个事件 .

事件 A_1，A_2,…，A_n 同时发生的事件 A 称为 $A_i(i=1,2,\cdots,n)$ 的积，记作

$$A=\prod_{i=1}^{n}A_i\text{（或}A=\bigcap_{i=1}^{n}A_i\text{）}.$$

事件 A_1，A_2,…，A_n,… 同时发生的事件 A 称为 $A_i(i=1,2,\cdots,n)$ 的积，记作

$$A=\prod_{i=1}^{\infty}A_i\text{（或}A=\bigcap_{i=1}^{\infty}A_i\text{）}.$$

5. 事件的差

事件 A 发生而事件 B 不发生的事件，称为事件 A 与 B 的差，它是由属于 A 但不属于 B 的样本点构成的集合，记作 $A-B$.

6. 互不相容事件

事件 A 与 B 不能同时发生，即 $A\cap B=\varnothing$，称事件 A 与 B 互不相容，也称互斥 . 互不相容事件 A 与 B 没有公共样本点 .

互不相容的概念可推广两个以上事件：若 $A_i\cap A_j,\cdots=\varnothing$（$i\neq j$；$i$，$j=1,2,\cdots$），称 A_1，A_2,…，A_n,… 互不相容，显然，任一随机试验中的基本事件都是互不相容的 .

7. 对立事件

事件 A 不发生，即事件非 A 称为 A 的对立事件，也称为 A 的逆事件 . 它是由样本空间 Ω 中所有不属于 A 的样本点组成的集合，记作 $\overline{A}$. 由于 A 也是 $\overline{A}$ 的对立事件，所以 A 与 $\overline{A}$ 互为对立事件 . 由定义可知，两个对立事件一定是互不相容事件，但是两个互不相容事件不一定是对立事件 . 对立事件满足下列关系式

$$\overline{\overline{A}}=A,\overline{A\overline{A}}=\varnothing,\ A+\overline{A}=\Omega .$$

8. 完备事件组

若 n 个事件 $A_1, A_2, \cdots, A_n$ 互不相容，且它们的和是必然事件，则称事件 $A_1, A_2, \cdots, A_n$ 构成一个完备事件组 . 它的实际意义是在每次试验中必然发生且仅能发生 $A_1, A_2, \cdots, A_n$ 中的一个事件当 $n=2$ 时，A_1 与 A_2 就是对立事件 . 任一随机试验的全部基本事件构成一个完备事件组 .

事件间的关系及运算可用文氏图表示如图 7–1 所示 . 图中的矩形表示必然事件，该矩形的一个子区域表示某一事件 .

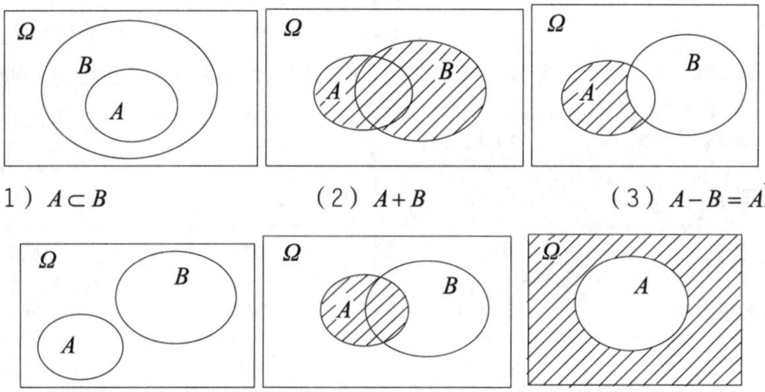

（1）$A \subset B$　（2）$A+B$　（3）$A-B=A\overline{B}$

（4）AB　（5）$AB \notin \varnothing$　（6）$\overline{A}$

图 7–1

可以验证事件的运算满足如下关系：

（1）交换律 $A+B=B+A$，$AB=BA$.

（2）结合律 $A+(B+C)=(A+B)+C$，$A(BC)=(AB)C$.

（3）分配律 $A(B+C)=AB+AC$，$A+BC=(A+B)(A+C)$.

分配律可推广到有限或可列多列个事件，即

$$A(\sum_i A_i)=\sum_i AA_i\text{，}\ A+\prod_i A_i=A+\prod_i (A+A_i)\ .$$

（4）$A-B=\overline{AB}$.

（5）对有限个或可列无穷多个事件，恒有

$$\overline{\sum_i A_i}=\prod_i \overline{A_i}\text{，}\ \overline{\coprod_i A_i}=\sum_i \overline{A_i}\ .$$

7.1.3 概率

7.1.3.1 统计概率

人们经过长期试验发现，随机试验结果的不确定性只是对一次试验或几次试验而言，当大量重复进行同一试验时，它的结果具有某种稳定性比如掷硬币试验，其数据见表 7–1.

表 7–1

试验者	炮制次数 n	正面向上次数 m	正面向上的频率 $\frac{n}{m}$
摩根	2 048	1 061	0.518 1
蒲丰	4 040	2 048	0.506 9
费勒	10 000	4 979	0.497 9
皮尔逊	12 000	6 019	0.501 6
皮尔逊	24 000	12 012	0.500 5

由表 7–1 可发现，当试验次数越来越多时，正面向上的频率越来越稳定地接近于 0.5. 这样，我们把 0.5 作为掷硬币正面向上的概率 . 下面给出概率的统计定义 .

定义 1 在 n 次相同条件下的重复试验中，设事件 A 发生的次数为 m，当 n 很大时，如果频率 $\frac{n}{m}$ 总是在某一个确定的常数 p 附近摆动，而且呈现一种稳定性，数值 p 的大小反映了事件 A 发生的可能性大小我们称 p 为事件 A 发生的概率，记作 $P(A)$. 这种定义为概率的统计定义 .

7.1.3.2 古典概率

直接确定某一事件的概率是非常困难的，甚至是不可能的，只有在某些简单的情况下，才可以直接计算事件的概率先看下面两个试验：

E_1：一盒灯泡 100 个，要抽取一个检测灯泡的使用寿命，则 100 个灯泡被抽取的机会相同 . 每一次抽取结果是某个灯泡，它是一个基本事件，试验 E_1 中 100 个基本事件出现的可能性相等 .

E_2：掷一颗均匀的骰子，观察出现的点数 . 基本事件共有 6 个，且每一个基本事件出现的可能性是相等的 .

上述两个试验都有以下特点：

（1）有限性：试验的基本事件总数有限；

（2）等可能性：每次试验中，各个基本事件出现的可能性都相同 .

在概率论中，把具有上述两个特点的试验称为古典型试验，对于古典型试验可以通过定义 2 直接计算事件的概率 .

定义 2　古典型试验由 n 个基本事件组成，事件 A 由其中某 m 个基本事件组成，则事件 A 的概率为

$$P(A)=\frac{A\text{中包含的基本事件数}}{\text{试验的基本事件总数}}=\frac{n}{m}\ .$$

古典型概率有如下性质：

（1）非负性：对于任意事件 A ，都有 $0\leqslant P(A)\leqslant 1$ ；

（2）规范性：$P(\Omega)=1$ ，$P(\varnothing)=0$ ；

（3）可加性：对于任意互不相容事件 $A_1, A_2,\cdots, A_n,\cdots$，都有

$$p(\sum_{i=1}^{n}A_i)=\sum_{i=1}^{n}p(A_i)\ \text{（有限可加性）},$$

$$p(\sum_{i=1}^{\infty}A_i)=\sum_{i=1}^{\infty}p(A_i)\ \text{（可列可加性）}.$$

例 1　同时抛掷两枚均匀硬币，求下落后恰有一枚正面向上的概率 .

解：设 A 表示恰有一枚正面向上的事件抛掷两枚硬币，等可能的基本事件有 4 个，即（正，正）、（正，反）、（反，正）、（反，反），而事件 A 由其中的 2 个基本事件（正，反）、（反，正）组成，故 $P(A)=\frac{1}{2}$.

例 2　设盒中有 5 只相同的玻璃杯，其中有 3 只正品，两只次品 . 从中任取两只，求所取出的两只都是正品的概率 .

解：这里任取两只是指两只玻璃杯同时被取出，且 5 只中每两只被取出的可能性相同 . 若将 5 只杯子编号为 1，2，3，4，5，前三个号代表正品，后两个号代表次品，则从盒中每次任取两只的所有可能结果是

$$(1,2)(1,3)(1,4)(1,5)(2,3)(2,4)(2,5)(3,4)(3,5)(4,5)\ ,$$

其中，$(1,2)$ 表示取出 1，2 号两只杯子，其余类推 . 因此基本事件总数 $n=10$.

设 A 表示所取出的两只都是正品的事件则事件 A 含有 $(1,2)$，$(1,3)$，$(2,3)$ 三个基本事件，即 $m=3$ ，故 $P(A)=\frac{3}{10}$.

以上两例均采用列举基本事件的方法 . 这种方法直观、清楚，但较为烦琐 .

在多数情况下，由于基本事件的总数很大，这种方法实际上是行不通的，此时需要利用排列组合的知识解决这类问题 .

例 3 有 10 件产品，其中 2 件次品，从中任取 3 件，求：

（1）这 3 件产品全是正品的概率；（2）这 3 件产品恰有两件次品的概率 .

解： 设事件 A 表示 3 件全是正品，事件 B 表示恰有两件次品 . 从 10 件中取出 3 件，共有 C_{10}^3 种取法，即有 C_{10}^3 个等可能的基本事件 .

（1）3 件产品全是正品的取法有 C_8^3 种，故 $P(A)=\dfrac{C_8^3}{C_{10}^3}=\dfrac{56}{120}=\dfrac{7}{15}$.

（2）恰有两件次品的取法有 $C_2^2C_8^1$ 种，故 $P(B)=\dfrac{C_2^2C_8^1}{C_{10}^3}=\dfrac{8}{120}=\dfrac{1}{15}$.

7.2 条件概率与独立性及其应用

7.2.1 条件概率

先看一个试验 E：箱中装有 10 件产品，其中 2 件是次品，8 件是正品 . 先后有两人买此产品，每人 1 个，甲先乙后 .

（1）已知甲买走 1 件正品 (A)，而乙在该箱中买的也是正品 (B)；

（2）已知甲买走 1 件正品，乙要求打开另一箱，且乙也买到正品；

（3）甲买走 1 件产品，乙在该箱中买的是正品 .

以上三种情况的结果只有一个：乙买走了正品 (B)，但前提条件不同，因此发生的概率也就不同 .

下面我们先讨论第一种情况 .

用 $P(B|A)$ 来表示该事件的概率 . 由于乙在买产品时箱中有 9 件产品，其中 2 件次品，7 件正品，于是由古典概型的公式得，$P(B|A)=\dfrac{9}{7}$.

我们再进一步讨论这个问题 . 由古典概型的公式，易得 $P(A)=\dfrac{8}{10}$，$P(AB)=\dfrac{C_8^1\cdot C_7^1}{C_{10}^1\cdot C_9^1}=\dfrac{8\times 7}{10\times 9}$，那么 $\dfrac{P(AB)}{P(A)}=\dfrac{7}{9}$，此时可得 $P(B|A)=\dfrac{P(AB)}{P(A)}$.

事实上，这个公式有普遍的意义因为讨论事件 $P(B|A)$ 时是在事件 A 包含的结果数目内考虑事件 AB，即是在缩小的必然事件 A 中讨论的 .

定义 3　对于两个事件 A 与 B，如果 $P(A)>0$，则称

$$P(B|A)=\frac{P(AB)}{P(A)}$$

为事件 A 出现的条件下事件 B 出现的条件概率．显然，当 $\Omega=A$ 时，条件概率 $P(B|\Omega)=P(B)$，这也正反映了条件概率与无条件概率之间的区别与联系．

在计算条件概率时，一般有两种方法：

（1）公式 $P(B|A)=\dfrac{P(AB)}{P(A)}$，$P(A)>0$；

（2）由 $(B|A)$ 的实际意义，按古典概型公式直接计算．

由条件概率的定义很容易得到下面的公式：

（1）当 $P(A)>0$ 时，$P(AB)=P(A)\cdot P(B|A)$；

（2）当 $P(B)>0$ 时，$P(AB)=P(B)\cdot P(A|B)$；

（3）当 $P(AB)>0$ 时，$P(ABC)=P(A)\cdot P(B|A)\cdot P(C|AB)$．

以上公式称为乘法公式，在相应条件成立的情况下，此结论可推广到任意有限个事件的积．

7.2.2　独立性

下面我们讨论试验 E 的第二种情况．

由于乙要求另开一箱，此时箱中仍有 10 件产品，其中 2 件次品，8 件正品，所以 $P(B|A)=\dfrac{8}{10}$．

我们发现，这种情况下乙买到正品 (B) 的概率并不受甲是否买到正品 (A) 的影响，即

$$P(B|A)=P(B)=\frac{8}{10}.$$

由乘法公式，得 $P(AB)=P(A)\cdot P(B)$．

定义 4　如果两个事件 A 与 B 满足等式

$$P(AB)=P(A)\cdot P(B),$$

则称事件 A 与 B 是相互独立的，简称 A 与 B 独立．

从直观上讲，A 与 B 独立就是其中任何一个事件出现的概率不受另一个事件出现与否的影响．

推论 1　A 与 B 为两个事件，当 $P(B)>0$ 时，独立的充分必要条件是 $P(B|A)=P(A)$，

当 $P(A)>0$ 时，独立的充分必要条件是 $P(B|A)=P(B)$.

推论 2 设 A 与 B 为两个事件，则下列四对事件：A 与 B，$\overline{A}$ 与 B，A 与 $\overline{B}$，$\overline{A}$ 与 $\overline{B}$ 中，只要有一对事件独立，则其余三对也独立 .

判断事件的独立性一般有两种方法：

（1）由定义判断，是否满足 $P(AB)=P(A)\cdot P(B)$；

（2）由问题的性质从直观上去判断 .

以上关于独立性的概念可以推广到任意有限个 .

例 4 甲、乙、丙三人在同一时间内分别破译某个密码，设甲、乙、丙三人能单独译出的概率分别为 0.8、0.7 和 0.6，求：

（1）密码能译出的概率；

（2）最多只有一人能译出的概率 .

解： 设 A、B、C 分别表示甲、乙、丙三人分别破译出密码，$D=${密码被破译}，$F=${最多只有一人译出}.依实际情况，A、B、C 相互独立，则

（1）
$$\begin{aligned}P(D)&=P(A+B+C)\\&=P(A)+P(B)+P(C)-P(A)P(B)-P(A)P(C)-\\&\quad P(B)P(C)+P(A)\cdot P(B)\cdot P(C)\\&=0.8+0.7+0.6-0.8\times0.7-0.8\times0.6-0.7\times0.6+0.8\times0.7\times0.6\\&=0.976.\end{aligned}$$

当然也可以这样求：

$$\begin{aligned}P(\overline{D})&=P(\overline{A+B+C})\\&=P(\overline{A})\cdot P(\overline{B})\cdot P(\overline{C})\\&=(1-0.8)\times(1-0.7)\times(1-0.6)\\&=0.024.\end{aligned}$$

故 $P(D)=1-P(\overline{D})=1-0.024=0.976$.

以上是计算独立事件之和的概率时常用的两种方法 .

（2）因为 $F=\overline{A}\overline{B}\overline{C}+A\overline{B}\overline{C}+\overline{A}B\overline{C}++\overline{A}\overline{B}C$，而 $\overline{A}\overline{B}\overline{C}$，$A\overline{B}\overline{C}$，$\overline{A}B\overline{C}$，$\overline{A}\overline{B}C$ 两两互斥，所以

$$\begin{aligned}P(F)&=P(\overline{A}\overline{B}\overline{C}+A\overline{B}\overline{C}+\overline{A}B\overline{C}+\overline{A}\overline{B}C)\\&=PP(\overline{A}\overline{B}\overline{C})+P(A\overline{B}\overline{C})+P(\overline{A}B\overline{C})+P(\overline{A}\overline{B}C)\\&=P(\overline{A})P(\overline{B})P(\overline{C})+P(A)P(\overline{B})P(\overline{C})+P(\overline{A})P(B)P(\overline{C})+P(\overline{A})(\overline{B})(C)\\&=0.2\times0.3\times0.4+0.8\times0.3\times0.4+0.2\times0.7\times0.4+0.2\times0.3\times0.6\\&=0.212.\end{aligned}$$

7.2.3　应用

7.2.3.1　全概率公式与贝叶斯公式

我们再讨论试验 E 中的第三种情况．

由于不知道甲买走的是正品还是次品，这就增加了问题的难度，为此我们要从实际情况出发，全面考虑问题．

显然，$B=BA+B\overline{A}$，其中 $A\overline{A}=\varnothing$，$A+\overline{A}=\Omega$，那么

$$\begin{aligned}P(B)&=P(BA+B\overline{A})=P(BA)+P(B\overline{A})\\&=P(A)P(B\mid A)+P(\overline{A})P(B\mid\overline{A})\\&=\frac{8}{10}\times\frac{7}{9}+\frac{2}{10}\times\frac{8}{9}\\&=\frac{4}{5}.\end{aligned}$$

按照上面处理问题的思路和方法，可以得出下面两个很重要的公式，它们对于计算较为复杂的条件概率是很有用的．

1．全概率公式

若事件组 A_1，$A_2,\cdots$，A_n 满足：

（1）$A_iA_j=\varnothing(i\neq j)$；

（2）$\sum_{i=1}^{n}A_i=\Omega$，$P(A_i)>0(i=1,2,\cdots,n)$，

则对任一事件 B，有

$$P(B)=\sum_{i=1}^{n}P(A_i)P(B\mid A_i)\ .$$

这个公式的直观意义很清楚：把复杂事件 B 分解成两两互斥的若干个简单事件的并，如图 7-2 所示．

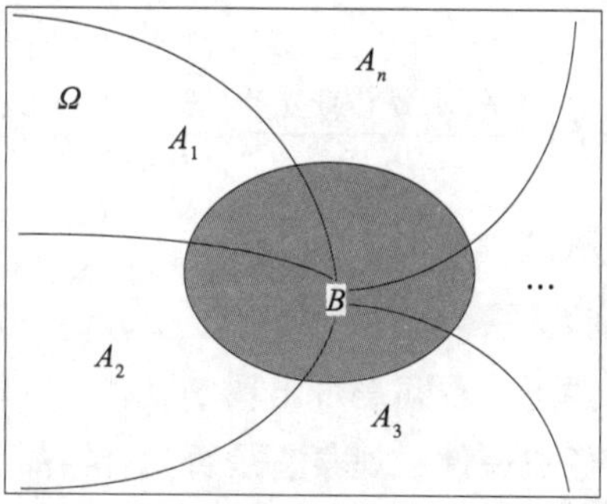

图 7-2

2. 贝叶斯公式

若事件组 A_1，A_2,…，A_n 满足：

（1）$A_iA_j=\varnothing(i\neq j)$；

（2）$\sum_{i=1}^{n}A_i=\Omega$，$P(A_i)>0(i=1,2,\cdots,n)$，则对任一事件 B，有

$$P(A_j\mid B)=\frac{P(A_j)\cdot P(B\mid A_j)}{\sum_{i=1}^{n}P(A_i)P(B\mid A_i)}.$$

在用全概率公式和贝叶斯公式计算时，关键是找到与事件 B 有关且满足两个条件的事件组 A_1，A_2,…，A_n，事件组 A_1，A_2,…，A_n 一般是导致事件出现的因素 .

例 5 每箱产品有 10 件，其中的次品数从 0 到 2 是等可能的，开箱试验时，从中一次抽取 2 件，如果发现有次品，则拒收该箱产品，试计算：

（1）一箱产品通过验收的概率；

（2）已知该箱产品通过验收，则该箱中有 2 件次品的概率 .

解： 设 A_i=｛箱内有 i 件次品｝(0,1,2)；B=｛该箱产品通过验收｝.

显然，A_0，A_1，A_2 满足 $A_iA_j=\varnothing(i\neq j)$；$\sum_{i=1}^{2}A_i=\Omega$，而且

$$P(A_i)=\frac{1}{3}(i=0,1,2)；\ P(B\mid A_0)=1；\ P(B\mid A_1)=\frac{C_9^2}{C_{10}^2}；\ P(B\mid A_2)=\frac{C_8^2}{C_{10}^2}.$$

（1）由全概率公式，有

$$\begin{aligned}P(B)&=P(A_0)P(B\mid A_0)+P(A_1)P(B\mid A_1)+P(A_2)P(B\mid A_2)\\&=\frac{1}{3}\times1+\frac{1}{3}\times\frac{C_9^2}{C_{10}^2}+\frac{1}{3}\times\frac{C_8^2}{C_{10}^2}=0.807.\end{aligned}$$

（2）由贝叶斯公式，有

$$P(A_2\mid B)=\frac{P(A_2)P(B\mid A_2)}{P(B)}=\frac{\frac{1}{3}\times\frac{C_8^2}{C_{10}^2}}{0.807}=0.257.$$

7.1.3.2 伯努利概型

考虑下面的随机试验：

（1）掷一枚均匀的骰子，观察是否出现 5 点；

（2）从大量产品中任取一件，观察它是否为合格品 .

这两个试验具有的特点是每次试验只有两个可能的结果 . 我们将具有此特点的试验称为伯努利试验 .

有些试验虽然有多种可能结果，但在一定划分标准下，也可看成只有两个可能结果 . 例如测试一批灯泡的寿命，其结果很多，若规定不低于 750 h 的为合格品，750 h 以下的为不合格品，则试验结果也只有“合格”与“不合格”两个可能结果；某项经济活动，其月利润总额有多种情况，但可归结为“盈利”与“亏损”两个可能结果，这些都是伯努利试验 .

将伯努利试验独立地重复 n 次称为 n 重伯努利试验 . 描述 n 重伯努利试验结果的数学模型称为伯努利概型 .

下面通过例题分析 n 重伯努利试验中事件的概率 .

例 6　某射手向同一目标连续射击三次，已知他每次命中目标的概率都是 p ，试分析在三次射击中恰有 k 次（ k=0,1,2,3 ）命中的概率 .

解： 这是一个三重伯努利试验 . 设事件 $A_i (i=1,2,3)$ 表示第 i 次射击命中目标，$\overline{A_i}$ 表示第 i 次射击未击中目标，则 $P(A_i)=p$ ， $P(\overline{A_i})=1-p$. 这个试验的所有基本事件为 $\overline{A_1}\,\overline{A_2}\,\overline{A_3}$（表示命中 0 次，有 C_3^0 个）；$A_1\overline{A_2}\,\overline{A_3}$ ， $\overline{A_1}A_2\overline{A_3}$ ， $\overline{A_1}\,\overline{A_2}A_3$（表示命中 1 次，有 C_3^1 个）；$A_1A_2\overline{A_3}$ ， $A_1\overline{A_2}A_3$ ， $\overline{A_1}A_2A_3$（表示命中 2 次，有 C_3^2 个）；$A_1A_2A_3$（表示命中 3 次，有 C_3^3 个）.

根据试验的独立性，以上列举的每个基本事件的概率都可计算出，其中

$$P(\overline{A_1}\,\overline{A_2}\,\overline{A_3})=P(\overline{A_1})P(\overline{A_2})P(\overline{A_3})=p^0(1-p)^3 ;$$

$$P(A_1\overline{A_2}\,\overline{A_3})=P(\overline{A_1}A_2\overline{A_3})=P(\overline{A_1}\,\overline{A_2}A_3)=p(1-p)^2 ;$$

$$P(A_1A_2\overline{A_3})=P(A_1\overline{A_2}A_3)=P(\overline{A_1}A_2A_3)=p^2(1-p) ;$$

$$P(A_1A_2A_3)=p^3(1-p)^0 .$$

若用 $p_3(k)$ 表示在三次射击中恰有 k 次击中目标的概率，则

$$p_3(0)=P(\overline{A_1}\,\overline{A_2}\,\overline{A_3})=C_3^0p^0(1-p)^3 ;$$

$$p_3(1)=P(A_1\overline{A_2}\,\overline{A_3})=P(\overline{A_1}A_2\overline{A_3})=P(\overline{A_1}\,\overline{A_2}A_3)=C_3^1p(1-p)^1 ;$$

$$p_3(2)=P(A_1A_2\overline{A_3})=P(A_1\overline{A_2}A_3)=P(\overline{A_1}A_2A_3)=C_3^2p^2(1-p) ;$$

$$p_3(3)=P(A_1A_2A_3)=p^3(1-p)^0 .$$

因此，在三次射击中恰有 k 次击中目标的概率可表示为

$$P_3(k)=C_3^kp^k(1-p)^{3-k} .$$

将上例中三重伯努利试验的结论推广到 n 重伯努利试验的情形，便得如下定理：

定理 1（伯努利定理） 设在每次试验中事件 A 发生的概率均为 $P(A)=p(0<p<1)$，则在 n 重伯努利试验中，A 恰好发生 k 次的概率为

$$P_n(k)=\mathrm{C}_n^k p^k(1-p)^{n-k}=\mathrm{C}_n^k p^k q^{n-k} ,$$

其中，$q=1-p=P(\overline{A})$ ，$k=0,1,2,\cdots$，n .

例 7 在次品率为 0.1 的 100 件产品中有放回地连续取 4 次，每次取一件，求恰有 3 件次品的概率 .

解：因为是放回抽样，每次抽取条件相同，故各次试验之间是独立、可重复进行的，且每次试验只有取到次品或正品两个可能结果，所以这是 4 重伯努利试验，依题意有 $p=0.1$ ，$q=0.9$ ，由伯努利定理，得

$$P_4(3)=\mathrm{C}_4^3 p^3(1-p)^{4-3}=\mathrm{C}_4^3\times 0.1^3\times 0.9=0.003\,6 .$$

7.3 随机变量的分布及数字特征

7.3.1 随机变量

7.3.1.1 随机变量的概念

前面我们只是用初等数学的方法对试验中单个的事件进行了研究，而试验中事件是很多的，为了从整体上认识这个试验，更好地利用高等数学的知识进行更深入的研究，我们引入随机变量 .

我们知道，很多试验的结果都是用数值表示的 . 例如，掷一颗骰子出现的点数为 1，2，3，4，5，6；一箱中有 10 件产品，其中 3 件次品，7 件正品，一次拿 5 件产品，其中的次品数可能为 0，1，2，3 . 它们有一个共同的规律，即不同的结果对应不同的数值，这样我们自然得到一个以基本事件 (ω) 为自变量，以必然事件 (Ω) 为定义域的实函数 .

定义 5 设 E 为随机试验，它的必然事件为 $\Omega=\{\omega\}$ ，如果对于每一个 $x\in\Omega$ 均有实数 $X(\omega)$ 与之对应，则称这个定义在上的实单值函数 $X(\omega)$ 为随机变量，$X(\omega)$ 简记为 X .

当然，有些试验的结果不具有数值的含义 . 例如，掷一枚硬币观察出现正、反面的情况，但我们可以引入变量 X 按下面规定取值：

$$X\begin{cases}0, \text{当出现正面时,}\\1, \text{当出现反面时,}\end{cases}$$

这样 X 是一个随机变量，它取何值是由试验结果而定的 .

在上面的掷骰子、抽检产品、掷硬币等试验中，对于随机变量的取值，我们可以按一定的顺序一一列出，这样的随机变量称为离散型随机变量 .

有的随机变量，可以取某一区间或某几个区间内的一切值，不可能一一列出 . 例如，某公共汽车每隔 5min 来一辆，那么某乘客在车站的候车时间 X 是一个随机变量，它可以取区间 [0,5] 内的一切值 . 某一灯泡的使用寿命 X 是一个随机变量，它可以取区间 $[0, +\infty]$ 内的一切值 . 像这种可以取区间内一切值的随机变量自然称为非离散型随机变量，我们常研究这类随机变量中的一部分，通常称为连续型随机变量 .

7.3.1.2　离散型随机变量的概率分布

1. 概率分布

掷一颗均匀的骰子，设代表出现的点数，则 X 可取到的值为 1，2，3，4，5，6. 由古典概型可知，X 取各值的概率都等于 $\frac{1}{6}$，见表 7–2：

表 7–2

X	1	2	3	4	5	6
P	$\frac{1}{6}$	$\frac{1}{6}$	$\frac{1}{6}$	$\frac{1}{6}$	$\frac{1}{6}$	$\frac{1}{6}$

表 7–2 从概率的角度指出了随机变量在随机试验中取值的分布状况，称为 X 的概率分布 .

一般地，设离散型随机变量 X 可能取的值为 $x_1, x_2, \cdots, x_i, \cdots$，$X$ 取每一个值 $x_i (i=1,2,\cdots)$ 的概率 $P(X = x_i) = p$，则称表 7–3 为随机变量 X 的概率分布，也称为 X 的分布列 .

表 7–3

X	x_1	x_2	$\cdots$	x_i	$\cdots$
P	x_1	x_2	$\cdots$	x_i	$\cdots$

显然，概率分布必须满足下列两个条件：

（1）$0 \leqslant p \leqslant 1 (i=1,2,\cdots)$；

（2）$p=1$.

概率分布的重要作用是，有了随机变量 X 的概率分布，就可以求得该随机变量 X 所代表的随机试验中任何事件的概率，对整个试验了如指掌 .

对任意的 $a<b$ ，有

$$P(a<X<b)=\sum_{a<x_i<b} p_i .$$

一般地，对实轴上任一集合 A ，有

$$P(X \in A)=\sum_{x_i \in A} p_i .$$

例 8 某人骑自行车从学校到火车站，一路上要经过 3 个独立的交通灯 . 设各灯工作独立，且设各灯为红灯的概率为 p ，$0<p<1$ ，以 X 表示首次停车时所通过的交通灯数，求 X 的概率分布及 $P(-1<X \leqslant 2)$.

解： 设 A_i=｛第 i 个灯为红灯｝，则 $P(A_i)=p(i=1,2,3)$ ，且 A_1，A_2，A_3 相互独立 .

$P(X=0)=P(A_1)=p$ ； $P(X=1)=p(\overline{A_1}A_2)=(1-p)p$ ；

$P(X=2)=(\overline{A_1}\,\overline{A_2}A_3)=(1-p)^2 p$ ； $P(X=3)=(\overline{A_1}\,\overline{A_2}\,\overline{A_3})=(1-p)^3$.

则 X 的概率分布见表 7-4.

表 7-4

X	0	1	2	3
P	p	$(1-p)p$	$(1-p)^2 p$	$(1-p)^3$

由 X 的概率分布，得

$$P(-1<X \leqslant -2)=P(X=0)+P(X=1)+p(X=2)=1-(1-p)^3 .$$

2. 常见分布

不同的随机试验对应着不同的概率分布，下面我们介绍三种常见的离散型随机变量的概率分布 .

（1）两点分布 .

定义 6 如果随机变量 X 的概率分布 $(0<p<1)$ 见表 7-5，则称服从两点分布，也称 0-1 分布 .

表 7–5

X	0	1
P	$1-p$	p

两点分布刻画的是一次基本伯努利试验 .

（2）二项分布 .

定义 7　如果随机变量 X 的概率分布 $(0<p<1)$ 为

$$P(X=k)=\mathrm{C}_n^k p^k q^{n-k}\ (k=0,1,2,\cdots,\ n),$$

其中，$q=1-p$，则称 X 服从参数为 n，p 的二项分布，记为 $X\sim B(n,\ p)$.

n 重伯努利试验正是二项分布的试验背景 .

（3）泊松分布 .

定义 8　如果随机变量 X 的概率分布为

$$P(X=k)=\frac{\lambda^k}{k!}\mathrm{e}^{-\lambda}\ (k=0,1,2,\cdots,\ \lambda>0),$$

则称 X 服从参数为 λ 的泊松分布，记为 $X\sim P(\lambda)$.

在实际中，有很多“排队”问题都可以近似地用泊松分布来描绘 .

可以证明，当 n 很大，p 很小，$\lambda=np$ 是一个不太大的常数时，可以用泊松分布作为二项分布的近似，即

$$\mathrm{C}_n^k p^k (1-p)^{n-k} \approx \frac{\lambda^k}{k!}\mathrm{e}^{-\lambda}\ (k=0,1,2,\cdots,\ n)$$

例 9　据调查，市场上假冒的某名牌香烟有 15%，某人每年买 20 条这个品牌的香烟，求他至少买到 1 条假烟的概率 .

解：假设他买到 X 条假烟，对 1 条香烟，真假必具其一，为假的概率是 15%，为真的概率就是 85%，所以 $X\sim B(20,0.15)$.

由二项分布的分布列，得所求概率为

$$1-P(X=0)\ =1-\mathrm{C}_{20}^0 2\times 0.15^0\times 0.85^{20}\approx 1-0.093=0.961\ .$$

例 10　电话交换台每分钟接到的呼叫次数 X 为随机变量，设 $X\sim P(3)$，求一分钟内呼叫次数不超过 1 次的概率 .

解：因为 $X\sim P(3)$，所以 $\lambda=3$，则 X 的概率分布为

$$P(X=k)=\frac{3^k}{k!}\mathrm{e}^{-3}\ (k=0,1,2,\cdots),$$

于是，所求概率为

$$P(X\leqslant 1)=P(X=0)+（X=1）$$
$$=\frac{3^0}{0!}e^{-3}+\frac{3^1}{1!}e^{-3}=4e^{-3}\approx 0.199.$$

7.3.1.3 连续型随机变量的概率密度函数

1. 概率密度函数

定义 9 设随机变量 X，如果存在非负可积函数 $f(x)(-\infty<x<+\infty)$，使得对任意 $a<b$，有

$$P(a<x\leqslant b)=\int_a^b f(x)dx,$$

那么称 X 为连续型随机变量，函数 $f(x)$ 称为 X 的概率密度函数，简称为概率密度 .

显然，与离散型随机变量的概率分布类似，概率密度函数 $f(x)$ 必须具备以下两个条件：

（1）$f(x)\geqslant 0(-\infty<x<+\infty)$；

（2）$\int_a^b f(x)dx=1$.

由于连续型随机变量取值的连续性，它取值的有效集合必须是一个区间，即它在个别点上的概率为 0，所以对任意 $a<b$，有

$$P(a<X\leqslant b)=P(a<X<b)=(a\leqslant X\leqslant b)=\int_a^b f(x)dx .$$

例 11 设随机变量 X 具有概率密度函数：

$$f(x)=\begin{cases}A(x-1), & 0\leqslant x\leqslant 1,\\ 0, & \text{其他}.\end{cases}$$

试求:（1）常数 A；（2）$P\left(-4<X\leqslant\frac{1}{2}\right)$；（3）$P\left(\frac{1}{4}<X<1\right)$.

解:（1）因为

$$1=\int_{-\infty}^{+\infty} f(x)dx=\int_0^1 A(1-x)dx=\frac{A}{2},$$

所以 $A=2$.

于是

$$f(x)=\begin{cases}2(1-x), & 0\leqslant x\leqslant 1,\\ 0, & \text{其他}.\end{cases}$$

（2）$P\left(-4<X\leqslant\frac{1}{2}\right)=\int_0^{\frac{1}{2}}(1-x)dx=0.75$.

（3）$P\left(\frac{1}{4}<X<1\right)=\int_{\frac{1}{4}}^{1}2(1-x)\mathrm{d}x=0.5625$.

2. 常见的分布

（1）均匀分布 .

定义 10　如果随机变量 X 具有概率密度函数

$$f(x)=\begin{cases}\frac{1}{b-a}, & a\leqslant x\leqslant b,\\ 0, & \text{其他},\end{cases}$$

则称 X 服从区间 $[a,\ b]$ 上的均匀分布，记作 $X\sim U(a,\ b)$. 其概率密度函数如图 7–3 所示 .

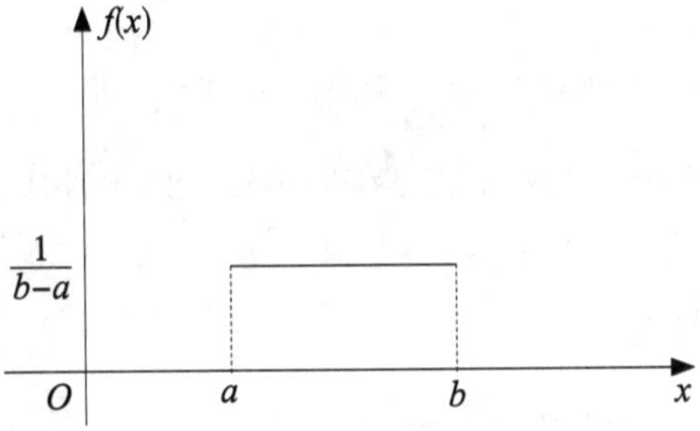

图 7–3

常用均匀分布描述在区间 $(a,\ b)$ 内取值的可能性大小均匀的一类随机现象，如乘客在车站的候车时间等 .

（2）指数分布 .

定义 11　如果随机变量 X 具有概率密度函数

$$f(x)=\begin{cases}\lambda \mathrm{e}^{-\lambda}, & x>0,\\ 0, & x\leqslant 0,\end{cases}$$

其中 $\lambda>0$，则称 X 服从参数为入的指数分布，记作 $X\sim E(\lambda)$. 其概率密度函数如图 7–4 所示 .

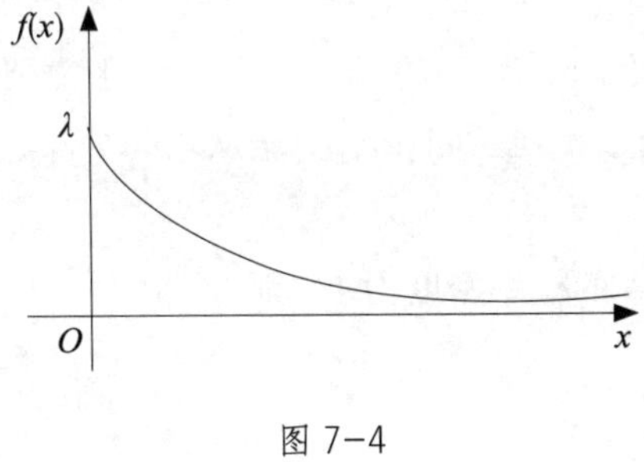

图 7–4

指数分布常用作各种“寿命”分布的近似，例如，无线电元件的寿命、动物的寿命、电话的通话时间等都近似服从指数分布．指数分布具有无记忆性，它的直观意义是有些元件在使用过程中损坏与否同过去使用的历史无关．

（3）正态分布．

定义 12 如果随机变量 X 具有概率密度函数

$$f(x)=\frac{1}{\sqrt{2\pi}\sigma}\mathrm{e}^{-\frac{(x-\mu)^2}{2\sigma^2}}\ (-\infty<x<+\infty),$$

其中 $\sigma>0$，则称 X 服从参数为 μ，σ^2 的正态分布，记作 $X\sim N(\mu,\ \sigma^2)$．其概率密度函数如图 7–5 所示．特别地，当 $X\sim N(0,1)$ 时，称随机变量 X 服从标准正态分布，此时概率密度函数为

$$\varphi(x)=\frac{1}{\sqrt{2\pi}\sigma}\mathrm{e}^{-\frac{x^2}{2}}\ (-\infty<x<+\infty).$$

可以观察出正态分布的概率密度函数曲线有以下性质：

①以直线 $x=\mu$ 为对称轴；

②以 x 轴为渐近线；

③当 $x=\mu$ 时，$f(x)$ 有最大值 $\frac{1}{\sqrt{2\pi}\sigma}$．

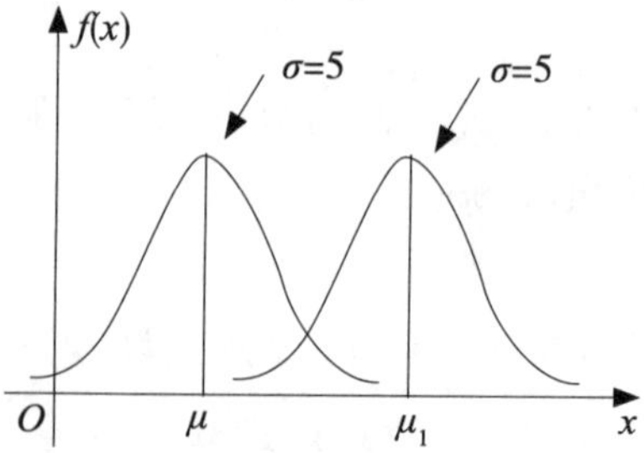

图 7–5

正态分布在理论和实践上都很重要在自然现象和社会现象中，只要随机变量 X 的取值呈中间多、两头少、对称的特性，一般都服从或近似服从正态分布．正态分布的概率很难由概率密度积分得到，一般需要查正态分布表．

例 12 设随机变量 X 在区间 [2,5] 上服从均匀分布，试求 X 的观测值大于 3 的概率．

解：由题设知，X 的概率密度为 1，则

$$f(x)=\begin{cases}\dfrac{1}{3}, & 2\leqslant x\leqslant 5,\\ 0, & 其他,\end{cases}$$

那么 $P(X>3)=\int_3^{+\infty}f(x)\mathrm{d}x=\int_3^5\frac{1}{3}\mathrm{d}x=\frac{2}{3}$.

7.3.2　随机变量的数学特征

随机变量的概率分布能够完整地表示随机变量的统计规律，但是要求出随机变量的概率分布往往比较困难．在实际问题中，并不需要全面考察随机变量的变化情况，只要知道它的某些数字特征就够了．所谓随机变量的数字特征，就是用数字来表示它的某些分布特点，其中最常用的就是数学期望和方差．

7.3.2.1　随机变量的数学期望

1．离散型随机变量的数学期望

某公司考虑一项投资计划，该计划在市场状况良好时，能获利 100 万元；市场状况一般时，获利 30 万元；市场状况较差时，该项投资将亏损 50 万元．已知明年市场状况良好的概率为 0.5，市场状况一般的概率为 0.3，市场状况较差的概率为 0.2. 试问，该投资计划的期望收益是多少？

将投资收益视为随机变量，这即是求随机变量平均值的一个案例．

投资收益 X 的分布列见表 7-6.

表 7-6

获利 X / 万	100	30	−50
概率 p_k	0.5	0.3	0.2

由于各市场状况的概率不等，所以要求的期望收益不是各市场状况下投资收益的算术平均，而应该按概率对收益进行加权平均，即期望收益为

$$0.5\times100+0.3\times30+0.2\times(-50)=49(万元)\ .$$

一般地，可抽象出离散型随机变量的数学期望的定义．

定义 13　设离散型随机变量 X 的概率分布为

$$P\{X=x_k\}=p_k(k=1,2,\cdots,n)\ ,$$

若级数 $\sum\limits_{k=1}^{n}x_k p_k$ 绝对收敛，则称级数 $\sum\limits_{k=1}^{n}x_k p_k$ 为 X 的数学期望，简称期望或均值，记作 $E(X)$ ，即

$$E(X)=\sum_{k=1}^{n}x_k p_k ,$$

即离散型随机变量的数学期望是 X 的各可能值与其对应概率乘积之和．

例 13 为了适应市场需要，某地提出扩大生产的两个方案，一个方案是建大工厂，另一个方案是建小工厂，两个方案的收益值及市场状况的概率见表 7–7.

表 7–7

概率	市场状况	建大工厂收益 / 万元	建小工厂收益 / 万元
0.7	销路好	200	80
0.3	销路差	–40	60

试问：在不考虑投资成本的情况下，应该选择哪种投资决策？

解：由已知的收益及其概率，分别求出两个方案的收益期望值．

建大工厂的收益期望值：$200\times0.7+(-40)\times0.3=128$(万元)．

建小工厂的收益期望值：$80\times0.7+60\times0.3=74$(万元)．

显然，建大工厂的预期收益更高，故合理的决策方案是建大工厂．

2. 连续型随机变量的数学期望

定义 14 设 X 是连续型随机变量，其概率密度函数为 $f(x)$，若积分 $\int_{-\infty}^{+\infty}xf(x)\mathrm{d}x$ 绝对收敛，则称该积分为 X 的数学期望，即

$$E(X)=\int_{-\infty}^{+\infty}xf(x)\mathrm{d}x .$$

例 14 设随机变量 X 服从 $[a, b]$ 上的均匀分布，即 $X\sim U[a, b]$，求 $E(X)$．

解：均匀分布的密度函数为 1.

$$f(x)=\begin{cases}\dfrac{1}{b-a}, & a<x<b,\\ 0, & 其他.\end{cases}$$

则 $E(X)=\int_{-\infty}^{+\infty}xf(x)\mathrm{d}x=\int_a^b\left(x\cdot\dfrac{1}{b-a}\right)\mathrm{d}x=\dfrac{1}{b-a}\cdot\dfrac{x^2}{2}\Big|_a^b=\dfrac{a+b}{2}$.

3. 数学期望的性质

设 C 为常数，X 和 Y 是两个随机变量，且 $E(X)$ 和 $E(Y)$ 都存在那么随机变量的数学期望具有以下性质：

性质 1　$E(C)=C$.

性质 2　$E(CX)=CE(X)$ ，$E(aX+b)=aE(X)+b$.

性质 3　$E(XY)=E(X)\pm E(Y)$

性质 4　若 X，Y 相互独立，则 $E(XY)=E(X)E(Y)$.

性质 5　设 $Y=g(X)$.

（1）若 X 是离散型随机变量，其分布列为 $P(X=x_k)=p_k(k=1,2,\cdots)$ ，则

$$E(Y)=E[g(X)]=\sum_{k=1}^{\infty}g(x_k)p_k .$$

（2）若 X 为连续型随机变量，并有概率密度函数 $f(x)$ ，则

$$E(Y)=E[g(X)]=\int_{-\infty}^{+\infty}g(x)f(x)\mathrm{d}x .$$

例 15　设 $Y=3x^2+1$ ，且 X 的分布列见表 7-8，求 $E(X)$ 与 $E(Y)$.

表 7-8

X	-1	0	1	2	3
P	0.3	0.2	0.1	0.3	0.1

解： $E(X)=-1\times0.3+0\times0.2+1\times0.1+2\times0.3+3\times0.1=0.7$.

$E(Y)=[3(-1)^2+1]\times0.3+[3\times0^2+1]\times0.2+[3\times1^2+1]\times0.1+[3\times2^2+1]\times0.3$
$+[3\times3^2+1]\times0.1=8.5.$

7.3.2.2　随机变量的方差

1. 方差

在实际问题中，数学期望反映了随机变量的集中程度，但仅有数学期望还不能完整地说明随机变量的分布特征，还必须研究它取值的离散程度，通常关心的是随机变量 X 对期望值 $E(X)$ 偏离的程度 .

定义 15　设 X 为随机变量，若 $E[X-E(X)]^2$ 在，则称 $E[X-E(X)]^2$ 为 X 的方差，记为 $D(X)$ ，即 $D(X)=E[X-E(X)]^2$. 而 $\sqrt{D(X)}$ 称为 X 的标准差 .

$D(X)$ 反映了 X 的取值与其数学期望 $E(X)$ 的偏离程度；当 X 的取值比较集中时，$D(X)$ 较小；当 X 的取值比较分散时，$D(X)$ 较大 . 因此，$D(X)$ 刻画了 X 的取值的分散程度 .

当 X 是离散型随机变量，其概率分布为 $P(X=x_k)=p_k(k=1,2,\cdots,n)$ 时，有

$$D(X)=E[X-E(X)]^2=\sum_{k=1}^{n}[x_k-E(X)]^2\cdot p_k .$$

当X是连续型随机变量，其密度函数为$f(x)$时，有

$$D(X)=E[X-E(X)]^2=\int_{+\infty}^{-\infty}[x_k-E(X)]^2 f(x)\mathrm{d}x \ .$$

由方差的定义可得公式

$$D(X)=E(X^2)-[E(X)]^2 \ .$$

例 16 设随机变量X服从 0–1 分布，其分布列见表 7–9.

表 7–9

X	0	1
P	$1-p$	p

求$D(X)$.

解： $E(X)=0\bullet(1-p)+1\bullet p=p$.

$E(X^2)=0^2\bullet(1-p)+1^2\bullet p=p$.

$D(X)=E(X^2)-[E(X)]^2=p-p^2=p(1-p)$.

2. 方差的性质

设C为常数，X和Y是两个随机变量，且$D(X)$和$D(Y)$都存在，则

性质 1 $D(C)=0$.

性质 2 $D(CX)=C^2D(X)$.

性质 3 $D(aX+b)=a^2D(X)$.

性质 4 若X与Y是两个相互独立的随机变量，则有

$$D(X+Y)=(X)+D(Y) \ .$$

性质 4 可以推广至有限个相互独立的随机变量 .

7.4 样本及其分布

7.4.1 总体与样本

定义 16 研究对象的全体称总体，组成总体的每个基本单位称个体 .

例如，在研究某班学生的身高时，该班全体学生的身高就是总体，其中

每个学生的身高就是该总体中的个体．又如，数轴上的一条线段所有点的全体组成一个总体，其中的每一个点是总体中的一个个体．

总体可以包含有限个个体，也可以包含无限个个体．在一个有限总体所包含的个体相当多的情况下，也可以把它作为无限总体来处理，如一大批服装、一个国家的人口等．

在数理统计中，对于总体中的某一个个体具有的特性，人们并不感兴趣，他们关心的是表征总体性质的某一个或某几个数量指标和该指标在总体中的分布情况，如灯泡的使用寿命 X 就是灯泡质量的一个重要指标；人的身高 X_1、体重 X_2 是人的体征的两个重要数量指标，虽然每一个数量指标的值是一个随个体不同而变化的量，但它却是按一定规律分布的．因此总体的每一数量特征就是一个随机变量 X，由于人们主要是研究总体的某些数量指标，这样，总体就可以看作一个随机变量的 X 的全体取值．每个个体便是一个试验观察值，而 X 的分布规律能完整地表达这个总体的统计特性．

定义 17　从总体中抽取若干个个体而成的集合，称为样本．样本中所含个体的个数称为样本容量．

从总体 X 中抽取容量为 n 的样本，一般记为（$X_1, X_2, \cdots, X_n$）．显然 $X_i(i=1,2,\cdots,n)$ 都是随机变量．而把一次具体抽样所得的数据记为（$x_1, x_2, \cdots, x_n$），它是样本（$X_1, X_2, \cdots, X_n$）的一次具体观察值或样本值．

抽取样本的目的是对总体的分布进行分析推断，因此要求抽取的样本能很好地反映总体的特征，这就需要对样本提出一定要求．

（1）代表性：每个 $X_i(i=1,2,\cdots,n)$ 与 X 具有相同的分布；

（2）独立性：$X_i(i=1,2,\cdots,n)$ 相互独立．

满足以上两点的样本称为简单随机样本．一般在无限总体中的随机抽样或在有限总体中有放回的抽样所得的样本都是简单随机样本．今后不作特别说明，所说的样本都是简单随机样本．

定义 18　样本（$X_1, X_2, \cdots, X_n$）的函数 $f(X_1, X_2, \cdots, X_n)$ 称为统计量，其中 $f(X_1, X_2, \cdots, X_n)$ 不包含总体的未知参数．

统计量一般是样本的连续函数．由于样本是随机变量，所以它的函数也是随机变量，下面阐述样本的数字特征：

（1）样本均值：$\overline{X}=\frac{1}{n}\sum_{i=1}^{n}X_i$；

（2）样本方差：$S^2=\frac{1}{n-1}\sum_{i=1}^{n}(X_i-\overline{X})^2$；

（3）样本标准差：$S=\sqrt{S^2}$．

例 17 从某总体中抽取容量为 5 的样本，测得样本值为 32.5，31.8，32.0，33.2，32.9，求样本的均值和样本方差．

解： $\overline{X}=\frac{1}{5}(32.5+31.8+32.0+33.2+32.9)=32.48$

$$S^2=[(32.5-32.48)^2+(31.8-32.48)^2+(32.0-32.48)^2+(33.2-32.48)^2+(32.9-32.48)^2]=0.3476.$$

7.4.2 几个常用统计量的分布

后面的几节所涉及的多为正态总体，因此，这里将介绍有关正态分布随机变量函数的一系列分布．

7.4.2.1 样本均值 X 的分布（U 分布）

定理 2 设随机变量（X_1，$X_2,\cdots$，X_n）相互独立，且 X_i 服从正态分布 $N(\mu_i,\ \sigma_i^2)(i=1,2,\cdots,\ n)$，则它们的线性函数 $\eta=\sum_{i=1}^{n}a_iX_i$（$a_i$ 不全为 0；$i=1,2,\cdots,\ n$）也服从正态分布，其中

$$E(\eta)=\sum_{i=1}^{n}a_i\mu_i\text{，}\ D(\eta)=\sum_{i=1}^{n}a_i^2\sigma_i^2\ .$$

设（X_1，$X_2,\cdots$，X_n）是取自正态总体 $N(\mu,\ \sigma^2)$ 的样本，则有

$$\overline{X}=\frac{1}{n}\sum_{i=1}^{n}X_i\sim N\left(\mu,\frac{\sigma^2}{n}\right),$$

$$U=\frac{\overline{X}-\mu}{\sigma}\sim N(0,1)\ .$$

7.4.2.2 χ^2 分布

定理 3 若（X_1，$X_2,\cdots$，X_n）是正态总体 $N(0,1)$ 的样本，称统计量

$$\chi^2=X_1^2+X_2^2+\cdots+X_n^2$$

所服从的分布为自由度是 n 的 χ^2 分布，记作 $\chi^2\sim\chi^2(n)$．

设（X_1，$X_2,\cdots$，X_n）是取自正态总体 $N(\mu,\ \sigma^2)$ 的样本，则统计量

$$\frac{1}{\sigma^2}\sum_{i=1}^{n}(X_i-\mu)^2\sim\chi^2(n),$$

$$\frac{1}{\sigma^2}\sum_{i=1}^{n}(X_i-\overline{X})^2 \sim \chi^2(n-1)\ .$$

利用随机变量函数的分布的计算方法，以证明 $\chi^2(n)$ 分布的概率密度为（证明略）

$$f(x)=\begin{cases}\dfrac{1}{2^{n/2}\Gamma(n/2)}x^{\frac{n}{2}-1}\mathrm{e}^{\frac{x}{2}}, & x\geqslant 0,\\ 0, & \text{其他}.\end{cases}$$

$f(x)$ 的图形如图 7–6 所示 .

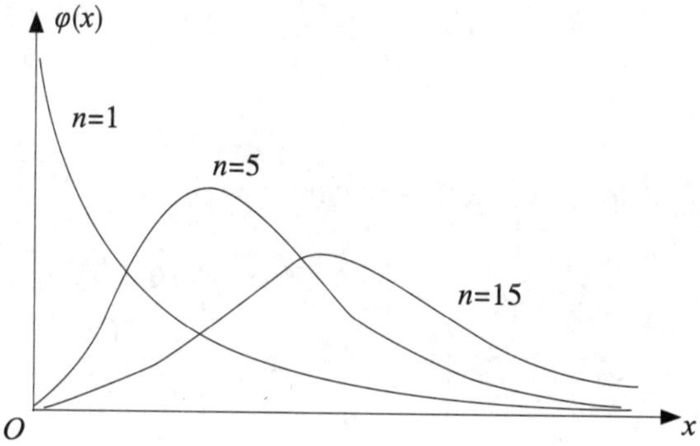

图 7–6

从图 7–6 中可以看出：当 $n\to\infty$ 时，χ^2 分布是渐近正态分布的 .

对于给定的正数 $\alpha(0<\alpha<1)$，满足条件

$$P\left\{\chi^2(n)\geqslant\chi^2_\alpha(n)\right\}=\int_{\chi^2_\alpha}^{+\infty}f(x)\mathrm{d}x=a$$

的数 $\chi^2_\alpha(n)$ 为 $\chi^2(n)$ 分布的上侧 α 分位数，如图 7–7 所示 .

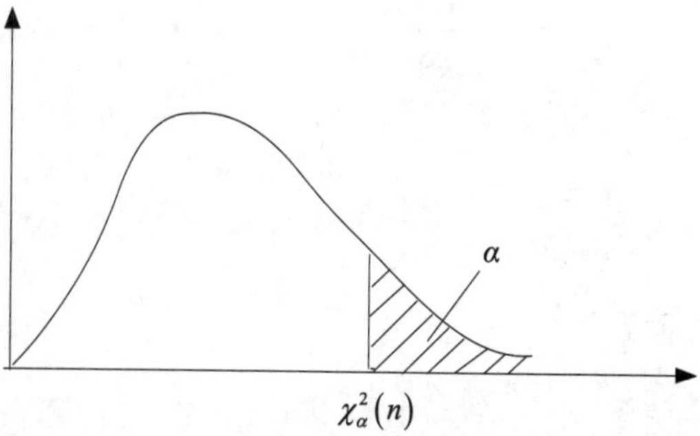

图 7–7

对于不同的 α、n，上侧 α 分位数表见 χ^2 分布表 . 如 $\chi^2_{0.05}(10)=18.3$，

$\chi^2_{0.95}(18)=9.390$ 等．其中，$\chi^2_{0.05}(10)=18.3$ 的意义是 $\chi^2(n)$ 不小于 18.3 的概率为 0.05.

例 18 求：

（1）$\chi^2_{0.1}(25)$；（2）$\chi^2_{0.01}(33)$；（3）$\chi^2_{0.01}(10)$；（4）$\chi^2_{0.99}(5)$.

解： 查 χ^2 分布表，得

（1）$\chi^2_{0.1}(25)=34.382$；（2）$\chi^2_{0.01}(33)=54.776$；

（3）$\chi^2_{0.01}(10)=23.21$；（4）$\chi^2_{0.99}(5)=0.554$.

例 19 设 $(X_1, X_2,\cdots, X_{10})$ 是取自总体 $N(0,0.09)$ 的样本，求 $P\left\{\sum_{i=1}^{n}(X_i)^2>1.44\right\}$.

解： 正态总体均值 $\mu=0$，方差 $\sigma^2=0.09$，因此

$$\frac{1}{\sigma^2}\sum_{i=1}^{10}X_i^2=\frac{1}{0.09}\sum_{i=1}^{10}X_i^2\sim\chi^2(10),$$

$$P\left\{\sum_{i=1}^{10}X_i^2>1.44\right\}=P\left\{\frac{1}{0.09}\sum_{i=1}^{10}X_i^2>16\right\}=0.1 .$$

7.4.2.3 *t* 分布

定理 4 设 $X\sim N(0,1)$，$Y\sim\chi^2(n)$，且 X 和 Y 相互独立，则称随机变量

$$T=\frac{X}{\sqrt{Y/n}}$$

所服从的分布为自由度 n 的 t 分布，记作 $T\sim t(n)$.

设 $(X_1, X_2,\cdots, X_{10})$ 是取自正态总体 $N(\mu, \sigma^2)$ 的样本，则统计量

$$T=\frac{\overline{X}-\mu}{S}\sqrt{n}-t(n-1),$$

$t(n)$ 分布的概率密度为（证明略）

$$f(x)=\frac{\Gamma((n+1)/2)-\mu}{\sqrt{n\pi}\Gamma(n/2)}\left(1+\frac{x^2}{n}\right)^{-(n+1)/2}\quad(-\infty<x<+\infty) .$$

$f(x)$ 的图形如图 7-8 所示 .

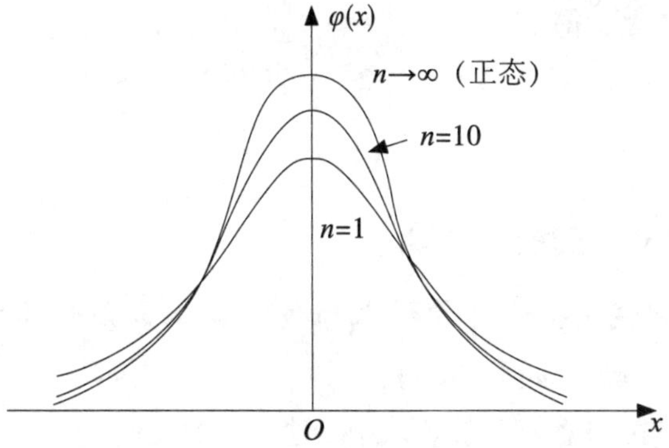

图 7-8

从图 7-8 中可以看出：$t(n)$ 分布是图形对称的分布，并且当 $n\to\infty$ 时，它渐近于标准正态分布 .

对于给定的 $\alpha(0<\alpha<1)$，称满足条件 $P\{t>t_{\alpha}(n)\}=\alpha$ 的数 $t(n)$ 为 $t(n)$ 分布的上侧 α 分位数，如图 7-9 所示 .

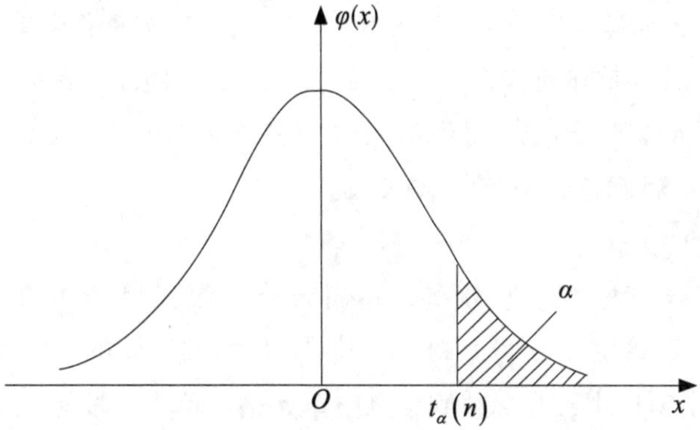

图 7-9

为便于求 t 分布的上侧 α 分位数，可查 t 分布表确定 $t(n)$ 的值 . 当 $\alpha_1>0.5$ 时，可用下面公式计算：

$$t_{\alpha}(n)=-t_{1-\alpha}(n)\ .$$

例 20　查 t 分布表，求：

（1）$t_{0.1}(6)$；（2）$t_{0.025}(22)$；（3）$t_{0.01}(43)$；（4）$t_{0.9}(15)$.

解：查 t 分布表，得

（1）$t_{0.1}(6)=1.4398$；（2）$t_{0.025}(22)=2.07396$；

（3）$t_{0.01}(43)=2.4163$；（4）$t_{0.9}(15)=-1.3406$.

7.4.3 Excel 的统计实现

7.4.3.1 利用 Excel 计算样本均值、样本方差和样本标准差

以具体实例讲解 Excel 计算步骤：

第 1 步：在 Excel 数据编辑窗口中，建立数据文件 .

第 2 步：计算样本平均值——调用 AVERAGE 函数 . 光标移到单元格 F3，单击 f_x 按钮，在分类框中选“统计”，函数框中选 AVERAGE，确定，函数参数框中输入“A2 : A17”，确定，得到 16 个样本的平均值为 50.062 5.

第 3 步：计算样本方差——调用 VAR 函数 . 光标移到单元格 F7，单击 f_x 按钮，在分类框中选“统计”，函数框中选 VAR，确定，函数参数框中输入“A2 : A17”，确定，得到 16 个样本的方差为 1.262 5.

第 4 步：计算样本标准差——调用 STDEV 函数 . 光标移到单元格 F13，单击 f_x 按钮，在分类框中选“统计”，函数框中选 STDEV，确定，函数参数框中输入“A2 : A17”，确定，得到 16 个样本的样本标准差为 1.123 61.

7.4.3.2 利用 Excel 计算分位数

以具体实例讲解 Excel 计算步骤：

第 1 步：计算标准正态分布的上侧 α 分位数调用 NORMSINV 函数 . 标准正态分布对于给定的 α，上侧 α 分位数 U_α=NORMSINV$(1-\alpha)$. 例如，在 Excel 数据编辑窗口中，光标移到任意空单元格，单击 f_x 按钮，在分类框中选“统计”，函数框中选 NORMSINV，确定，函数参数框中输入“0.9775”，确定，得上侧分位数 $U_{1-0.9775}$=2.004 654；反之，如果单击 f_x 按钮，在分类框中选“统计”，函数框中选 NORMSDIST，确定，函数参数框中输入上侧分位数“2.004 654”，确定，可得 $1-\alpha=0.9775$.

第 2 步：计算 $\chi_\alpha^2(n)$ 的上侧 α 分位数，调用 CHIINV 函数 . 对于给定的 α，上侧 α 分位数 $\chi_\alpha^2(n)$ = CHIINV(α，n) . 例如，在 Excel 数据编辑窗口中，光标移到任意空单元格，单击 f_x 按钮，在分类框中选“统计”，函数框中选 CHIINV，确定，函数参数框中分别输入“0.95”“12”，确定，得上侧分位数 $\chi_{0.95}^2(12)$=5.226 029 .

第 3 步：计算 $t_\alpha(n)$ 的上侧 α 分位数，调用 TINV 函数对于给定的 α，上侧 α 分位数 $t_\alpha(n)=\text{TINV}(2\alpha,\ n)$. 例如，在 Excel 数据编辑窗口中，光标移到任意空单元格，单击 f_x 按钮，在分类框中选“统计”，函数框中选 TINV，确定，函数参数框中分别输入“0.025×2”“22”，确定，得上侧分位数 $t_{0.025}(22)=2.073\,873$.

7.5　参数估计

在许多实际问题中，总体的分布类型往往可以根据经验确定，但其中的若干参数未知；或者总体的分布函数类型未知，而所关心的只是总体中某些数字特征，通常我们把这些数字特征也称为参数 . 例如，产品的质量指标 X 服从正态分布 $N(\mu,\ \sigma^2)$，但参数 μ，σ^2 未知，需要估计 μ，σ^2 . 又如某厂生产的电视显像管寿命 X 的分布函数类型未知，但我们只关心电视显像管的平均使用寿命和寿命的波动情况，即需要估计 X 的数学期望 $E(X)$ 和方差 $D(X)$. 诸如此类问题都需要从总体中抽取样本，然后利用样本值给出总体未知参数的估计值的，称为参数估计问题参数估计有两种类型：一种是点估计，一种是区间估计 .

7.5.1　点估计

用总体 X 的简单随机样本（$X_1,\ X_2,\cdots,\ X_n$）构造一个统计量 $\hat{\theta}(X_1,\ X_2,\cdots,\ X_n)$，用统计量对总体参数之值做出估计，就称为参数 $\hat{\theta}$ 的点估计称为的估计量，它是一个随机变量，而将样本的一组观测值（$X_1,\ X_2,\cdots,\ X_n$）代入 $\hat{\theta}(X_1,\ X_2,\cdots,\ X_n)$ 就得到 $\hat{\theta}$ 的一个具体数值，称为 $\hat{\theta}$ 的估计值 .

点估计方法很多，常用的有矩估计法和极大似然估计法 . 这里我们只介绍矩估计法，它是一种既直观又简单的传统估计方法 .

7.5.1.1　矩估计法（数字特征法）

总体和样本都有矩，矩有中心矩与原点矩之分 . 其中，随机变量 X 的期望是它的一阶原点矩，方差是二阶中心矩 . 样本均值是样本的一阶原点矩，样本方差是样本的二阶中心矩 .

矩估计法是以样本矩作为相应的总体矩的估计量，以样本矩的函数作为相应的总体矩的同样函数的估计量．最常用的是用样本均值与方差估计总体的期望与方差．即：

（1）用样本均值来估计总体均值：

$$\hat{\mu}=\overline{X}=\frac{1}{n}\sum_{i=1}^{n}X_i,$$

（2）用样本方差来估计总体方差：

$$\hat{\sigma}^2=S^2=\frac{1}{n-1}\sum_{i=1}^{n}(X_i-\overline{X})^2 .$$

例 21 某百货公司准备在某地设置分店，为确定分店的规模和商品的种类，需要知道该地区住户家庭平均每人收入情况，为此，该地区随机抽查了 10 户居民，得每户人均月收入为（单位：元）：1150，800，970，1020，1100，950，1640，1330，1280，1400，试估计该地区每户人均月收入的均值和方差．

解： $\hat{\mu}=\overline{X}=\frac{1}{10}\sum_{i=1}^{10}X_i=1164(\text{元})$.

$$\hat{\sigma}^2=S^2=\frac{1}{10-1}\sum_{i=1}^{10}(X_i-\overline{X})^2=62\ 693.3 .$$

7.5.1.2 估计量的评选标准

设 θ 为总体中要估计的一个未知参数，$\hat{\theta}(X_1, X_2,\cdots, X_n)$ 是 θ 的估计量，人们总希望估计量能代表真实参数，根据不同的要求，评价估计量的好坏可以有各种各样的标准．这里只介绍两种常用的标准．

1. 无偏性

估计量是随机变量，对于不同的样本观察值它有不同的估计值，这些估计值在未知参数的真值附近波动．我们希望得到的各个估计值的平均值等于未知参数的真值．也就是说，要求它们的均值和参数的真值之间没有偏移．

定义 19 设 $\hat{\theta}$ 为未知参数 θ 的估计量，若

$$E(\hat{\theta})=0 ,$$

则称 $\hat{\theta}$ 为 θ 的无偏估计量，否则就称 $\hat{\theta}$ 为 θ 的有偏估计量．

例 22 证明样本均值 X 是总体均值 μ 的无偏估计量．

证明： 因为 $\overline{X}=\frac{1}{n}\sum_{i=1}^{n}X_i$，所以

$$E(\overline{X})=\frac{1}{n}\sum_{i=1}^{n}E(X_i)=\frac{1}{n}\cdot n\mu=\mu,$$

所以样本均值 $\overline{X}$ 是总体均值 μ 的无偏估计量 .

例 23　证明样本方差 S^2 是总体方差 σ^2 的无偏估计量 .

证明：因为

$$\begin{aligned}E(S^2)&=E\left[\frac{1}{n-1}\sum_{i=1}^{n}(X_i-\overline{X})^2\right]\\&=\frac{1}{n-1}E\left\{\sum_{i=1}^{n}(X_i-\mu)-(\overline{X}-\mu)^2\right\}\\&=\frac{1}{n-1}E\left[\sum_{i=1}^{n}(X_i-\mu)^2-2\sum_{i=1}^{n}(X_i-\mu)(\overline{X}-\mu)+n(\overline{X}-\mu)^2\right]\\&=\frac{1}{n-1}E\left[\sum_{i=1}^{n}(X_i-\mu)^2-nE(\overline{X}-\mu)^2\right]\\&=\frac{1}{n-1}\left(n\sigma^2-n\cdot\frac{1}{n}\sigma^2\right)=\sigma^2,\end{aligned}$$

所以样本方差 S^2 是总体方差 σ^2 的无偏估计量 .

若采用统计量

$$S^2=\frac{1}{n}\sum_{i=1}^{n}(X_i-\overline{X})^2$$

作为样本方差的估计量，由于

$$E(S^2)=E\left(\frac{n-1}{n}S^2\right)=\frac{n-1}{n}E(S^2)=\frac{n-1}{n}\sigma^2\neq\sigma^2,$$

故统计量 S^2 是总体方差的有偏估计量 . 不过当 n 充分大时，S^2 与 σ^2 的差异就很小，因此，S^2 是总体方差的渐近无偏估计量 .

2. 有效性

参数的无偏估计量不是唯一的，为了判别多个的无偏估计量的优劣，我们引入无偏估计量的有效性概念 .

定义 20　设 $\hat{\theta}_1=\hat{\theta}_1(X_1, X_2,\cdots, X_n)$ 与 $\hat{\theta}_2=\hat{\theta}_2(X_1, X_2,\cdots, X_n)$ 都是待估参数 θ 的无偏估计量，若有 $D(\hat{\theta}_1)<D(\hat{\theta}_2)$，则称 $\hat{\theta}_1$ 较 $\hat{\theta}_2$ 有效 .

例如，$\overline{X}$ 和 X_i 都是 $E(X)$ 的无偏估计量，但 $D(\overline{X})=\dfrac{\sigma^2}{n}$，有 $D(\overline{X})\leqslant D(X_i)$，所以作为 $E(X)$ 的无偏估计量 $\overline{X}$ 比 X_i 有效 .

这样，在无偏估计量中，方差越小越好 .

7.5.2 区间估计

用点估计对总体未知参数 θ 进行估计时，即使是无偏有效的估计量，也会由于样本的随机性难免有一些偏差．究竟估计量 $\hat{\theta}$ 与真值 θ 相差多少？这就需要确定未知参数 θ 所在的范围，而且希望知道这个范围包含参数 θ 真值的可靠程度，这个范围通常用区间形式来表示．这就是参数的区间估计问题．

定义 21 设 θ 是总体 X 的未知参数，（$X_1, X_2, \cdots, X_n$）是来自总体 X 的一组样本．如果由样本所确定的两个统计量 $\hat{\theta}_1$，$\hat{\theta}_2$ 对于给定的 $\alpha(0<\alpha<1)$ 能满足条件：

$$P\left\{\hat{\theta}_1<\theta<\hat{\theta}_2\right\}=1-\alpha,$$

则区间 $(\hat{\theta}_1,\hat{\theta}_2)$ 称为的 $1-\alpha$ 置信区间，$1-\alpha$ 称为置信水平，α 称为显著性水平．

若取 $\alpha=0.05$，即 $1-\alpha=0.95=95\%$，就是说，由样本统计量得到的区间 $(\hat{\theta}_1,\hat{\theta}_2)$ 能以 95％的可靠性包含 θ 的真值．具体地说，在反复抽样 100 次（每个样本的容量相同）中，每个样本都可以确定一个区间 $(\hat{\theta}_1,\hat{\theta}_2)$，这样可获得 100 个区间 $(\hat{\theta}_1,\hat{\theta}_2)$，约有 95 个区间包含 θ 的真值，约有 5 个区间不包含 θ 的真值．这表明了置信区间是一个随机区间，且 $1-\alpha$ 说明置信区间的可靠程度．

在许多实际问题中，总体都服从正态分布 $N(\mu, \sigma^2)$．因此，本节只讨论正态总体参数的区间估计．

7.5.2.1 正态总体均值的区间估计

1．已知 σ^2 时，求 μ 的置信区间

设（$X_1, X_2, \cdots, X_n$）是来自总体 $X\sim N(\mu, \sigma^2)$ 一组样本，$\overline{X}=\frac{1}{n}\sum_{i=1}^{n}X_i$ 是 μ 的无偏估计量，利用 $\overline{X}$ 求 μ 的置信区间．其步骤如下：

①确定统计量，因 $X\sim N\left(\mu,\frac{\sigma^2}{n}\right)$，则 $U=\frac{\overline{X}-\mu}{\sigma/\sqrt{n}}\sim N(0,1)$，且 U 中只含待估参数 μ，故可使用 U 统计量作区间估计；

②对于给定的置信水平 $1-\alpha$，求出使下式成立的常数 μ，即

$$P\left\{|U|<\mu_{\frac{\alpha}{2}}\right\}=P\left\{\left|\frac{\overline{X}-\mu}{\sigma/\sqrt{n}}\right|<\mu_{\frac{\alpha}{2}}\right\}=1-\alpha,$$

其中 $\mu_{\frac{\alpha}{2}}$ 由 $P\left\{U<\mu_{\frac{\alpha}{2}}\right\}=1-\frac{\alpha}{2}$ 查正态分布表确定．

③解以上绝对值不等式，得出 μ 的置信水平为 $1-\alpha$ 的置信区间为

$$\left(\overline{X}-\frac{\mu_{\frac{\alpha}{2}}\sigma}{\sqrt{n}},\overline{X}+\frac{\mu_{\frac{\alpha}{2}}\sigma}{\sqrt{n}}\right).$$

例 24　某车间生产的滚珠，其直径服从正态分布 $N(\mu,0.06)$， $n=6$．从某天产品中随机抽取 6 个，测得直径（单位：mm）为

14.6，15.1，14.9 ，14.8，15.2，15.1，

分别求平均直径当 $\alpha=0.01$ 和 $\alpha=0.05$ 时的置信区间．

解：根据题意，总体是正态分布 $N(\mu,0.06)$， $n=6$，

$$\overline{X}=\frac{1}{6}\times(14.6+15.1+14.9+14.8+15.2+15.1)=14.95,$$

$$\sigma=\sqrt{0.06}.$$

（1）当 $\alpha=0.01$， $\mu_{\frac{\alpha}{2}}=2.58$ 时，代入式 $\left(\overline{X}-\frac{\mu_{\frac{\alpha}{2}}\sigma}{\sqrt{n}},\overline{X}+\frac{\mu_{\frac{\alpha}{2}}\sigma}{\sqrt{n}}\right)$， $1-\alpha=0.99$ 的置信区间为 $(14.692,15.208)$；

（2）当 $\alpha=0.05$， $\mu_{\frac{\alpha}{2}}=1.96$ 时，代入式 $\left(\overline{X}-\frac{\mu_{\frac{\alpha}{2}}\sigma}{\sqrt{n}},\overline{X}+\frac{\mu_{\frac{\alpha}{2}}\sigma}{\sqrt{n}}\right)$，得 $1-\alpha=0.95$ 的置信区间为 $(14.75,15.146)$．

可以看出，置信水平越高，置信区间越大，即估计的精确程度越差，由式 $\left(\overline{X}-\frac{\mu_{\frac{\alpha}{2}}\sigma}{\sqrt{n}},\overline{X}+\frac{\mu_{\frac{\alpha}{2}}\sigma}{\sqrt{n}}\right)$ 还可看出，样本容量 n 越大，置信区间就越小，估计得越精确，因此，在实际中要结合经济效益等情况，适当确定 α 与 n 的值．

2. σ^2 未知时，求 μ 的置信区间

在许多实际问题中，如新产品的试制或新工艺的施行，根本无法知道 σ 的值，所以要估计正态总体的均值 μ，就不能直接利用式 $\left(\overline{X}-\frac{\mu_{\frac{\alpha}{2}}\sigma}{\sqrt{n}},\overline{X}+\frac{\mu_{\frac{\alpha}{2}}\sigma}{\sqrt{n}}\right)$．这时可以考虑用样本方差 S^2 来代替 σ^2，也可以分三步求 μ 的置信区间．

①统计量，即

$$T=\frac{\overline{X}-\mu}{S/\sqrt{n}}\sim t(n-1).$$

②由于T中只含待估参数μ，故可用T变量对μ做区间估计，与前面方法相似，给定置信水平$1-\alpha$，即

$$P\left\{|T|<t_{\frac{\alpha}{2}}\right\}=P\left\{\left|\frac{\overline{X}-\mu}{S/\sqrt{n}}\right|<t_{\frac{\alpha}{2}}\right\}=1-\alpha .$$

③解上述绝对值不等式，即可得μ的置信水平为$1-\alpha$的置信区间为

$$\left(\overline{X}-\frac{t_{\frac{\alpha}{2}}S}{\sqrt{n}},\overline{X}+\frac{t_{\frac{\alpha}{2}}S}{\sqrt{n}}\right),$$

其中，由$P\{t(n-1)>t_{\frac{\alpha}{2}}\}=\dfrac{\alpha}{2}$查$t$分布表可得，且$t_{1-\frac{\alpha}{2}}(n)=-t_{\frac{\alpha}{2}}(n)$.

例 25　一批零件的长度服从正态分布，今随机抽取 9 个，测得长度分别为（单位：mm）

21.1，21.3，21.4，21.5，21.3，21.7，21.4，21.3，21.6，

试对这批零件长度的平均值进行区间估计（ $\alpha=0.05$ ）.

解：因为$n=9$ ，$\alpha=0.05$ ，查t分布表，得

$$t_{0.05}(8)=2.31 ,$$

$$\overline{X}=\frac{1}{9}\times(21.2+21.3+\cdots+21.6)=21.4(\text{mm}) ,$$

$$S^2=\frac{1}{9-1}\times[(21.1-21.4)^2+(21.3-21.4)^2+\cdots+(21.6-21.4)^2]=0.17^2 ,$$

所以这批零件长度的平均值的置信度为 0.95 置信区间为$(21.27,21.53)$.

7.5.2.2　正态总体方差的区间估计

设（ X_1，X_2,…，X_n ）是来自总体$X\sim N(\mu,\ \sigma^2)$一组样本，数学期望μ未知，样本容量为n，给定置信度为$1-\alpha$时，也可分三步求σ^2的置信区间 .

（1）确定统计量，可利用某包含σ^2的统计量，因样本方差S^2是σ^2的无偏估计量，统计量

$$\chi^2=\frac{(n-1)S^2}{\sigma^2}\sim\chi^2(1-n)$$

中只含待估参数σ^2，故可用χ^2的统计量对σ^2做区间估计 .

（2）对于给定的置信度$1-\alpha$，可以确定a及b：

$$P\left\{a<\chi^2<b\right\}=P\left\{a<\frac{(n-1)S^2}{\sigma^2}<b\right\}=1-\alpha .$$

（3）解上述不等式，得σ^2的置信水平为$1-\alpha$的置信区间为

$$\left(\frac{(n-1)S^2}{b},\frac{(n-1)S^2}{a}\right),$$

其中，a，b 由 $P\left\{\chi^2 \leqslant a\right\}=P\left\{\chi^2 \geqslant b\right\}=\dfrac{\alpha}{2}$ 查 χ^2 分布表确定．

例 26　假定初生婴儿（男婴）的体重单位（g）服从正态分布随机抽取 12 名新生婴儿，测其体重为

3100，2520，3000，3000，3600，3160，

3560，3320，2880，2600，3400，2540，

试对新生男婴儿体重的方差进行区间估计（$\alpha=0.05$）．

解： $\alpha=0.05$，$n-1=11$，a，b 满足

$$P\{\chi^2 \geqslant a\}=1-\frac{\alpha}{2}=0.975,$$

$$P\{\chi^2 \geqslant b\}=\frac{\alpha}{2}=0.025.$$

查 χ^2 分布表，得 $a=3.82$，$b=21.9$．

$$\overline{X}=\frac{1}{12}\times(3100+\cdots+2540)\approx 3057,$$

$$(12-1)S^2=\sum_{i=1}^{12}(x_i-3057)^2\approx 1\,549\,467,$$

则 σ^2 的置信区间为 $(70\,752,405\,620)$．

7.5.3 用 Excel 进行参数区间估计

7.5.3.1　单正态总体数学期望的区间估计

以具体实例讲解 Excel 进行参数区间估计的步骤．

例 27（方差已知）　设正态总体的方差为 1，据取自该总体的容量为 100 的样本计算得到样本均值为 5，求总体均值的置信度为 0.95 的置信区间．

解：（1）在 Excel 数据编辑窗口，输入已知信息．

（2）光标移到空单元格 D7，并输入公式“= D2-CONFIDENCE（D3，D4，D5）”，点“Enter”键得运算结果 4.804 004.

（3）光标移到空单元格 D8，并输入公式“= D2 + CONFIDENCE（D3，D4，D5）”，点“Enter”键得运算结果 5.195 996.

（4）得到所求置信区间为（4.804 004，5.195 996）．

7.5.3.2 单正态总体方差的区间估计

以具体实例讲解 Excel 进行参数区间估计的步骤 .

例 28 投资的回收利用率常常用来衡量投资的风险随机地调查了 26 个年回收利润率（%），标准差 S=15(%) . 设回收利率为正态分布，求它的方差的区间估计（置信系数为 0.95）.

解:（1）在 Excel 数据编辑窗口，输入已知信息 .

（2）将光标移到空单元格 D4，输入公式“ =D3∗D3 ”，得到样本方差为 225；将光标移到空单元格 D7，调用函数 CHIINV，参数值分别输入 $1-\frac{\alpha}{2}$=0.975 和 25 得到上侧 $1-\frac{\alpha}{2}$ 分位数为 13.119 72；将光标移到空单元格 D8，调用函数 CHIINV，参数值分别输入 $\frac{\alpha}{2}$=0.025 和 25 得到上侧 $\frac{\alpha}{2}$ 分位数为 40.646 47.

（3）光标移到空单元格 D10，并输入公式“ =(D2−1)∗D4/D7 ”，点“Enter”键得运算结果 138.388 4.

（4）光标移到空单元格 D11，并输入公式“ =(D2−1)∗D4/D7 ”，点“Enter”键得运算结果 428.743 9.

（5）得到所求置信区间为（138.388 4，428.743 9）.

7.6 假 设 检 验

前面介绍了对总体中未知参数的估计方法，本节将介绍统计推断中另一类重要问题，就是先对总体的未知参数作出一些假设，然后根据样本提供的信息，利用统计分析的方法来检验这一假设是否合理，从而做出接受或拒绝的决定，这就是假设检验问题 .

7.6.1 假设检验的概念

7.6.1.1 假设检验的基本思想

下面举例来说明假设检验的基本思想和推理方法 .

例 29 某电瓷厂生产的一种绝缘子抗弯破坏负荷服从正态分布，其均值为 740kg，标准差 σ=180kg，今采用新工艺生产此种绝缘子，实测 10 个新绝缘子，得样本均值 $\bar{x}$=860kg，问：新绝缘子的均值 σ 与原绝缘子的均值 μ_0=740kg 是否相同？

解：从新工艺生产的绝缘子来看，$\bar{x}$ 比 μ_0 大些，这个差异是新工艺造成的，还是纯粹由于随机因素引起的，可以用“假设检验”对此做出判断．

绝缘子抗弯破坏负荷 X 是一个正态总体，$\sigma = 180\text{kg}$．在此总体上作假设：H_0：μ=740．

要从抽得的样本来判断这一假设是否成立，此假设为原假设．

这项假设检验问题要用一个合适的检验统计量，这一检验统计量应与 $\bar{x}$ 有关．

在 H_0 成立时，$E(\bar{x})=\mu=740$，因而 $U=\dfrac{\bar{x}-740}{\sigma}\sqrt{n}=\dfrac{\bar{x}-740}{180}\sqrt{n}\sim N(0,1)$．

给定小概率 α（一般取 $\alpha = 0.05$，$\alpha = 0.01$ 或 $\alpha = 0.1$）称为显著性水平，可得 $N(0,1)$ 分布的上侧 $\dfrac{\alpha}{2}$ 分位数 $\mu_{\frac{\alpha}{2}}$，也即临界值，有

$$P\left\{|U|>\mu_{\frac{\alpha}{2}}\right\}=\alpha .$$

这就说明：当假设 H_0 成立时，$|U|>\mu_{\frac{\alpha}{2}}$ 是一小概率事件（概率仅为 α）. 若实际取得的样本，算得的样本均值 $\bar{x}$ 满足上述不等式，说明小概率事件发生了．但根据实际推断原理，小概率事件实际上不会发生．因而说明原假设 H_0 是不正确的，应拒绝原假设，选择相应的备择假设：H_1：$\mu \neq 740$，此时统计量取值范围称为拒绝域；否则就接受原假设，此时统计量取值范围称为接受域．这就是假设检验的基本思想．

此例中，n=10，$\bar{x}$=860kg，当 $\alpha = 0.05$ 时，$\mu_{\frac{\alpha}{2}} = 1.6$．

而 $|U|=\left|\dfrac{\bar{x}-740}{180}\sqrt{10}\right|\approx 2.108>1.96$，所以应该拒绝假设 H_0．

7.6.1.2 假设检验的基本步骤

根据以上的讨论与分析，可将假设检验的基本步骤概括如下：

（1）对总体分布或参数提出原假设及备择假设，即说明需要检验的假设 H_0 的具体内容；

（2）选取适当的统计量，并在假设 H_0 成立的条件下确定该统计量的分布；

（3）按问题的具体要求，选取适当的显著性水平 α，根据统计量的分布查表，得出对应于 α 的临界值，从而确定接受域和拒绝域；

（4）根据样本观测值计算统计量的值，然后与临界值比较，从而对接受或拒绝假设 H_0 做出判断．

7.6.1.3　两类错误

假设检验中由于抽样的随机性和局限性，使检验不可能绝对正确，即使质量可靠的产品，只要混入少量次品，而抽样正好取得这些次品，就会造成这批产品不合格的假象；另一类情况正好相反，如一批质量不稳定的产品，在抽样时刚好取得质量好的样本，就认为这批产品合格．

以上两种情况发生的概率通常不大，前文已经说过，小概率事件一般不会发生，但无论在理论或实践中，发生小概率事件还是有可能的．例如飞机失事的概率很小，所以旅客一般认为乘飞机是安全的，但是飞机失事的事件有时也会发生．

假设检验是以统计规律性为依据，可能犯的错误有两类：

第一类错误：原假设 H_0 符合实际情况而检验结果把它否定了，这称为弃真错误；

第二类错误：原假设 H_0 不符合实际情况，而检验结果把它肯定下来了，这称为取伪错误．

自然，人们希望犯这两类错误的概率越小越好，增大样本容量，犯两类错误的概率都会减小；但对于一定的样本容量 n，一般来说，不能同时做到犯这两类错误的概率都很小，往往是先固定"犯第一类错误"的概率，再考虑如何减小"犯第二类错误"的概率．

7.6.2　单正态总体的假设检验

设总体 X 服从正态分布 $N(\mu,\ \sigma^2)$，关于参数 μ，σ^2 的检验问题，阐述下面三种类型．

7.6.2.1　U 检验法

方差 σ^2 已知，检验假设 $H_0:\mu=\mu_0$ 时，利用统计量 $U=\dfrac{\bar{x}-\mu}{\sigma\sqrt{n}}$ 来检验总体均值的方法称为 U 检验法．

例 30　根据长期经验和资料的分析，某砖机厂生产的砖抗断强度服从正态分布，方差 σ^2=1.21 . 从该厂产品中随机抽取 6 块砖，测得抗断强度如下（单位：kg/cm²）.

$$32.56，29.66，31.64，30.00，31.87，31.03，$$

检验这批砖的平均抗断强度为 32.5kg/cm² 是否成立（ $\alpha=0.05$ ）.

解：设 H_0：μ=32.50 及 H_1：$\mu\neq 32.50$.

若 H_0 是正确的，则统计量 $U=\dfrac{\bar{x}-\mu}{1.1\sqrt{6}}\sim N(0,1)$ ，

对于给定的 $\alpha=0.05$ ，可以确定临界值 $\mu_{\frac{\alpha}{2}}$=1.96 且 $\bar{x}$=31.13 ，而由取定的样本观察值实际计算 U 的值，得

$$|U|=\left|\frac{31.13-32.50}{1.1/\sqrt{6}}\right|\approx 3.05>1.96 ,$$

最后，可以下结论否定 H_0，即不能认为这批产品的平均抗断强度是 32.5kg/cm².

由例 30 可知，U 检验法的一般步骤如下：

（1）提出假设 H_0：$\mu=\mu_0$ 及 H_1：$\mu\neq\mu_0$，选定检验水平 α；

（2）选取统计量 $U=\dfrac{\bar{x}-\mu_0}{\sigma/\sqrt{n}}x\sim N(0,1)$ ，并根据样本值计算的值 U 作为检验指标；

（3）临界值：根据检验水平 α，由 $P\left\{U>\mu_{\frac{\alpha}{2}}\right\}=\alpha$；查表得临界值 $\mu_{\frac{\alpha}{2}}$，从而获得拒绝域 $U>\mu_{\frac{\alpha}{2}}$；

（4）判断：若 U 落入拒绝区间，则否定 H_0；否则接受 H_0 .

7.6.2.2　*t* 检验法

方差 σ^2 未知，检验假设 H_0：$\mu=\mu_0$ 时，利用统计量 $T=\dfrac{\bar{x}-\mu}{S/\sqrt{n}}$ 来检验总体均值的方法称为 t 检验法 .

例 31　某工厂生产的电灯泡的使用寿命服从正态分布 $N(\mu,\sigma^2)$，其中 μ ，σ^2 都是未知数，现在观测 n=20 的样本值（ x_1，x_2,⋯，x_{20} ），算得 $\bar{x}$=1832 ，S^2=497² ，试问：该厂电灯泡的平均使用寿命是否为 μ=2000h（ $\alpha=0.01$ ）？

解：提出假设 H_0：$\mu=2000$ 及 H_0：$\mu\neq 2000$ ，由样本方差 S^2 来代替 σ^2，选取统计量 $T=\dfrac{\bar{x}-\mu_0}{S/\sqrt{n}}=\dfrac{\bar{x}-2000}{497/\sqrt{20}}\sim t(20-1)$ ；根据检验水平 $\alpha=0.01$ ，查 t 分

布表确定临界值 $t_{\frac{\alpha}{2}}(19)$，使之满足 $P\left\{|T|>t_{\frac{\alpha}{2}}(19)\right\}=0.01$，得 $t_{0.005}(19)=2.861$，而 $\bar{x}=1832$，则 $|T|=\left|\dfrac{1832-2000}{497/\sqrt{20}}\right|=1.512<2.861$.

即统计量 T 的值落入接受域内，因此接受假设 H_0，即认为该厂电灯泡的平均使用寿命为 2000h.

由例 31 可知，t 检验法的一般步骤如下：

（1）提出假设 H_0：$\mu=\mu_0$ 及 H_1：$\mu\neq\mu_0$，选定检验水平 α；

（2）确定样本的统计量：选取统计量 $T=\dfrac{\bar{x}-\mu_0}{S/\sqrt{n}}\sim t(n-1)$；

（3）确定临界值：查 t 分布表确定临界值 $t_{\frac{\alpha}{2}}(n-1)$，得拒绝域 $|T|>t_{\frac{\alpha}{2}}(n-1)$；

（4）判断：由样本值计算统计量 T，做出接受或拒绝 H_0 的结论 .

7.6.2.3 χ^2 检验法

U 检验法和 t 检验法都是对期望 μ 作假设检验，现在研究对方差进行检验 . 方差的检验应用较少些，一般都是 μ 未知 .

例 32 某炼铁的铁水含碳量 X 在正常情况下服从正态分布，现对操作工艺进行了某些改进，从中抽取 5 炉铁水，测得含碳量的数据如下：

4.421，4.052，4.357，4.287，4.683，

据此是否可以认为新工艺炼出的铁水含碳量的方差仍为 0.108^2（$\alpha=0.05$）？

解： 提出假设 H_0：$\sigma^2=0.108^2$ 及 H_1：$\sigma^2\neq0.108^2$，由于要检验 $\sigma^2=0.108^2$ 是否成立，所以我们选取统计量 $\chi^2=\dfrac{(n-1)S^2}{0.108^2}\sim\chi^2(n-1)$；

对于给定的检验水平 $\alpha=0.05$，由 χ^2 分布表查出临界值 a 及 b，使 $P\left\{\dfrac{(n-1)S^2}{0.108^2}<a\right\}=P\left\{\dfrac{(n-1)S^2}{0.108^2}>b\right\}=\dfrac{\alpha}{2}$；

其中，$a=\chi^2_{0.975}(4)=0.484$，$b=\chi^2_{0.025}(4)=11.1$.

由样本计算统计量求出 χ^2 的值：$\chi^2=\dfrac{4\times0.228^2}{0.108^2}\approx17.827>11.1$，因而应拒绝 H_0，即方差不能认为是 0.108^2 .

由例 32 可知，χ^2 检验法的一般步骤如下（未知）：

（1）提出假设 H_0：$\sigma^2=\sigma_0{}^2$ 及 H_1：$\sigma^2\neq\sigma_0{}^2$；

（2）选取统计量 $\chi^2=\dfrac{(n-1)S^2}{\sigma_0^2}\sim\chi^2(n-1)$；

（3）确定临界值：由 χ^2 分布表查出临界值 a 及 b，使之满足 $P\{\chi^2(n-1)>b\}=P\{\chi^2(n-1)<a\}=\dfrac{\alpha}{2}$，从而确定拒绝域 $\chi^2(n-1)>b$ 或 $\chi^2(n-1)<a$；

（4）判断：由样本观测值计算统计量 χ^2，当 χ^2 值落入拒绝域时，则否定 H_0，否则接受 H_0．

7.7　一元线性回归分析

在许多实际问题中，都需要研究两个变量之间的关系．两个变量之间的关系大致可分为两类：一类是确定性的关系，常用函数关系来表达；另一类是非确定性关系，我们把它称为相关关系．例如，在某段时间内，某海域的海浪高度与时间之间的关系就是相关关系．回归分析就是处理相关关系的有力工具．

本节只研究一个随机变量 y 和一个普通变量 x 之间的相关关系，如果这种相关关系可以用一个线性方程来近似地加以描述，则将这种统计方法称为一元线性回归．下面我们结合具体问题的分析来说明如何建立一元线性回归的数学模型．

7.7.1　建立一元线性回归方程

把具有相关关系的两个变量之间的若干对实测数据在坐标系中描绘出来，所得的图叫作散点图，又叫散布图．

例 33　某工厂一年中每月产品的总成本 y(万元) 与每月产量 x(万件) 的统计数据见表 7–10.

表 7–10

x	10.8	1.12	1.19	1.28	1.36	1.48	1.59	1.68	1.80	1.87	1.98	2.07
y	2.25	2.37	2.40	2.55	2.64	2.75	2.92	3.03	3.14	3.26	3.36	3.50

试画出散点图．

解：由于每月产量 x 可以度量，故 x 是可以控制或精确观察的量，它不是随机变量．

但由于总成本 y 的取值依赖于产量 x 及其他一些因素的影响，故 y 是一随机变量，它与 x 之间存在一定的相关关系．

将 x 和 y 的每对样本数据 $(x,\ y)(i=1,2,\cdots,12)$ 描在坐标系中，构成了 12 个点，即散点图，如图 7–10 所示．

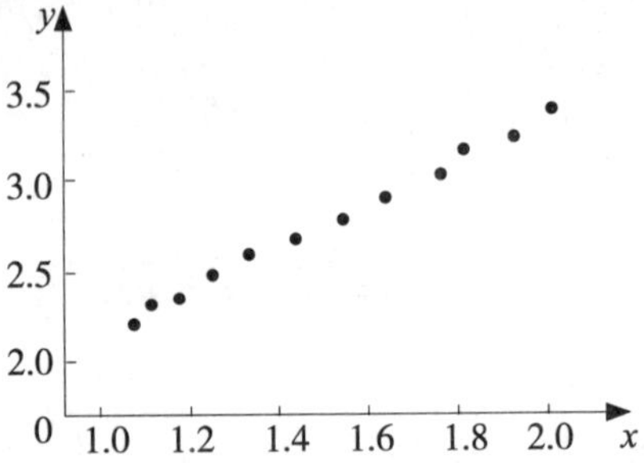

图 7–10

初步分析散点图中点的分布可以看出，它们大致分布在一条直线的附近，即 x 和 y 之间的关系可近似地看成是线性的．我们设想可以用线性方程 $\hat{y}=a+bx$ 来表达 y 与 x 之间的相关关系．怎样确定 a 和 b 的值呢？显然我们应该使直线 $\hat{y}=a+bx$ 从总体来看与这 12 个点都要尽量地"接近"，现在考虑"接近"的方式．

将试验所得的每对数据组 $(x_i,\ y_i)$ 代入方程 $\hat{y}=a+bx$，得

$$y_i=a+bx_i+\varepsilon(i=1,2,\cdots,12),$$

其中，x_i，y_i 是已知值；a，b，ε_i，是未知的；ε_i 是 y_i 偏离 $\hat{y}$ 的误差，因此是随机变量．

令 $\theta=\varepsilon_1^2+\varepsilon_2^2+\cdots+\varepsilon_{12}^2=\sum\limits_{i=1}^{12}\varepsilon_i^2$，则 θ 表示了 y_i 偏离 $\hat{y}$ 的程度．

自然我们希望对于已知的 12 对数据 $(x,\ y_i)$ 偏离直线 $\hat{y}=a+bx$ 的总的偏差平方和 θ 最小．按照这一要求可求出 a，b 的值，记为 $\hat{a}$，$\hat{b}$．

一般地，对于 n 对数据而言，利用最小二乘法可得

$$\begin{cases}\hat{a}=\overline{y}-\hat{b}\overline{x},\\ \hat{b}=\dfrac{L_{xy}}{L_{xx}},\end{cases}$$

其中

$$L_{xx}=\sum_{i=1}^{n}(x_i-\overline{x})^2=\sum_{i=1}^{n}x_i^{\ 2}-n\overline{x}^2\ ,$$

$$L_{yy}=\sum_{i=1}^{n}(y_i-\overline{y})^2=\sum_{i=1}^{n}y_i^{\ 2}-n\overline{y}^2\ ,$$

$$L_{xy}=\sum_{i=1}^{n}(x_i-\overline{x})(y_i-\overline{y})=\sum_{i=1}^{n}x_iy_i-n\overline{x}\overline{y}\ ,$$

从而得到直线方程

$$\hat{y}=\hat{a}+\hat{b}x\ ,$$

即为 x 与 y 的一元线性回归方程，它的图象称为回归直线，其中 $\hat{a}$ 称为参数 $\hat{b}$ 的最小二乘估计 .

7.7.2　一元线性回归的相关性检验

从上面的回归直线方程的计算过程可以看出，只要给出 x 和 y 的 n 对数据，即使两变量之间根本就没有线性相关关系，也可以得到一个线性回归方程 . 显然这样的回归直线方程毫无意义，自然就要进一步去判定两变量之间是否确有密切的关系 . 我们可用假设检验的方法来解决这个问题，这类检验称为线性回归的相关性检验 . 检验的步骤与参数的假设检验相类似，具体如下：

（1）原假设 $H_0:y$ 与 x 存在密切的线性相关关系 .

（2）选用统计量：$R\sim r(n-2)$. 统计量 R 的密度函数十分复杂，当已知 x 和 y 的 n 对观察值 $(x，y_i)(i=1,2,\cdots，n)$ 后，R 的观察值为

$$r=\frac{L_{xy}}{\sqrt{L_{xx}L_{yy}}}\ ,$$

把它叫作 y 对 x 的相关系数，并且 $|r|\leqslant 1$. 越接近于 1，y 与 x 的线性关系越明显 . 当 $|r|=0$ 时，称 y 与 x 不相关；$|r|\neq 1$ 时，y 与 x 是相关的；当 $|r|=1$ 时，称 y 与 x 完全线性相关 .

（3）按自由度 $f=n-2$ 和检验水平 α，查相关系数表，求出临界值 $r_\alpha(n-2)$.

（4）由样本值公式计算 r 的值，并做出判断：

若 $r\geqslant r(n-2)$，则可以认为 y 与 x 在水平 α 上线性关系显著；

若 $r<r(n-2)$，则可以认为 y 与 x 在水平 α 上线性关系不显著 .

例 34 试检验例 39 中总成本与产量之间的线性关系是否显著.（ $\alpha=0.05$ ）

解:（1）原假设 H_0： y 与 x 之间存在线性关系;

（2）选用统计量

$$r=\frac{L_{xy}}{\sqrt{L_{xx}L_{yy}}};$$

（3）按自由度 $f=12-2=10$， $\alpha=0.05$ 查相关系数表，求出临界值 $r_{0.05}(0.5)=0.576$；

（4）由样本值按公式计算 r 的值,

$$L_{xx}=1.29,\ L_{xy}=1.56,\ L_{yy}=1.91,\ r=\frac{1.56}{\sqrt{1.29\times1.91}}=0.99\ .$$

由于 0.99>0.576，故原假设成立，即总成本 y 与产量 x 的线性关系是显著的.

需要说明的是，当 $|r|$ 接近于 0 时，虽然 y 与 x 之间的线性关系不显著，但并不等于说 y 与 x 之间不存在其他关系（例如抛物线、双曲线等）.

附 录

附表一

$$P\{t(n) > t_\alpha(n)\} = \alpha$$

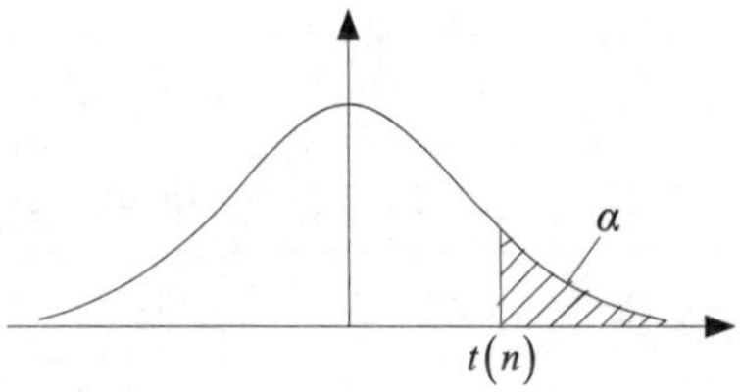

n	α					
	0.25	0.10	0.05	0.025	0.01	0.005
1	1.0000	3.0777	6.3138	12.7062	31.8207	63.6574
2	0.8165	1.8856	2.9200	4.3027	6.9646	9.9248
3	0.7649	1.6377	2.3534	3.1824	4.5407	5.8409
4	0.7407	1.5332	2.1318	2.7764	3.7469	4.6041
5	0.7267	1.4759	2.0150	2.5706	3.3649	4.0322
6	0.7176	1.4398	1.9432	2.4469	3.1427	3.7074
7	0.7111	1.4149	1.8946	2.3646	2.9980	3.4995
8	0.7064	1.3968	1.8595	2.3060	2.8965	3.3554
9	0.7027	1.3830	1.8331	2.2622	2.8214	3.2498
10	0.6998	1.3722	1.8125	2.2281	2.7638	3.1693
11	0.6974	1.3634	1.7959	2.2010	2.7181	3.1058
12	0.6955	1.3562	1.7823	2.1788	2.6810	3.0545
13	0.6938	1.3502	1.7709	2.1604	2.6503	3.0123

续表

n	α					
	0.25	0.10	0.05	0.025	0.01	0.005
14	0.6924	1.3450	1.7613	2.1448	2.6245	2.9768
15	0.6912	1.3406	1.7531	2.1315	2.6025	2.9467
16	0.6901	1.3368	1.7459	2.1199	2.5835	2.9208
17	0.6892	1.3334	1.7396	2.1098	2.5669	2.8982
18	0.6884	1.3304	1.7341	2.1009	2.5524	2.8784
19	0.6876	1.3277	1.7291	2.0930	2.5395	2.8609
20	0.6870	1.3253	1.7247	2.0860	2.5280	2.8453
21	0.6864	1.3232	1.7207	2.0796	2.5177	2.8314
22	0.6858	1.3212	1.7171	2.0739	2.5083	2.8188
23	0.6853	1.3195	1.7139	2.0687	2.4999	2.8073
24	0.6848	1.3178	1.7109	2.0639	2.4922	2.7969
25	0.6844	1.3163	1.7081	2.0595	2.4851	2.7874
26	0.6840	1.3150	1.7056	2.0555	2.4786	2.7787
27	0.6837	1.3137	1.7033	2.0518	2.4727	2.7707
28	0.6834	1.3125	1.7011	2.0484	2.4671	2.7633
29	0.6830	1.3114	1.6991	2.0452	2.4620	2.7564
30	0.6828	1.3104	1.6973	2.0423	2.4573	2.7500
31	0.6825	1.3095	1.6955	2.0395	2.4528	2.7440
32	0.6822	1.3077	1.6939	2.0369	2.4487	2.7385
33	0.6820	1.3070	1.6924	2.0345	2.4448	2.7333
34	0.6818	1.3062	1.6909	2.0322	2.4411	2.7284
35	0.6816	1.3055	1.6896	2.0301	2.4377	2.7238
36	0.6814	1.3049	1.6883	2.0281	2.4345	2.7195
37	0.6812	1.3042	1.6871	2.0262	2.4314	2.7154

续表

n	α					
	0.25	0.10	0.05	0.025	0.01	0.005
38	0.6810	1.3042	1.6860	2.0244	2.4286	2.7116
39	0.6808	1.3036	1.6849	2.0227	2.4258	2.7079
40	0.6807	1.3031	1.6839	2.0211	2.4233	2.7045
41	0.6805	1.3025	1.6829	2.0195	2.4208	2.7011
42	0.6804	1.3020	1.6820	2.0181	2.4185	2.6981
43	0.6802	1.3016	1.6811	2.0167	2.4163	2.6951
44	0.6801	1.3011	1.6802	2.0154	2.4141	2.6923
45	0.6800	1.3006	1.6794	2.0141	2.4121	3.6896

附表二

$$P\left\{\chi^2(n) > \chi_\alpha^2(n)\right\} = \alpha$$

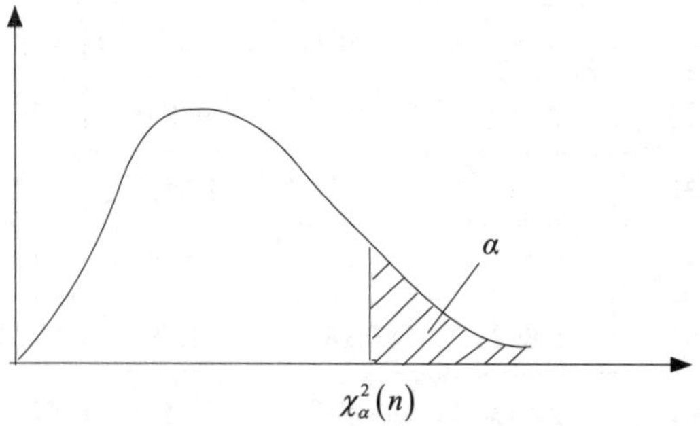

n	α					
	0.995	0.99	0.975	0.95	0.90	0.75
1	—	—	0.001	0.004	0.016	0.102
2	0.010	0.020	0.051	0.103	0.211	0.575
3	0.072	0.115	0.216	0.352	0.584	1.213
4	0.207	0.297	0.484	0.711	1.064	1.923
5	0.412	0.554	0.831	1.145	1.610	2.675

续表

n	α					
	0.995	0.99	0.975	0.95	0.90	0.75
6	0.676	0.872	1.237	1.635	2.204	3.455
7	0.989	1.239	1.690	2.167	2.833	4.255
8	1.344	1.646	2.180	2.733	3.490	5.071
9	1.735	2.088	2.700	3.325	4.168	5.899
10	2.156	2.558	3.247	3.940	4.865	6.737
11	2.603	3.053	3.816	4.575	5.578	7.584
12	3.074	3.571	4.404	5.226	6.304	8.438
13	4.107	4.107	5.009	5.892	7.042	9.299
14	4.660	4.660	5.629	6.571	7.790	10.165
15	4.229	4.229	6.262	7.261	8.547	11.037
16	5.812	5.812	6.908	7.962	9.312	11.912
17	6.408	6.408	7.564	8.672	10.085	12.792
18	7.015	7.015	8.231	9.390	10.865	13.675
19	7.633	7.633	8.907	10.117	11.651	14.562
20	8.260	8.260	9.591	10.851	12.443	15.452
21	8.897	8.897	10.283	11.591	13.240	16.344
22	9.542	9.542	10.982	12.338	14.042	17.240
23	10.196	10.196	11.689	13.091	14.848	18.137
24	9.886	10.856	12.401	13.848	25.659	19.037
25	10.520	11.524	13.120	14.611	16.473	19.939
26	11.160	12.198	13.844	15.379	17.292	20.843
27	11.808	12.879	14.573	16.151	18.114	21.749
28	12.461	13.565	15.308	16.928	18.939	22.657
29	13.121	14.257	16.047	17.708	19.768	23.567

续表

n	α					
	0.995	0.99	0.975	0.95	0.90	0.75
30	13.787	14.954	16.791	18.493	20.599	24.478
31	14.458	15.655	17.539	19.281	21.434	25.390
32	15.134	16.362	18.291	20.072	22.271	26.304
33	15.815	17.074	19.047	20.807	23.110	27.219
34	16.501	17.789	19.806	21.664	23.952	28.136
35	17.192	18.509	20.569	22.465	24.797	29.054
36	17.887	19.233	21.336	23.269	25.643	29.973
37	18.586	19.960	22,106	24.075	26.492	30.893
38	19.289	20.691	22.878	24.884	27.343	31.815
39	19.996	21.426	23.654	25.695	28.196	32.737
40	20.707	22.164	24.433	26.509	29.051	33.660
41	21.421	22.906	25.215	27.326	29.907	34.585
42	22.138	23.650	25.999	28.144	30.765	35.510
43	22.859	24.398	26.785	28.965	31.625	36.436
44	23.584	25.148	27.575	29.787	32.487	37.363
45	24.311	25.901	28.366	30.612	33.350	38.291

附表三

$$P\left\{\chi^2(n) > \chi_\alpha^2(n)\right\} = \alpha$$

n	α					
	0.25	0.10	0.05	0.025	0.01	0.005
1	1.323	2.706	3.841	5.024	6.635	7.879
2	2.773	4.605	5.991	7.378	9.210	10.597
3	4.108	6.251	7.815	9.384	11.345	12.838

续表

n	α					
	0.25	0.10	0.05	0.025	0.01	0.005
4	5.385	7.779	9.488	11.143	13.277	14.860
5	6.626	9.236	11.070	12.833	15.068	16.750
6	7.841	10.645	12.592	14.449	16.812	18.548
7	9.037	12.017	14.067	16.013	18.475	20.278
8	10.219	13.362	15.507	17.535	20.090	21.955
9	11.389	14.684	16.919	19.023	21.666	23.589
10	12.549	15.987	18.307	20.483	23.209	25.188
11	13.701	17.275	19.675	21.920	21.725	26.757
12	14.845	18.549	21.026	23.337	26.217	28.295
13	15.984	19.812	22.362	21.736	27.688	29.819
14	17.117	21.064	23.685	26.119	29.141	31.319
15	18.245	22.307	24.996	27.488	30.578	32.801
16	19.369	23.542	26.296	28.845	32.000	34.267
17	21.489	24.769	27.587	30.191	33.409	35.718
18	21.605	25.989	28.869	31.526	34.805	37.156
19	22.718	27.204	30.144	32.852	36.191	38.582
20	23.828	28.412	31.410	34.170	37.566	39.997
21	24.935	29.615	32.671	35.479	38.932	41.401
22	26.039	30.813	33.924	36.781	40.289	42.796
23	27.141	32.007	35.172	38.076	41.638	44.181
24	28.241	33.196	36.415	39.364	42.980	45.559
25	29.339	34.382	37.652	40.646	44.314	46.928
26	30.435	35.563	38.885	41.923	45.642	48.290
27	31.528	36.741	40.113	43.194	46.963	49.645

续表

n	α					
	0.25	0.10	0.05	0.025	0.01	0.005
28	32.620	37.916	41.337	44.461	48.278	50.993
29	33.711	39.087	42.557	45.722	49.588	52.336
30	34.800	40.256	43.773	46.979	50.892	53.672
31	35.887	41.422	44.985	48.232	52.191	55.003
32	36.973	42.585	46.194	49.480	53.486	56.328
33	38.058	43.745	47.400	50.725	54.776	57.648
34	39.141	44.903	48.602	51.966	56.061	58.964
35	40.223	46.059	49.802	53.203	57.342	60.275
36	41.304	47.212	50.998	54.437	58.619	61.581
37	42.383	48.363	52.192	55.668	59.982	62.883
38	43.462	49.518	53.384	56.896	61.162	64.181
39	44.539	50.660	51.572	58.120	62.128	65.476
40	45.616	51.805	55.758	59.342	63.691	66.766
41	46.692	52.949	56.942	60.561	64.950	68.053
42	47.766	54.090	58.124	61.777	66.206	69.336
43	48.840	55.230	59.304	62.990	67.459	70.616
44	49.913	56.369	60.418	64.201	68.710	71.893
45	50.985	57.505	61.656	65.410	69.957	73.166

附表四

$$P(|\rho| > \rho_\alpha) = \alpha$$

（$n-2$ 是自由度）

$n-2$	α		$n-2$	α	
	0.05	0.1		0.05	0.1
1	0.997	1.000	21	0.413	0.526
2	0.950	0.990	22	0.404	0.515
3	0.878	0.959	23	0.396	0.505
4	0.811	0.917	24	0.388	0.496
5	0.754	0.874	25	0.381	0.487
6	0.707	0.834	26	0.374	0.478
7	0.666	0.0798	27	0.367	0.470
8	0.632	0.765	28	0.361	0.463
9	0.602	0.735	29	0.366	0.456
10	0.576	0.708	30	0.349	0.449
11	0.553	0.684	35	0.325	0.418
12	0.532	0.661	40	0.304	0.393
13	0.514	0.641	45	0.288	0.372
14	0.497	0.623	50	0.273	0.354
15	0.482	0.606	60	0.250	0.325
16	0.468	0.590	70	0.232	0.302
17	0.456	0.575	80	0.217	0.283
18	0.444	0.561	90	0.205	0.267
19	0.433	0.549	100	0.195	0.254
20	0.423	0.537	200	0.138	0.181

参 考 文 献

[1] 王芳 . 经济应用数学 [M]. 北京：北京理工大学出版社，2020.

[2] 葛倩，李秀珍 . 微积分 [M]. 北京：北京邮电大学出版社，2020.

[3] 白银凤 . 微积分及其应用 [M]. 北京：高等教育出版社，2020.

[4] 李忠杰，陈尔建，姜晓 . 经济应用数学 [M]. 4 版 . 北京：清华大学出版社，2019.

[5] 陈笑缘 . 经济数学 [M]. 3 版 . 北京：高等教育出版社，2019.

[6] 李坤琼 . 经济数学 [M]. 重庆：重庆大学出版社，2019 .

[7] 周小川 . 数学规划与经济分析 [M]. 北京：中国金融出版社，2019.

[8] 闫杰生，孙志洁 . 经济数学 [M]. 开封：河南大学出版社，2019.

[9] 叶峰，谢春梅 . 经济数学 [M]. 北京：科学出版社，2019.

[10] 徐慧 . 经济数学 [M]. 北京：航空工业出版社，2019.

[11] 陆峰 . 经济数学 [M]. 南京：江苏凤凰教育出版社，2019.

[12] 李科峰 . 经济数学 [M]. 成都：四川科学技术出版社，2019.

[13] 杨勇，文斌，韩冰冰 . 经济数学 [M]. 哈尔滨：哈尔滨工程大学出版社，2019.

[14] 朱长新 . 基础类课程规划教材：经济数学 [M]. 大连：大连理工大学出版社，2019.

[15] 王金武 . 高等教育应用型规划教材：经济数学 [M]. 2 版 . 北京：电子工业出版社，2019.

[16] 林娟 . 高职高专经管类专业基础课辅导系列：经济数学基础学习指导 [M]. 厦门：厦门大学出版社，2019.

[17] 段瑞 . 经济数学 [M]. 武汉：武汉大学出版社，2018.

[18] 张淑娟，马黎 . 经济数学 [M]. 北京：清华大学出版社，2018.

[19] 邱香兰 . 经济数学基础 [M]. 2 版 . 北京：机械工业出版社，2017.

[20] 顾晓夏，周玮，郑燕华 . 经济数学 [M]. 3 版 . 北京：北京理工大学出版社，2017.

[21] 鲜磊 . 数学建模在经济领域中的应用 [J]. 财富时代，2020 (1)：174.

[22] 马宏宇 . 浅谈数学统计方法对现代经济生活的作用 [J]. 财富时代，2020，(1)：67，70.
[23] 林群，张景中 . 先于极限的微积分 [J]. 高等数学研究，2020(1)：1-16.
[24] 黄静静，刘文琰 . 线性代数在经济领域的应用初步探讨 [J]. 教育教学论坛，2020(11)：268-271.
[25] 刁露，缪雨曦，徐聪 . 多元函数极限及其连续性应用 [J]. 数学学习与研究，2020(2)：10-11.
[26] 姚晓闺，付芳芳 . 导数的经济意义及在利润最大化中的应用 [J]. 佳木斯职业学院学报，2020(1)：45，47.
[27] 张礼林 . 分段函数求导的若干问题 [J]. 数学学习与研究，2020(1)：8-9.
[28] 赵存秀 . 概率论与数理统计在经济生活中的应用 [J]. 现代营销（经营版）. 2020(1)：62.
[29] 冯郁，周海阳 . 微积分教学中导数的定义及其应用分析 [J]. 赤峰学院学报（自然科学版），2019，35(1)：9-11.
[30] 张菊 . 浅谈线性代数在经济学中的应用 [J]. 课程教育研究，2019(4)：252-253.
[31] 陈立莉 . 不定积分的几种计算方法 [J]. 科技经济导刊，2019，(10)：136，167.
[32] 梁大军 . 浅谈导数的作用 [J]. 高考 . 2019(35)：158.
[33] 刘明月 . 微积分的基础概念：极限 [J]. 课程教育研究，2019(49)：149.
[34] 高桂英，刘怡娣 . 导数和微分之我见 [J]. 知识文库，2019(22)：175-176.
[35] 朱玲 . 定积分概念的教学设计 [J]. 科技经济导刊，2019(11)：143-144.
[36] 覃雄燕 . 经济实践中积分与总经济量结合的运用 [J]. 科学与财富，2019(32).
[37] 张军红 . 定积分在经济问题中的应用浅析 [J]. 数码世界，2019(10)：134.
[38] 刘健 . 概率论与数理统计在经济生活中的应用 [J]. 大科技，2019(40)：293.
[39] 吴英健 . 浅谈经济分析中的相关数理统计与概率学应用评价 [J]. 东西南北（教育），2019(9)：352.
[40] 廉思奇 . 数学统计在现代经济与管理领域的应用探讨 [J]. 中国标准化，2019(6)：225-226.
[41] 霍奴梅 . 导数在经济学科中的应用 [J]. 石家庄职业技术学院学报，2019，31(4)：17-20.
[42] 江显英 . 浅谈导数在经济分析中的应用 [J]. 读与写，2019，16(17)：1012.
[43] 张占美，王品，周丽佳 . 导数和积分在经济管理中的应用 [J]. 科学与财富，2019(26)：370.

后 记

不知不觉间，本书的撰写工作已经接近尾声．在编撰本书的过程中，作者倾注了全部的心血，但想到本书的出版能够为现代经济数学理论的研究提供一定的帮助，作者颇感欣慰．本书在创作过程中得到社会各界的广泛支持，在此表示深深的感谢！对于提供参考文献的作者，在此表示衷心的感谢．

生产离不开数学流通也离不开数学计算与分析，数学是研究现实世界数量关系的学科，而现实世界中的数量关系无时不在，无处不在，特别是在经济现象中更加广泛，比如成本、价格、效用、价值、利率、生产量产值、利润、消费量、投入量、产出量等，显然，数学在经济理论分析中占有重要的地位．基于此，作者特撰写《现代经济数学理论及应用探究》一书，以期为读者提供一定的参考．本书通过大量的例题对相关知识进行讲解，把经济问题转化为数学模型的先进思想贯穿于各章，使数学与经济之间的距离缩短，便于读者学习并提升数学运用能力．

由于作者的水平有限，书中会有一些纰漏，衷心希望各位同行和读者提出宝贵的意见．